開発ナビゲーション

小幡 章 著

技報堂出版

まえがき

筆者は現在、大学に奉職していますが、その前は、受注産業に属する中規模企業の経営の最前線におりました。企業を離れてから大学という新しい仕事の場を得られるまでに多少の期間もあり、よくも悪くも考える時間があったわけです。

企業在籍中、開発に携わっていた時間が長かったことから、開発で得た「知」に相当する部分の伝承が極めて難しいことはよくわかっていたので、関心も自然にそこに向かうようになりました。

開発経験を通じて得た知恵のようなものを後輩にわかるような形で整理しておくことは意義あることだと考えるようになったのです。幸い、開発のさまざまな場面でそのつどエッセンスと感じたことがメモに残してありました。

「後輩に伝えるべき〈開発知〉とは何であろうか？」という問いに焦点を定め、開発の経験をまとめ始めましたが、そのうちに、現代日本で特に創造的位置付けの高い「開発」での空洞化現象が気になり始め、その埋め方や具体的方法も考えるようになりました。

当初、「開発」という創造活動のあり方に関しては、すでに確立された骨格があって、自分のできることといえば、それらに多少の実や花を追加する程度だろうと考えていましたが、意外にも、実用性を重んじる立場から開発の本質を論じるテキストは見当たりませんでした。また、創造的開発の空洞化現象に関連して日本企業の開発戦略の欠如を指摘する声は数多くありますが、開発教育の欠如を指摘する声はあまり聞きません。

問題解決の考え方を示すテキストは数多くありますし、部分的には開発に適用可能なものもあるようですが、開発のための問題解決を論じているわけではありませんから、開発への直接的な適用に際しては隔靴搔痒の感を否めません。

また、開発を成功させるためには、構想を実体の世界とつなぐ絆である技術や社会と密接な関係をもったクリエイティブな精神活動が必要と思われますが、一般的な発想法や哲学的な考察に関する書物は多いものの、設計に近い開発の中味にまで踏み込んだもので、なおかつ筆者のイメージに合うものは見当たりませんでした。

当然ながら、開発に直結する研究開発のあり方を説くテキストは数多く見受けます。しかし、戦略管理論的な記述が多く、開発を構成する技術や設計に近い領域での議論はほとんどなされていないのが通常で、戦略のコアとなる技術や製品をいかにつくりあげるかに関しては十分な記述に出会えませんでした。

考え込んでいるときに、ふと書棚の古い本に気づきました。三〇年以上前に米国で発行された新製品開発のマネジメントを論じた本の翻訳版『新製品開発のマネジメント』（J・T・ゲルラッハ、C・A・ウェインライト著、稲川和男・浦郷義郎訳、東洋経済新報社、一九七七年）です。

巻頭にあるカナダドライ社社長の序文に興味深い記述がありました。当時の米国の開発環境を強烈に批判したものと思われますが、次のような意味の記述です。

「多くの会社が〈当社は最も重要な新製品の分野で、重要な突破作戦の最前線にいることに専念している〉といいながら、近代経営における新製品は成功という言葉と同義であるべきだという誤解のもとに〈新製品によってひどい目にあうおそれがあるので、当社は新製品を回避するつもりでいる〉という方針をとっている」

この本には、リスクの概念や優れたアイディアに対する報酬の必要性、ベンチャー・チームの重要性、大学との連携の重要性などが指摘されていて、現在見ても新鮮な感じがしました。また、マネジメントのツールとしてPERT／CPM（Program Evaluation and Review Technique／Critical Path Methodの略、佐治信男ほか著『オペレーションズ・リサーチ　理論と実際』培風館、一九六三年）の活用が推奨されていることも、一般性があるかどうかは別にして、実用化への強い意志を感じます。米国でも三〇年前は現在の日本と事情が似ていたと思わせる前記のような記述もあり、その問題解決に向けた具体的な考察は印象的でした。

開発全般の構造とその中核をなすアイディア創生の具体的手順やニーズ・シーズの根源である社会・技術との関わりの記述が欲しいところですが、開発に素直なスタンスで迫っている点で強い感銘を受けました。

視線はこの方向にあって、すでに具体的な問題を抱えている開発関係者あるいはベンチャー開発を志す人を対象として、グローバルな視点を失わずに設計や営業の現場に近い立場から開発のあるべきプロセスを説き、戦略論や問題解決論ともつながりをもつ開発テキストが求めているものではないか、という漠然としたイメージも同時にできたように思います。

筆者は大学卒業後、将来開発に役立つことを目指して大学院に進み、その後迎え入れてくれた企業で三〇年近く主に開発をリードさせてもらいました。その間、米国の大学にも留学の機会を得ました。開発を客観的に振り返る条件はある程度整っていたように思われます。

また、バブルで日本中が沸き立っていたときでも、自分が受けた教育を効果的にお返しできるのは技術の世界しかないと思っていたせいもありますが、技術をベースにした創造的な発想の重要性を信じて疑ったことはありませんでした。在籍企業は受注産業に属していましたが、官需、民需、さらにはコンシューマ相手の製品の試作開発まで手がけた経験もあります。

軽量構造や輸送機器の製造を主体とする事業の性格上、抜本的な新技術の創造に成功したわけではありませんが、小さな企業でも創造性のあふれる人材はおりましたし、彼らに活躍の場を与えることで十分創造的な仕事はできたという思いがあります。そして、結果的にそれなりの新しい技術をつくりあげたという自負もあります。

技術が大きく関わる開発という仕事を、技術的観点からだけでなく最近のグローバル・スタンダードの本質をわきまえ、その構造および体系を社会的な見地からできるだけ明らかにして、自分の開発経験で得たものを織り込む形でまとめてみようという、大それた気持ちが徐々に強くなってきました。

このような観点から、ものつくりを主な仕事とする人たち向けに開発テキストとしてまとめたのが本書です。本書は、開発経験をドラマ仕立てにしたものではありませんし、警世の書でもありません。また夢を語る書でもありません。夢を現実のものとするためのプロセスおよび技法を述べた一種のナビゲーションです。筆者は、これらのプロセスや技法が夢を語るのと同様に重要だと考えています。また、創造あるいは開発という高度な精神作業を遂行するうえで、それらは必須のツールとも考えられるのです。

本書の内容をわかりやすくいえば、「利益を生み出す開発のアイディアをどのように〈出し、出させる〉か、そしてそれをどのように〈評価し、まとめあげるか〉の手順と方法を示したもの」となるでしょう。前半は開発体制あるいは開発力そのものを一段と強化しようという立場にある人たちを、後半は実際に開発を任されたものの創造や発想面で多少とも限界を感じている人たちを意識して記述しました。開発管理者にとって常に悩ましい問題である、新製品あるいは新事業のアイディアを、どのように育て、どのようにして専門家の技術を借り、そしてそれらに対して資源をどう準備し割り当てるべきか等の道しるべの一つとなっていれば幸いですし、開発担当者にとっても創造性ある発想力やレビューしリファインする能力の強化に少しでもお役に立って、開発をまとめる際に若干なりとも寄与できればと願います。

記述に際しては、筆者の経験で最も長かった部分、すなわち人材なり素材を活用できる立場にある開発マネージャーの視点に立って、分野の違いを乗り越えられるよう共通化を心がけたつもりです。内容が航空工学をベースにした構造・機構・空力・運動・制御の技術範疇で育った筆者の知識に基づいていることは否定できませんから、適用範囲には限界がある可能性があります。読者の寛恕を願う次第です。また、開発を体系的に記述するにあたっては、筆者の専門外の分野についても触れざるをえませんでしたが、借り物では一貫性が損なわれることをおそれて、ほとんどすべての項目にわたって自ら考えた結果を記しました。自明のことあるいは慣例からははずれた用語等もあると思いますが、これも容赦を願う次第です。

文章を書くことの不慣れな筆者にとって、参考図書もほとんどない状況のもと無謀ともいえる大きな課題に挑戦することは、まさに荒野を耕す難作業でしたが、多くの友人の激励と支援を得て、結果的には筆者独自の見解もいくつか盛り込む形でまとめることができました。

筆者自身、テキストに記されている技術や手法を型どおり記憶するよりも、それを実行することによりイメージを膨らませたり、そのエッセンスを考えて応用したりするほうに興味を感じるタイプですから、読者の方々にもそうしていただければ嬉しいですし、そのほうが開発力の強化につながると考えています。

現代において開発を個人で行うのは至難です。個人の才能は重視すべきものの、それらを合理的に組み合せることで初めて開発は成立すると考えるべきでしょう。本書は、チームワークのあり方を詳細に記述するものではありませんが、重要と思われる事項については適時記したつもりです。グループで開発を実施するときの作業分担・遂行・推進に参考になれば幸いです。

人同士だけでなく、組織同士でも同じようなことがいえるでしょう。これからの時代は、大企業と小企業が連携して新しい事業なり製品の開発に向かうことも常態として視野に入れなければなりません。これらを成功させるためには、開発者同士がその規模の大小に関わらず共通の開発用語や考え方の標準をもつ必要があります。そのような面でも本書が少しでも寄与できれば望外の喜びです。

さて、創造とは従来の常識を破ることですが、常識をわきまえたうえで常識の一部を破ることが必要です。本書はこの考え方を、開発に適合させるべく「整・流・転・成」という具体的なプロセスに置き換えて多用しています。すなわち「物事を知って整え、流れを見つけ、形や流れの切替えを新しい秩序が成立するまで試みる」ことを創造の基本手順としています。いずれにしても、幅広い専門知識を身につけてその分野の構造を知り、そこに横たわる壁を認識することが必要です。そのうえで、真の創造力の発露である流れの変化や切替え・転換に対するチャレンジを若い読者に期待するものです。

最後になりましたが、筆者が大学院で学んでいた頃、開発のベースとなる研究や技術の厳しさとオリジナリティの重要性を教えていただいた東昭東京大学名誉教授、ならびに当時同じ領域で研究をされ同様にオリジナリティを大切にされておられた諸先輩の方々、そして企業在籍中開発の重要性を認識してマネジメントを含む世界で筆者に力をふるわせていただいた天野薫氏をはじめとする当時の上司の方々、航空機構造設計に関して懇切以上の教えをいただいた菅原貞二郎氏と坂本彰一郎氏、さらには多くの開発で筆者を支えてくれた後輩諸氏の存在なしには本書はなかったことを申し添え、心から御礼を申し上げます。

また、筆者の主旨を正確に読み取っていただいた技報堂出版編集部の宮本佳世子氏の理解あるサポートと率直な意見なくしてはこのような形で世に出なかったことを付言し、あわせて感謝の意を表します。

二〇〇二年一〇月

小幡　章

目次

第六章　開発と社会との関わり　195

付録　227

第一章 開発とは何か

1　はじめに

まず、戦後日本の経済発展に深く関わっていると考えられる日本の開発のありようとその特徴、そしてあるべき姿について考えます。

日本の経済成長を支えていた株や土地価格に関する右肩上がりの神話は、日本全土を熱狂に陥れたバブル景気を経て、まさに泡のように潰え去ってしまいました。しかし、その後の展望は未だ見えず、日本の社会は深刻な試練にさらされ続けています。グローバル・スタンダードへの同化要請は極めて強いものがあり、それに伴って保護政策から自由競争の存在を認める規制緩和政策への転換も強く要求されています。

バブル崩壊以降、未だに日本経済が回復していないことは、その後の一〇年が「空白の一〇年」と評されていることや、二〇〇二年五月、ムーディーズにより大幅な国債の格付け低下処置を受け、日本がボツワナと同レベルにおかれたことなどで明らかです。ムーディーズの判断の是非はともかくとして、空白の一〇年からさらに幾ばくかの時を経ているにもかかわらず、なおも国債の格付けが下げられているということは、日本が新しい展望を示し得ていない証左であるといってよいでしょう。

戦後、当時の先進国家に追いつくことを主眼としてひたすら走り続けてきた日本は、目的とする山の頂点を極めたと思った瞬間、目指すべき山がまったく別のところにあることを知らされて呆然としている状態といっていいのかもしれません。グローバリゼーションという国家を超えた情報、流通、生産システム間の大きな競争のなかで、日本製品の看板であった低価格・高品質・高性能の三つ揃いの位置付けが変わってしまったのです。日本が再び世界に認められるには、独創に裏付けられた他から真似されようのないものを生み出す以外、方法はないと思われます。

新しい山に登るのに独創性が必要なことは間違いありません。しかし、過去においてあまりにもリスクのない成長性を追求しすぎたせいでしょうか、日本は創造に関する自信まで失ってしまったように見受けられます。

さて、米国で急速に発展して花開き、グローバリゼーションのバックボーンともなっているＩＴ（情報技術）革命は、未だその全貌は見えないにしても、従来型の日本経済の構造を根本的に変えるよう迫っています。第二次世界大戦後初めてといってよいほどに価値観が大きく変わりつつある現在、ＩＴに関連して日本に何が求められているのか、そしてそれを米国の成し遂げたことと比較して考えることは、開発を考えるうえでも重要だと思います。

ＩＴ革命の進行は、双方向型ネットワーク経済システムへの切替えを促しています。ネットワークの存在によって、閉じた社会ですべてを処理する必要がなくなったばかりでなく、世界のどこにいても、どんな小さなグループであろうとも、お互いに自由に情報を交換し補完し合いながら生産活動をすることが可能になりつつあります。国内中心の閉じた体制では、このネットワークを活用したグローバルな体制に対抗できないことは明らかです。日本もこの流れに沿って、経済の再生に努めざるを得ないわけで、そのためには新しい時代の流れを理解したうえで自己を分析し、弱点を克服し、長所を伸ばす必要があります。

ＩＴによって従来の常識を超えたネットワーク・システムの構築が可能になったことで、すでに金融、流通あるいは専門機能職に大きな変化が起きています。

しかし、ハードウェアを伴う開発にも同様のことがいえるでしょうか。実はそう簡単にはいきません。なぜなら、例えば機械系の分野においては、一〇〇年以上蓄積された技術を的確に切り取って適切に扱うというプロの作業が構想段階から求められ、ネットワークに参加しようとする人には、共通の技術基盤がアイディア、言葉およびＩＴ知識とは別途に必要と思われるからです。

この観点から米国のありようを考えてみましょう。

一九九〇年代以降の急速な米国経済復活の鍵を握っていたのが、優れた政策とともに、それを裏付けるベンチャー精神に基づく活発な経済活動であったことには異論がないと思います。ベンチャーとは、ネットワークを活用し、かつリスクを負うことをいとわない開発志向の人たちのことです。もちろん対象は工業、技術に限定されたものではありませんし、個人、独立した小さな企業、あるいは大きな組織・企業に所属しているのかを問うものでもありません。

米国では、自らの考えに基づいて自己主張を行う訓練が教育において重視されているだけでなく、大学卒業後も優秀な人材は成功を求めてベンチャーへの道を選ぶことが当然とされる社会的環境があります。リスクを負ったり、ルールのもとで公正な競争をしたりすることも当然と受け止められています。契約に対する感覚も含めて、日本とはかなり社会的背景・基盤が異なります。この社会基盤の違いが与える活力とコミュニケーション能力の彼我の差には、大きいものがあると考えざるを得ません。

また、企業と大学のコラボレーションも社会システムとして確立しているので、両者の間に横たわる知識の溝は日本よりもずっと小さいと考えられます。

こう考えると、米国はIT革命に適合した社会のようです。蓄積を要する機械系であっても単純な組合せで成立するタイプの開発に関しては、現社会システムで十分に適合性をもっていると思われます。

米国の基盤に近づけるという視点で日本経済を再構築するためには、日本独自の大学・企業間のコラボレーション・システムが構築できるかどうか、優れたベンチャー育成システムを構築できるかどうか、また若くて優秀な人材をベンチャー系分野に集められるかどうか、そしてベンチャー自身の開発能力を高め得るかどうかが、基本的な要素であることは間違いないでしょう。

しかし米国にしても、積重ねを要する工学知識を多くの人が共有することで初めて成立する開発分野のネットワーク化に関しては、必ずしも圧倒的な強みをもっているとは思えません。例えば、前述の機械系の開発はそれに該当します。

このことは、ネットワーク参加者が開発に最低限必要な工学知識と開発を効率的に進め得るナビゲーション・マップをもつことさえできれば、グローバル化されたＩＴ社会においても、少なくとも機械系なら、日本が独自の道を一歩踏み出せる可能性を示唆しているように思えます。固有の技術を開発対象とどのように結びつけ、どのようなプロセスで、どのようにして問題解決するかといった具体的な知識の共有は、ＩＴ社会に一つの新しい道を拓く鍵を握っているのではないでしょうか。

米国の社会基盤に追いつくだけなら、すでに日本でも対策が講じられています。故小渕首相の諮問機関であった経済戦略会議の答申（一九九九年二月二六日小渕首相に答申）にその始点があると思いますが、新しい経済立国を目指して国レベルの体制整備がすでに積極的に行われています。

しかし、前に述べたＩＴ社会をリードする可能性に関わる鍵については、未だ空白が多いように思えます。筆者には、開発の遂行に関連して、体系化された技術の形になっていないため大学では教えられなくても、多くの開発技術者が共有すべき知識が存在するという気がしてなりません。企業あるいは事業体のノウハウとしてプロセスに関わる開発成果が公開されていないためかもしれませんが、真に自己を守るもの以外までノウハウとして秘匿されてしまい、日本全体のレベルアップに必要な常識まで公開されていないなら、不幸なことです。

創造性豊かな開発を強力に支援するといわれても、具体的にどうすれば創造性溢れる開発ができるかのガイドラインがなければ、掛け声倒れにならざるを得ません。

経験のないベンチャーに対し経営や経理の基本を教えるだけでは、開発の完遂という観点からは十分でないはずです。

前記経済戦略会議の答申の「おわりに」に書かれた「新しい経済社会の実現」を夢に終わらせないためには、ここで一度原点に戻って「価値の創出を求めて独自性をもった開発能力を身につける」という課題に真っ当にチャレンジし、ゼロからガイドラインをサーベイする必要がありましょう。

日本においても、独自の開発品として、ハードウェアでは電卓、ビデオおよびその延長線上の製品・技術や新幹線、ソフトウェアではゲームやアニメ等々がありますし、最近では精度の高いカーナビ、iモード携帯電話や自動車用自動変速機トロイダルCVTの開発成功（NHKスペシャル　世紀を越えて「摩擦の壁を打ち破れ。世界が注目、自動車新技術の誕生秘話」二〇〇〇年八月二〇日放送）があげられ、開発力は十分にあるという見方がとれなくもありません。中・小の製造業の技術が衰えていないことから、日本の開発力・技術力は健在であるという論点もあるようです。

しかし、開発でどのようなプロセスが必要なのかに関する基本的知識を共有できないと、大小あるいは異質の企業が開発のネットワークを組んで、それぞれのチームが分担すべきところを具体的に決めることもできないでしょう。

開発とはどのようなもので、どのように区分され、どのようなプロセスを経るのかが明らかにされれば、そしてそれを多くの人たちが共有できるならば、日本においても独自の開発ができる土壌が整うと思います。それによって、日本の弱点といわれる、産と学の間の溝を乗り越えることも容易になる気がします。同時に、大と小をつなぐ橋も求められるところです。では、なぜこのようなガイドラインが見つからないのでしょうか。どこに難しいところがあるのでしょうか。

すでに一〇年以上前に、日本は同質型の競争には強いが、コンセプトを創造するタイプの競争には弱いという見方を、先輩経営者から聞いたことがあります。つまり、日本の企業体質の問題点はいま指摘され始めたわけではないのです。

この指摘どおり、日本の企業は経済が世界に追いついて以降、あるいは昔から、開発本来の精神であるべき創造性を本当に忘れてしまったのでしょうか。

この例にとどまりませんが、真空、熱、潤滑、特殊ポンプ、超音波、小型直流モーター、ダイオード、液晶、複合材等の技術に特化して事業を展開している企業は、開発対象の枯渇に悩んでいるとは思えません。内容的には尽きせぬ開発の泉をもっているかのようです。

日本の強みに関しては、藤本隆宏氏による注目すべき指摘（藤本隆宏「日本経済新聞」経済コラム〈日本の製造業、「攻守」両輪で〉二〇〇〇年五月二日付）があります。日本企業の強みは、「擦り合せ型のシステムや製品の開発にある」というものです。細かい相互調整が必要な製品の開発や製造に関する技術は十分世界に通用するレベルなので、それを活かしながら日本の弱みである米国型の組合せ型のシステムや製品の開発能力の強化に努めるべき、とするものです。標準化をベースにした組合せ型製品に自動車やパソコンがあげられています。

それらが国際的な長所として今後も活かされるべきですし、これを核として米国型の「標準化」を学ぶことが経済活性化の大枠のガイドラインになるべきだという考えにも同感です。

しかし、これを推進する具体的な技術に関わるガイドラインとなると、ここでも未開拓のまま残されています。開発の技術という観点で、いま現在それを噛み砕いて教えてくれるテキストは見当たりません。

開発を通じて、ネットワークを構成する人それぞれが、共通の目的に向かって整合をとって進み得る協働のスタンダードのようなものはないのでしょうか。

筆者は、以上述べてきた課題について次のように考えました。

まず、予想のつく技術世界のことを、数学の概念を拡大解釈して「線形系」とします。したがって、技術を組み合せるだけで成立するものも線形系になります。標準化も線形系を広げようとする試みといえましょう。ルールを定めることも線形系の拡大につながります。内部には非線形な挙動を含むにしても、体系化された技術領域もここでは線形系として取り扱うことにします。

このように考えると、グローバリゼーションとは線形社会の極限形態であって、IT革命とは線形系を広範囲に成立させるツールであるといえます。このことからも、米国社会システムは「線形系」といえそうです。

ところで、線形系があれば、当然非線形系もあることになります。非線形系とは、流れや動きに飛躍があったり、組み合せてもそのままでは予想どおりに機能しなかったりする面倒な系のことです。

さて、グローバリゼーションが線形系の流れとするなら、その外側あるいは境界には必ず多くの非線形系が存在するはずです。機械系も専門領域ごとに異なる非線形系と考えられます。

ここで、開発と関係がつけられます。開発のプロセスは非線形系の最たるものなのです。いかに多くの知識を組み合せても創造に結びつかないように、創造という説明困難な作業は非線形系そのものです。創造を伴う開発が非線形系であることに間違いはありません。グローバリゼーションとは異質の構造をもつのです。これを強化できれば、グローバリゼーションとはまったく別の意味をもち得ることになります。

もちろん、非線形系は予測困難なので、開発を理論として一般的に扱うことはできません。その体系がわかったにしても、理解の浸透には時間がかかるでしょう。ガイドラインがないことをいぶかったのも、開発が非線形系であったがゆえとすれば納得できます。しかし、非線形系は悪さだけをもっているのではなく、性質をうまく利用すると従来の枠を越えたメリットを与えてくれることも忘れてはなりません。つまり、うまく区分できれば料理が可能なのです。

そこで、開発のプロセスを予測しやすい（線形な）部分と予測困難な（非線形な）部分にわかりやすく区分できたらどうだろうか、また見通しが難しく思惑どおりにいかない非線形部分の取扱いを少しでもわかりやすく効率よくする方法があればどうなるだろうか、と考えてみました。わずかですが、空白の一部を埋めることはできそうです。うまくいけば、線形世界で大幅な遅れをとるわれわれにも遅れを強みに変える可能性がある、と思いついたわけです。

これは、先に述べた課題への一つの対策になるようにも思えます。開発を少しでも明らかにする試みは多少なりとも価値がありそうですし、必要でもありそうです。

非線形性な系は過去の延長線上には解を示しません。課題に答えるには、開発をゼロすなわちそのモチベーションや目標から考えていかねばなりません。

次節ではこれらに対し考察を加え、以降の開発ナビゲーションの出発点にしたいと思います。

2　開発とは

ここでは、初めに「競争社会である現代において開発の指針あるいは目標はどうあるべきか」を考え、その後順次、開発はどうあるべきか、またそれに応える開発はどういうものかを、考えていきます。

開発が立脚する目的あるいは意義を論ずることは重要です。開発を直接分担する担当者に始まり、マネージャー、経営者と、組織の上にいくほど開発の目的や本質的意義が重要になります。国レベルでの重要性は先ほど述べたとおりです。自己の開発力を強化したいと願うトップは、開発の意味を理解し、開発を育てる土壌をつくりあげ、目標を与えなければなりません。開発に不向きな組織に形を整えて、開発はできません。開発の土壌がすでにあるところでも、どの部分が強いのか、あるいはどこが弱いのかを、トップは冷静に判断し、目標に向けて舵とりする必要があるのです。

もちろん開発の担当者がそれらに無関心でいいわけではありません。何の疑いもなく行っている開発業務でも、掘り下げてゆくとそのベースがひずんでいることがままあります。掛け違えたボタンはなかなか元に戻せません。それゆえにこそ最初から、関係者すべてが正しくボタンを掛けることが大切なのです。

本書の主な目的は、開発の体系を明らかにし、開発における構想の創造や実体化の技法を論ずることです。しかし、紹介する技法や考え方は、適用フェーズにかかわらずほとんどといっていいほど、「現在の技術レベルで知識を整理し形を整えて、次にそのなかに流れを見つけあるいはつくり、そのうえで流れの一部に発想の転換操作を行ってから再び成立する姿を構築(創造)する」という手順をとっていることに気づきます。あたかも、開発における創造のパターンの一つが整・流・転・成であるかのようです。形を整えることは、技術の世界ならば専門技術体系を知ったり整理することに相当します。

この「整・流・転・成=創」の「整」の部分は線形系で、「転」の部分が創造に強く関わるところです。先ほど述べた非線形系の最たるところでしょう。これらをつなぐ操作も非線形系だと思いますが、いずれにしても各プロセスの出発点は「整」にあります。

創造的に開発を見るにしても、まずは開発という極めて非線形な行為を整理し体系として理解すること、そしてその「流れ」を知ることが必要になります。この観点に立って、以降の考察を進めます。

さて、先行する企業をモルモットに見立て、それが成功の兆しを見せるまでは手を出さないという二番手作戦や、コストダウンや品質の向上さえ達成できればよしとする考え方が、開発の指針として通用する時代はすでに終わっています。メガ・コンペティションといわれるグローバル競争の波を乗り切るには、より明確で世界に通用する目標が求められます。

本書では、この基本的な目標の設定に対して次のように考えます(図1-1)。

まず「社会に経済価値を創出すること」を開発の目標にします。つまり、経済の拡大に結びつく価値の創出を開発の最終目標とするのです。開発は、誰かがそれを買ってくれなくては成立しません。顧客が買う気を起こすのは、それが顧客にとって価値あるときだけです。これを一般的に表現し、社会への経済価値の創出としたわけです。

しかし、これだけでは戦後日本が徹底的に追求してきたことを追認するだけになってしまいます。グローバル・スタンダードも勘案して、経済価値の内容を熟慮する必要があるでしょう。

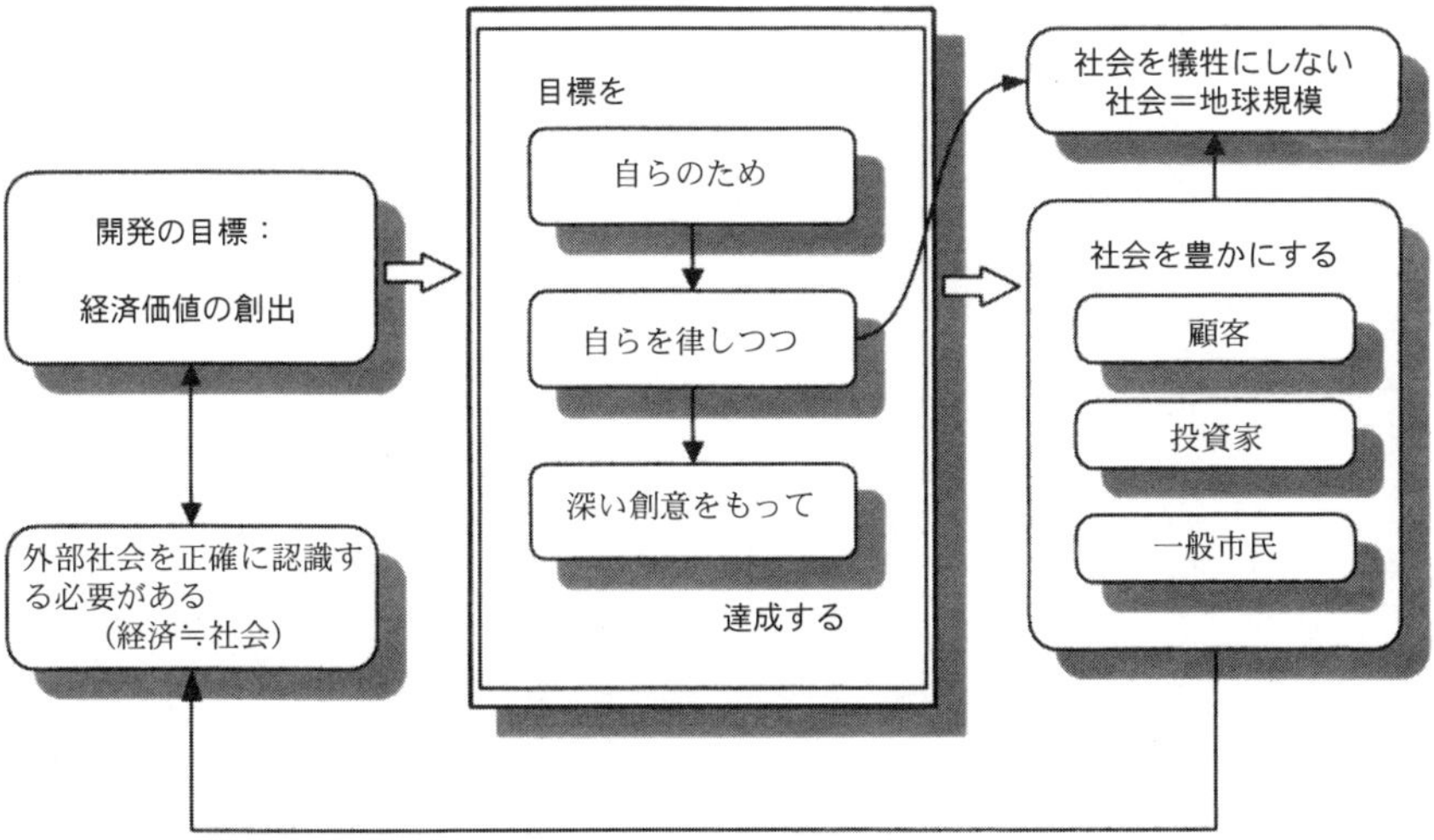

図 1-1　開発の基本理念

本書では、開発の基本理念を「自らのために、自らを律しつつ、深い創意をもって経済価値創出に努めること」と定義します。直接的には自己ならびに顧客、投資家が豊かになることを目的とする活動ですが、「自らを律する」に「社会を犠牲にしない」そして「公正」であるという意味をもたせることで、活動が一方的な開発者の論理に陥らぬようにします。ここで、社会とは経済の及ぶところ全域を意味しますから、開発者は開発品の影響を世界規模で考えなくてはならなくなります。また、「深い創意」を重視することで、単なるコストダウンを開発の最終目標におくだけでなく、より高度な独創性を開発に持ち込むことが当たり前になります。創意を深め、独創の域に達することが、安定した高い付加価値を提供する最も優れた方策なのです。

現代においては、「社会」として世界を視野に入れたうえで「顧客」「投資家」「一般市民」を考える必要があるでしょう。また「自らを律する」なかに、幻想を追わないあるいはリスクを明示する姿勢も含める必要があろうと思います。

この考え方を自他に知らしめながら開発を進めることが、古い体質を脱却して新しい時代に適合する条件だと考えます。

自らと顧客あるいは社会が得るべき豊かさを、幻想を追わずして冷静に評価し実行に移すことは、個人ならともかく上下関係を含む組織が関係してくると、実際にはかなり難しいものがあります。

開発では、組織の上部管理組織の方針に沿って下部組織が忠実に実行することで組織全体を大きく活性化できる例もありますが、方針が誤っていたために逆の結果を招くこともあります。下部組織(開発担当側といってもよいでしょう)における過去の成功体験が、上部管理組織の方針を見えないところで無力化して活性化を停滞させ、透明性を損ねる場合もあるのです。

組織の歴史・位置付け、トップの資質、さらには組織間の能力・体質などの兼ね合いによるわけで、その体質は短期間で変えられるわけではありません。批判・反省などに基づくゆっくりとした歴史的フィードバック・サイクルを繰り返すものと考えざるを得ませんが、このような活動の停滞を最小限に抑えることは必要です。それには、組織に属する各人が、成功体験の蓄積のうえに胡座《あぐら》をかいて、帳尻の合わない、割り切れないことを持ち越したまま日常を過ごすことに自戒の念をもつことしか考えられません。

理想と現実のバランスに気を配る必要はありますが、理念による流れの整合性強化なくしてはやってゆけない時代になりつつあるようです。

従来、「社会のために云々」という台詞は、「甘い」として退けられる傾向にありました。現実に、そのようなことを考える余裕がなかった時代もあります。しかし、現代は視野をどこまで広げられるかが自らの生存に直結する時代です。猪木正道氏の指摘のように、潜在的な敵の厳存を正しく認識するためにも、広く社会全体に目を向ける必要があります。猪木氏は、外部社会の動きを認識しようとしないことこそ甘えであり、たるみであるとしています(「産経新聞」コラム正論、二〇〇〇年七月一四日付)。この言葉には、グローバリゼーションの推進者も真摯《しんし》に耳を傾けなくてはなりません。

以上、情報が開示された世界での公平な競争というグローバリゼーションの流れを前提として、暴走を防ぐ意味合いも含めて社会とのつながりを強く意識し、「自らを律しつつ、自らのため社会のために深い創意によって経済価値を創出すること」を開発の基本理念として定め、以降の議論・考察を進めることにします。

この理念に基づく開発力の強化は国全体が取り組むべき案件だと割り切らず、一私企業にとっても重要であると考えることが大切です。

次節以降で、経済価値の創出を目指す開発という活動の体系的な記述を試みたいと思います。しかし、最終目標である自らの創意による経済価値の創出には、発生時点の前後判別が難しい各種の創造的な活動成果が含まれ、最初から開発プロセスの時系列的な羅列を試みることにそれほどの意味があると思えません。集中あるいは熟成期間を経る必要はあっても、優れたアイディアは何の予告もなくある日突然現れるのが普通です。まさに非線形の世界です。また、ある技術に思いつき開発に結びつく場合もあるでしょうし、あるいは用途から逆に技術を見つけ出し開発に至る場合もあります。

一方、開発が社会に関わることは明らかでありながらも、それがハードウェアを伴う限り自然の法則に則らなくてはならないので、技術なくしてほとんどの開発の成功はありえないともいえます。

すなわち、開発は社会的側面と技術的側面をもち、創造性が複雑にからみ合っているので、互いの前後・上下関係をあらかじめ明確にすることは難しいのです。

そこで、「開発の基本理念」を受けて以下のような開発に関するマクロな仮説を設け、順次それを分析することで開発の実像を明らかにしていくことにします。

〈**開発仮説**〉　開発とは社会、技術という二つの異なる領域において創造的総合化と実体化（設計）を両立させる価値創出活動である。

ここに実体化とは、実用性を備えさせることを意味するので、開発対象は必ずしもハードウェアに限りませんが、「設計」も許容することにします。

第三章以降次第に明らかになりますが、この実体化も技術と現実を統合するという、抽象を具象化する方向での総合化（すなわち設計）といえます。

開発の創造部分は、「開発とは、社会・技術という具象・実体の世界を一度抽象化して、そこに独自の夢を付加結合したうえで再び具象世界に戻す総合化活動である」ということもできます。

3　開発における創造的総合化とは

創造的総合化を構成する諸因子について、時間、空間の両面から考えてみましょう。時系列的には開発の前半部に相当しますが、そこにも空間的な広がりをもちます。

(1)　夢の実現と真理の探究

開発の世界における創造性は、抽象から具象への行き来において発揮されるものですから、経済価値を創出するためという基本理念だけでは先に進めません。実際、具体的に開発対象を定めるきっかけとなる創造のモチベーションが必要です。

「富や名声への願望」「必要性」さらには「ひらめき」が歴史上有名な発明や発見の誕生には作用したといわれますが（アーネスト・V・ヘイン著、伊佐喬三訳『天才の炎』東京図書、一九七七年）、ここでは簡明を旨として「夢」の実現と「真理への探究心」が創造の方向を決めかつ原動力になり得るのではないかと考えてみます。

価値あるものを生み出すには「夢」が必要ですが、「夢」だけでは「自然のもつ真理」と整合する保証がありませんから、開発のように技術的要素を多く含み得る場合「真理の探究心」を条件に加えることには異論がないと思います。

富や名声への憧れおよび願望は「夢」と置き換えることができるでしょう。また、必要性は身近な「夢」と「真理の探究心」の重なったものということができます。ひらめきは「真理の探究心」を持ち続け集中を続けるところのみに発生すると考えてよさそうです。これらから、「夢」と「真理の探究」の重なるところに開発が誕生すると考えてよいと思われます。

なお、本書では「真理の探究」に、学者や研究者がもつ高級な精神性に特定せず、「……を完全に理解することで胸のつかえをおろす」あるいは「長年自分が宿題としている課題を解決する」という身近な欲求も含ませます。高級な概念と身近で実用的な概念を差別せず融合させようとすることが実体化にとって重要なスタンスである、と筆者は信じています。

(2) 発明と発見、研究と開発

開発の対象が「夢」と「胸のつかえをおろす」ところに見つかるとして、その次に、何が思われ何が成立すれば、最終的に経済価値を生み出す成果を得られるのでしょうか。

それには、発明と発見、研究、技術活動等の創造活動と開発との関係を明らかにすることが必要です。このなかで、個人的活動と組織的活動との関係も明らかにされるべきでしょう。

また、開発と社会との関係もより明らかにする必要があります。社会的価値を生み出すためには、社会と密接な関係をもたなければなりませんから、技術的な創造活動のみを開発と考えるわけにはいきません。ある製品やシステムを世の中に誕生させ、それによって富あるいは価値を生み出させるには、新しい製品やシステムがあるだけでは不十分で、それを社会システムに組み込むことが必要なのです。

さらに、組織と開発の関係も明らかにすべきです。開発の成功は個人の才能に大きく依存しますが、一方で、

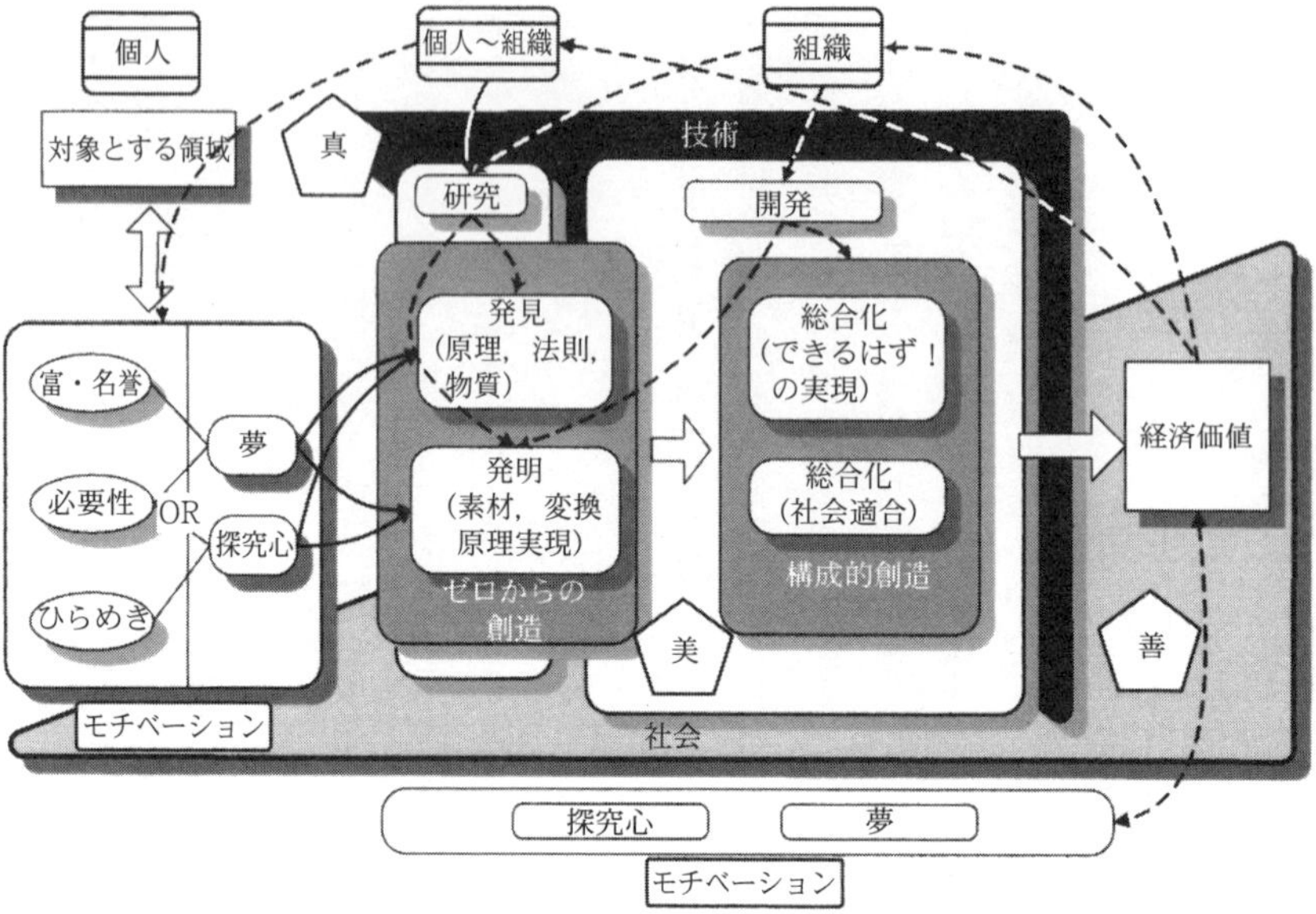

図 1-2　創造性と開発および経済価値の関係

組織的活動が必須とも思われます。少し掘り下げると、経営の管理下に開発をおくのか、あるいは開発の独創性を重んじ、管理は別の方策をとるべきなのかという問題になります。

　これらの課題を受けて、経済価値の創出に至る一貫した知的創造活動の最上流に「夢」と「真理の探求」をおき、直接的成果を発明と発見においてみます。そしてその下流に、組織の関わる、より意図的でシステマティックな価値創出活動である研究と開発をおきます。

　図1-2は、経済価値創出の仕組みとそのなかにおける開発の位置付けに関する前記の考え方を模式的に表したものです。おおむね、時間は図の左から右に流れます。右にいくにつれて、社会性あるいは技術性は広がりを示します。このなかに発明や発見、あるいは研究等の創造活動が前記の順序であてはめられています。

　開発を理解するための最初の課題はこれである程度明らかになるので、以降、開発のあり方のベースをこの図におき、考察を進めることにします。

この図は、開発とは経済価値の創出を求める組織の意図を受けて、できるはずであるものをつくり出す社会・技術両面での構成的創造活動、すなわち総合化活動であることを示しています。また、研究は同じく組織の意図を汲んだ活動として開発の前段に位置付けられます。一般には個人的色彩の強い発明や発見が研究とは別に開発の前段にあり、価値創出活動全体として一般的価値(真、善、美)に囲まれていて、単独の発明や発見に比べると、開発が社会や技術とつながっている領域は格段に広いことも示しています。

図中、発明の説明部に「変換原理」という見慣れない用語があります。これは、多くの発明が形態や物理量を変換することにより成立していることを意味しています。

さて、開発は発明や発見よりも意図的で、価値の創出活動としては実社会により近く、技術的にも十分展開されたところにあるべきです。しかし、発明と発見とは無縁でなく、時にはその一部を含む総合化活動であると考えてよいでしょう。

技術的総合化と社会的総合化の両者がオーバーラップするところに開発が位置付けられていますが、もちろん単独で成立する場合もあり得ます。形のうえでは特例ですが、現実にはこちらのほうが多いと思います。社会的意味での総合化については後で説明しましょう。

ここで、開発において要求される創造能力と発明におけるそれとの違いを検討しておく必要があります。開発において最も重要な創造能力は「総合化能力と目的に沿った発明能力」といえるでしょう。開発に際しては、広大で深い科学の領域から常識を覆すような価値の高いものを探し出す大発見能力もさることながら、われわれ凡人でも可能性をもつ、限定された領域における目的に沿った小発明能力が重要です。

図1-3はこれらの関係を概念的に示したものです。開発の脇にマネジメントとして別の人をおいたのは、マネジメントの重要性を強調したかったからです。開発を前に進めるためには、マネジメント・サイドの強い意思と開発に関する理解が必要です。本書では、以降、少なくともマネジメント・サイドが開発を希求する心をもって

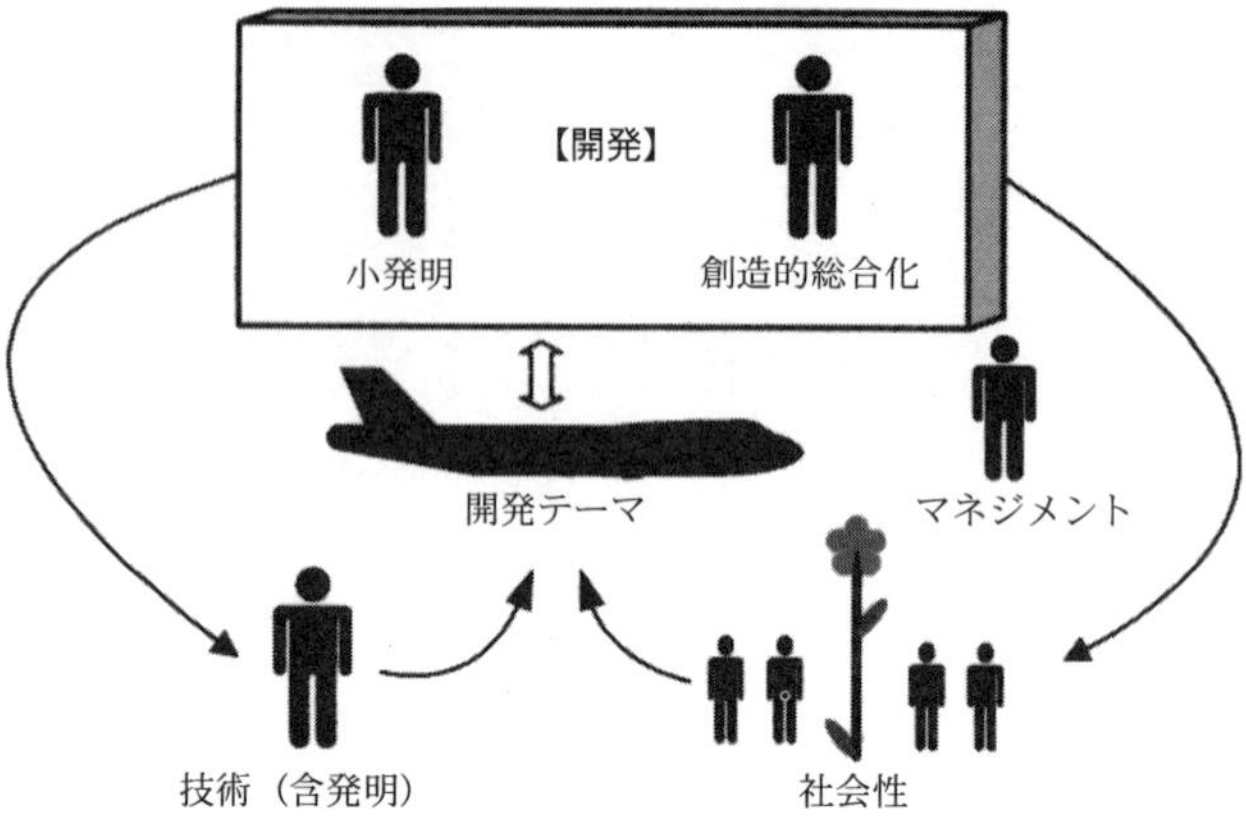

図 1-3　開発と発明の関係

いるものとして話を進めます。また図は、技術と社会性に端を発した開発の成果は新しい技術と社会性両者を兼ね備えておくべきことも示したつもりです。

以上を整理すると次のようになります。

・開発および研究は組織の夢の発現という意図的な活動である。
・発明や発見はひらめきを必要とする分、範囲は広いけれど、開発より意図性が弱い。
・研究は発明や発見とオーバーラップする。しかし、指向する方向が組織的意図に沿う分、発明や発見よりも領域が絞られ、開発とつながりをもちやすい。
・開発は発見・発明の一部を含む技術的・社会的総合化活動である。

最後に、発明と発見の事例を対比させてみましょう。発見の例として万有引力、病原菌やウイルス、電磁波(伝播方程式を含む)、回転磁場、DNAの構造等をすぐに思いつき、発明の例として病原菌やウイルスに対する医薬品、モーター、電球、無線通信等が想起されますが、いずれも図のように研究と同フェーズにあったといってよさそうです。開発例については次項で別途とりあげることにします。

ライト兄弟による飛行機は発明とされていますが、その総合的創造性を考えると、開発の領域にも属するユニークな例といえます。ライト兄弟は飛行における操縦法を発明し、既知の変換原理を利用し総合化することで空飛ぶ機械を開発したということができるのです（速度を揚力や推力に変換する原理を確定したという意味では、この領域でも発明をしたといえましょう）。

(3) 開発の区分

図1-2はあくまで仮説なので、総合化の例を調べて妥当性をチェックしておきましょう。

前記の考察を踏まえ、改めて開発の基本的範囲を、「できるはずである」という見通しのある意図的な「実用システムの実現」におくことにします。

「できるはずである」とは、すべてを冒険的な発明に依存するのでなく、「既知の材料・技術あるいは原理・法則を見直し再配列することによる総合化」が開発の主な鍵になることを意味します。

技術指向の開発と社会指向の開発に対応して、創造的総合化も技術系と社会系の二種類が存在することになります。これらはシーズ主体の開発とニーズ主体の開発に対応するといってもよいでしょう。

技術的総合化には必ず実体の存在が要求されますが、社会活動のかなりの部分は人の心のもちように左右されるので、社会的総合化には必ずしも実体の存在が要求されないことは注目に値します。社会においては人の心を捉えていることが実体で、離れてしまったら実体でなくなります。純粋に社会的創造能力のみに依存する開発は、本書の扱うところではありませんが、折に触れて実体の確認が必要であるといえそうです。

戦略先にありきという、ニーズを見越した戦略的総合化の例として、宇宙開発、新幹線、革新航空機開発、ビデオ、ハイビジョンなどがあげられます。近年、自動車に採用されつつあるトロイダルCVTは、機械系における注目すべき開発成功例でしょう。社会的性格の強いものとして環境還元システム、宅配システム、スーパー、コンビニ、東京ディズニーランド等々、さらには循環型社会（リサイクル社会）、ハブ・アンド・スポークといわれる航空機運航システム、機内サービス・システム等々が列挙できます。

一方、シーズ先にありき、という特化技術の創造的総合化例としてゲーム機、複合材料、液晶、医薬品、新素材、さらにはバイオテクノロジーなどがあげられます。

IT革命については、シーズからの発展と社会的利用面からの発展が区分しにくい、ニーズ・シーズ両者が極めて広範囲で融合した特殊な例と思われます。

いずれにしても、図1-2の模式図は開発の実体を説明する方法としておおむね妥当と考えられます。開発の領域を新しい社会システムの創造にまで広げると、近年計画が実行に移された例に思い当たります。「循環型社会形成推進基本法（「日本経済新聞」〈循環型社会関連法案出揃う〉二〇〇〇年四月一五日付」に基づく環境保護システムの構築です。国がこれを開発と捉えているかどうかわかりませんが、明らかに総合性を要求される創造的開発に属しています。循環の仕組みに無駄がないかどうか、合理的であるかどうかで開発の成否が決まりましょう。総合的にシステムが検討・立案されているかどうか、無駄を排するためにいかなる技術革新を求めるべきかに関する洞察力などが成否を決めると考えます。

以上、先の開発仮説の前半分である創造的総合性について形を整えたと考え、先に進みます。

さて、開発に際しては意図的であることがまず要求されますから、図1-2に描いたように「できるはずである」が出発点として重要です。しかし、論理的に完全に達成可能である開発案件ならいいのですが、総合するというのはそもそも複雑に干渉する諸要因をくくるわけですから、一概にうまくいくとは限りません。「総合化」を「無理」と考えるか、「リスクを前提とした道理」と考えるかで、結果はかなり異なります。「無理」を「無謀」として排除するよりも、「無理」の「有理」部分を活かすように前向きに対処するほうが、開発力の強化につながることは明らかです。

総合化能力を発揮する典型的方策の一つが、目標を立てて既存技術では達成できない部分を強引に引き上げるやり方であると考えられます。欧米では月の有人探査、ステルス戦闘機、システムの規格・標準の制定等々よく見られますが、日本では該当例は比較的少ないようです。日本での成功例としては「東海道新幹線」があげられます。そのほかにも、テクノ・スーパー・ライナーや超伝導による磁気浮上鉄道（リニアモーターカー）がありますが、未だ開発途上です。この種の開発の一番大きな問題は、システム完成の暁に社会が受け入れるか否かの判断にあると思われます。戦後「YS-11」という旅客機が開発されました。総数で一八〇機以上もつくられましたし、当時世界レベルの性能をもった飛行機でしたから、成功といえなくもありません。しかし、社会システムとの連動あるいは適合性という面で後一歩及ばず、日本の航空機産業は関係者の悲願と努力もむなしく世界をリードする産業には至りませんでした。

ここで、開発されたものを世に送り出すシステムのどこかに無駄があると、競争に勝てなかったり時間的制約を満足できなかったりして、開発が中途半端に終わることに注意が必要です。社会への適合条件の一つといえるでしょう。企業において、社会とのチャンネルである既存営業システムや調達、流通システム等のインフラ基盤の活用を前提として開発を進める方策は、あらかじめ社会適合性ルートを確保しているため効率的で成功の可能性が高く、自然な方法であるといえます。この意味で最も健全な開発スタイルは、既存チャンネル上での創造的な製品の技術開発ということになりましょう。

後に本書でとりあげる具体例は、原則的にこの範疇に近いもので、多少の事業基盤のあることが前提だと言い換えることもできます。

さて、創造的総合化のイメージが固まったところで、開発の時間的位置付けを明らかにするために、それらを「革新開発」と「創造開発」に区分しておきます。技術の進歩によって、既存の製品領域にも常に新しい開発が必要とされますので、これを「革新開発」とします。これらは新たなメリットを社会にもたらし経済の拡大を促しますから、技術の進歩がある限り開発は継続的に発生することが一つのパターンとなります。すなわち、開発によって生み出されたものは、基本的に短命なのです。

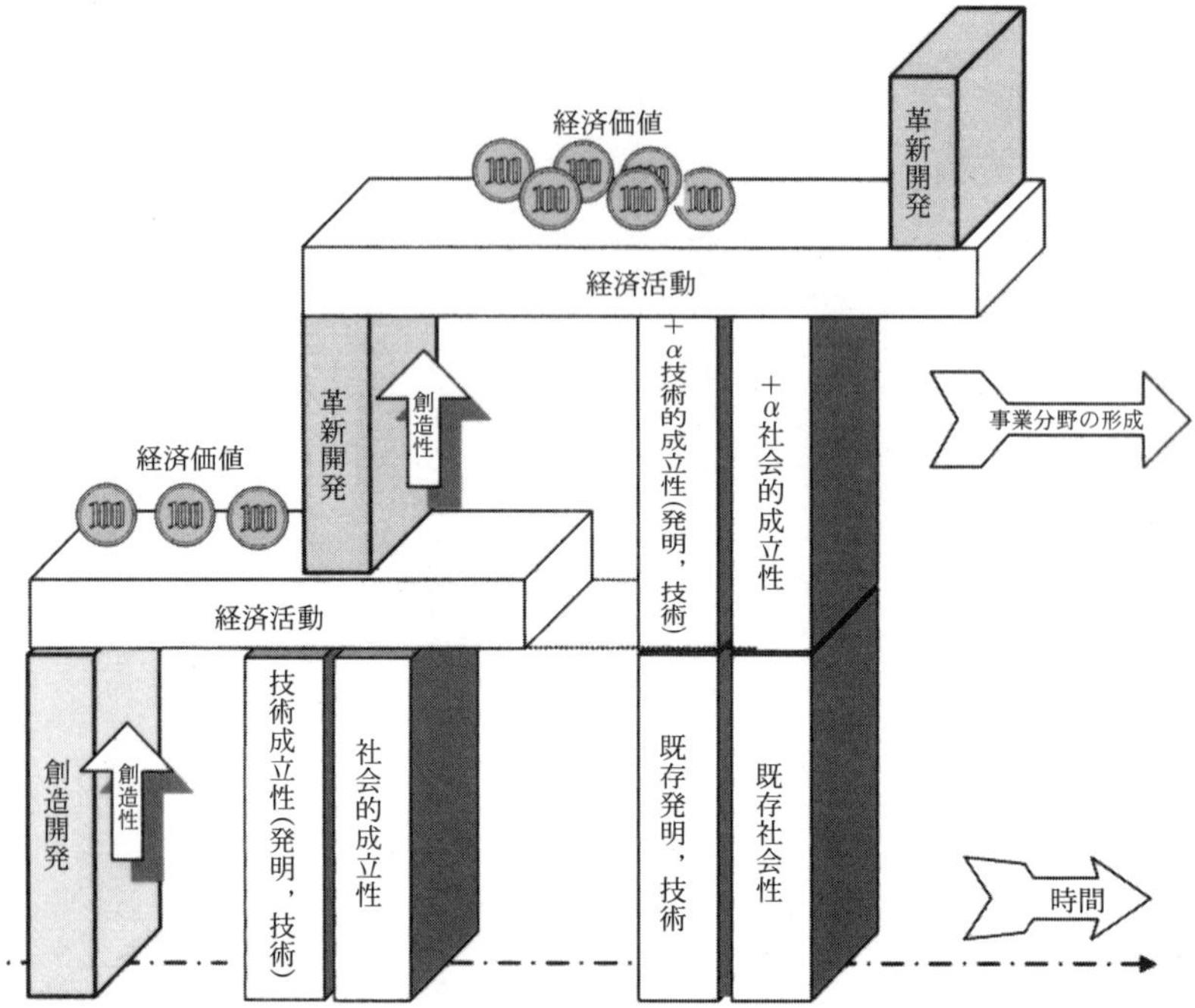

図 1-4 創造開発と革新開発の関係

一方、従来まったく存在しなかった領域での開発を「創造開発」とします。インターネットを利用したビジネスなどは創造開発の好例でしょう。創造開発には技術の総合力よりもアイディアとリスクを恐れぬ実行力のウェイトが高くなります。事業スケールの大きさや総合技術力の必要性、さらにはリスクの大きさを勘案すると、基本的に大企業は革新開発を、ベンチャーは創造開発あるいは先述の特化技術開発を狙うことになりましょう。

「創造開発」は新しい経済価値の創造という役割を果たすと、以降「革新開発」に道を明け渡すことになります。

図1-4では、創造開発と革新開発の関係を模式的に表しました。いずれの場合も、開発を成功させ、経済活動をステップ・アップさせるために、開発計画そのものに技術的成立性と社会的成立性が必要とされることを、石積みの上のバランス・イメージ

で表しています。創造活動があり、その後革新開発が引き継がれるようになると、この領域は事業分野として認められるようになるわけです。発明や技術は、開発の技術的成立性を保証するために必要となります。開発は技術の進歩とともに階段状に積み上げられ、そのつど新しい経済価値を提供することになります。グローバルな競争環境下にあることを考えると、開発は基本的に短期間で乗り越えられる運命をもつともいえましょう。継続的に試みられていなければならないのです。技術の進歩に応じて常に新しく計画されなければなりませんし、それが成功した暁にはまた新しい開発にチャレンジしなければなりません。一方、発明は新規性が認められれば一定期間競争にさらされることはありませんから、開発は発明とつながることで優位性を確保できることが理解できます。

最後に、総合化を進展しかつ拡大させる一つの手段である技術移転が、大学から企業への流れだけでなく、大企業からベンチャーへの流れも技術活性化の意味から有効であることを指摘しておきます。

大企業は総合的技術力に優れています。開発能力も高いものをもっていますし、開発陣も開発費も豊富です。したがって、そこでは技術の高度化に伴って、特殊な技術能力が派生しやすいはずです。しかし、必要に基づいて開発された技術でも、それが量に結びつかない場合には、大企業内で活用される可能性は低いものにならざるを得ません。なかには子会社に移管して発展を目指すケースもありましょうが、日本においては子会社の経営者は親会社から出向するのが常ですから、体質的に大企業で扱うことと変わりありません。陽の目を見ない技術が眠っている可能性があります。このような技術こそ、小規模の経営単位できめ細かく顧客ニーズに対応することが求められます。

もちろん小企業単独でも、このような技術が開発されている例はありますし、きめの細かい特殊な加工技術を生み出し、顧客を創成し、事業内容の転換に成功している業種もありますが、数は限られています。近年、ＴＬＯ（Technical Licensing Organization、技術移転機関）として大学の保有する技術を企業に公開しようとする動きが活発化しています。大企業で死蔵されている特殊技術をベンチャーに貸与あるいは開放する考え方も、ベンチャー・ビジネスを活性化するうえで魅力的です。

4　開発における実体化とは

開発が発明を追うのとは異なること、開発には発明とは別途の総合化に関わる新しい概念の創造が要求されることは、すでに説明しました。

ここでは、開発と発明が際立った違いをもつ点を確認しておきましょう。

開発と発明では、要求される実用性に大きな違いがあります。発明は特許として知られる工業所有権を伴いますから、権利さえ取得すれば一定期間は他者の利用を拒めますが、一般に発明そのものには実用性が要求されていません。

一方、開発品はいかに独創性に溢れていても、またいかに機能・性能に魅力があっても、実用性がなければ経済価値を生まないことは明白です。本書では、開発構想に広い意味の実用性を与えることを「実体化」とします。これが開発仮説の後半部に記述されている条件です。

実用性の付与は開発のプロセスにおいて極めて重要な位置付けを占めるのです。もちろん、その前に技術的成立性の保証は必須です。構成要素をつなぐボルトの設計に欠陥があるだけで、それまでの開発努力が無に帰しかねません。

開発品は発明品と違って「実用性」を備えねばなりません。開発当初のオリジナルな構想が魅力的であればあるほど、実用性を事前にレビューして、しっかりとした基本構想に練り上げる必要があるのです。時にはビスに及ぶまでレビューすべきです。

技術的成立性だけでなく、競争の激しいところでは実用化に関わる細かい部分のレビューが必要です。開発品を手にする多くの顧客に「気に入った」といってもらうには、人との適合性も実用性レビュー項目のうちに入れるべきでしょう。人の感性は極めて多様で、かつ繊細です。あらゆる観点からリファインされているものが優位に立つことに不思議はありません。ごく当たり前のようですが、技術を過信する企業が陥りやすい罠と思うべきです。

さて概念の実体化は、ハードウェアを対象とする場合には設計そのものです。開発概念は単なるハードウェアではありませんが、本書では拡大解釈して開発の概念をリファインし、実用性のある構想にまで持ち込む作業を開発の「設計」とします。通常の設計では図面化という技術が要求されますが、開発プロセスの設計にも固有の技術が必要だというのが筆者の考え方であり、この技術を述べることが本書の核心でもあります。

1の開発仮説において、創造的な精神の発露が開発の原点をつくり、それらを総合化し実用性を付与することで初めて社会に提供でき経済価値を生み出せることを主張し、その線に沿って考察を進めてきました。これによって、開発の全体像がより詳しく見えてきたといえそうです。次節では、この開発の創造に関わる部分の基本的な課題を分析して、効率的な開発の進め方に資するにはどうすればよいかを考えます。

5　創造的開発の基本的課題

(1)　リスクの分散

開発がなければ、経済が尻すぼみになるのは必定です。しかし、開発にはリスクがつきものです。しかも、開発に大きな魅力を入れ込むほどリスクは大きくなります。次の開発を育む時代に業界の活動が停滞するのはやむをえませんが、リスクを怖れて開発から逃げていたのでは開発力を育むこともできず、停滞は縮小均衡に向かい

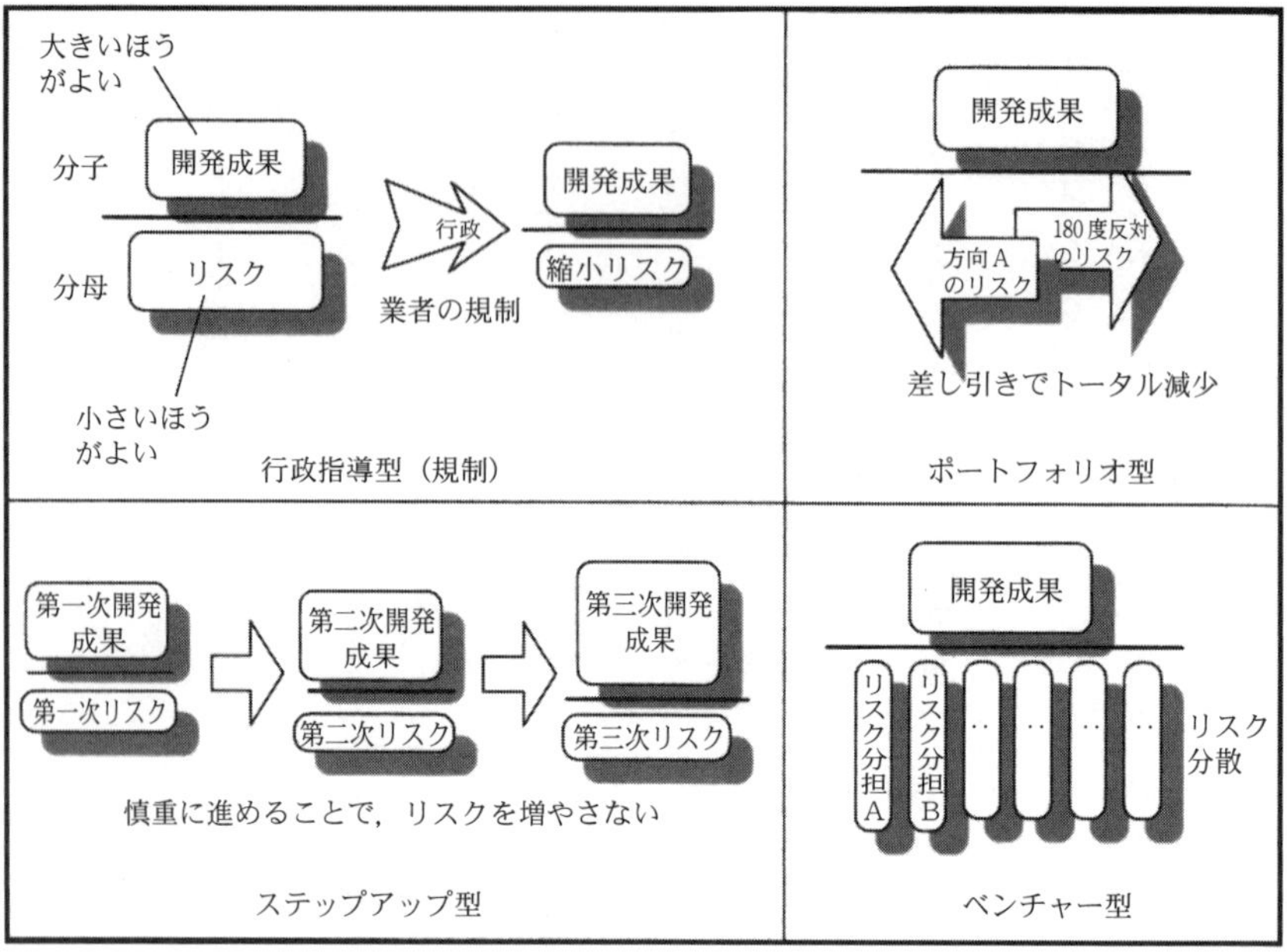

図 1-5　リスク分散法

ます。

リスクは、開発の直面する基本的課題の一つと考えられます。わかりやすい形でそれらを明らかにしましょう。

開発に関係するリスクは二種類あると考えます。一つは、創造活動の裏返しとして本来的に存在する自然科学型リスクです。要するに、開発計画のあらゆる点が自然原理に適合しているかどうか、事前には完全に明らかにできないために生ずるリスクです。もう一つは、顧客あるいはユーザーの心を捉えられるかどうかに関わる社会型リスクです。これは、開発の産物が人の心を総合的に捉えるかどうかに関わるリスクです。

いずれにしても、リスクが少ないに越したことはありません。そこで、開発に際してリスクにどう対処すべきかを考えてみましょう（図1-5）。

第一に、行政機関の指導により過当競争を避ける方法があります。

しかし、この方法をとり続けることは困難です。行政機関の傘の下では国際競争にさらされないため真の開発力が身につかない恐れがありますし、自国の社会バランスを優先することは海外企業の規制につながりますから、成功すれば成功したで国際的な経済摩擦を引き起こしかねません。行政機関は、税金を使って企業等の開発をサポートするわけですから、あまり大きなリスクを背負うわけにはいきません。したがって必然的に、支援はリスクの大きい創造開発よりもより確実な革新開発のほうに流れ、育成された産業は革新開発のみに頼って成長を遂げるという、バランスを欠いたものになる恐れがあるのです。

戦後日本のとった護送船団方式に代表される経済政策は、基本的に行政側が選択したリスク低減策であったといえるでしょう。この経済政策が日本に驚異的な成功をもたらしたことは事実です。しかし、すでに述べたように、永続性がないところと、本質的にリスクを伴う創造開発を推進する処方になっていないところに問題があります。

第二に考えられるのは、小さなリスクに対する挑戦の積み重ねで最終的に大きな成果が得られるような進め方です。

具体的には、挑戦する事業スケールを複数の段階に分け、一段ずつ登ることになります。最初は比較的小さな市場を対象にして開発に挑戦します。そこに多数の挑戦者がいて、大半が競争に敗れるにしても、被害は比較的小さくとどめることができます。そして、生き残った者同士が次のステップの市場に挑戦するのです。このようにして、徐々に事業スケールを大きくしていく方法が考えられます。最初は国内で競争力をつけ、次いで海外への進出を狙う方法です。電卓がよい例です。

しかし、このような条件を満たすことが常に可能なわけではありません。テーマもタイミングも限定されたものになりがちです。例えば航空機のようにスケールの大きな開発は、市場そのものが国内だけでは不十分なので、ステップ・アップ方式の開発戦略はとれません。

第三の方法は、開発リスクを分散することによって個別のリスクを下げ、成果の大きい創造開発に挑戦することです。

この場合、分散には二つの考え方がとれるでしょう。一つは、開発者自らが開発対象を分散してリスクを小さく抑えることです。性格の異なる開発アイテムを並行に進め、片方が失敗しても他方が成功する組合せをとって、常に平均的な成功を狙う方法といえます。これについては、第三章で開発のポートフォリオ戦略としてもう少し詳しく説明します。他の一つは、投資家が投資を分散して失敗のリスクを局限することで、ベンチャー支援組織（ベンチャーキャピタルあるいはエンジェル）とペアになったベンチャー開発といってよいでしょう。この進め方は米国においてコンピューターや情報関連分野で大きく花開き、現在日本でも経済再生をベンチャーの活躍に大きく期待しています。

ベンチャー開発を成立させるには、従来なかった社会基盤が必要です。リスクにチャレンジする起業家とリスクを分担する投資家、そしてそれらを活性化するシステムです。失敗したときに開発者の精神的、経済的、社会的ダメージが大きすぎると次に挑戦する人が現れず、超金満家の趣味による投資以外に開発資金を確保することが難しくなります。ここで、ベンチャー向けのクールな投資システム構築の必要性が出てくるわけです。日本ではこのシステムの構築が未整備ですから、現在その強化に行政機関は大きな力を割いています。それだけでなく、ベンチャーがある程度の可能性を確認できるまでのエンジェル的役割も、国あるいは地方自治体で果たそうとしています。

開発のリスク分散法は以上のように考えられますが、自分たちの挑戦する開発がどこに属し、リスクをいかにして低減するかという戦略を立てることが開発の第一歩となります。開発を心意気だけで成功させることは難しく、どこかに冷静な計算が必要とされるのです。

(2)　総合性の確保

すでに、開発は技術、発明、発見を柱とした総合的創造性によって形を現してくると述べました。発想法（付録A-3参照）に代表される創造性に関わる具体的技術については、本書のメイン・テーマでもあるので次章以降に詳しい考察を加えることにして、ここではマクロな観点から「総合性」に焦点を定めます。

■技術的な総合性

技術的な意味での総合的創造性の最も優れた発露は、すでに述べたように、ライト兄弟の飛行機開発に見ることができます。

ここでは、もう少し技術的な総合化を理解するために、そこでとられたと思われる手順を若干一般化して考えましょう。

①従来、技術的に不可能と考えられていたテーマの実現（ニーズ）を夢見ます。

②テーマに関連して幅広く調査をして既存技術で対応できる範囲を確定します。関連手持ち技術が業界で突出しているのがベストです。

③テーマ解決に際して不足している要素・システム技術を定めます。これら技術の確立が可能であれば（本書のメイン・テーマとして後章でより具体的な摘出プロセスを検討します）、既知の技術と組み合せることによって、いままで得られなかった総合的な機能・性能が得られるというイメージです。これらをまとめあげるところに総合的創造性が最も要求されます。

これら三つのステップについては第二章で詳しく説明しますが、意図的にものを開発するにしても、シーズ（ニーズ先行の場合には技術的適合性が課題となり、シーズ先行の場合には社会的適合性が課題となることが通例です。ここでは理想的なケースとしてニーズ先行型を記述しています。現実には、可能性を感じさせるシーズ系技術の調査と応用範囲の拡大が最初のきっかけとなる例が多いでしょう）を活かす観点が常に必要です。本書ではニーズ主体の発想とシーズ主体の発想を区分して扱っていますが、最終的には両者が合体しないと社会性と技術性が成立しません。

④既存技術と、確立されるべき要素・システム技術をベースに、開発目標が達成できるかどうかを評価し、総合的な開発計画を策定します。

以上が技術的な総合化の手順です。既存技術と新しい技術を組み合せ、全体としてまったく新しいものをつくりあげる意味で、総合的創造というわけです。

比較的スケールが大きく、しかも先端技術を取り入れたシステムとしての開発例が、JRのリニアモーターカーでしょう。革新的技術である超伝導の磁気浮上装置とリニアモーターを組み合せることで車輪とモーターの代わりにして、航空機並みに効率のよい列車を開発しようというものです。列車として成立させるため、このほかにも磁気の影響の排除とか不快感を生ずる振動の排除、さらには事故の被害を最小に抑える方法等々、輸送システムとして成立させるための総合化に関わる新技術があらゆる面で並行して研究されています。未だ研究段階なので、輸送手段としての採算性は必ずしも明らかでありませんが、単なる技術開発でなく典型的な技術面での総合的創造性の要求されるプロジェクトだと思います。

このような巨大システムではなく、技術そのものに対しても総合的創造性は発揮し得ます。すでに何度か特化技術をとりあげましたが、これらを取り扱う企業は技術的な面での総合的創造性に焦点を絞った開発戦略をもつべきであるといってよいでしょう。各種の試みの末、特定技術製品の商品化に成功したとします。典型的な特化技術戦略の進め方は、そのシリーズ化を図りながら専門技術を特化し、それをさらに掘り下げあるいは総合化することで新しい方向性を探る、というパターンをとると考えます。例えば、冷却器からスタートして、熱技術を習得・蓄積し、冷却のみならず高温加熱にまで事業領域を広げる方法等があげられます。高度な専門技術をベースにしますから、一般ユーザーに常に先行して新しい機能の提案をすることが可能だという強力なメリットをもちます。また、ユーザーの業種を問わないという、経済的な根の広がりの大きさにつながるメリットも考えられます。

技術的総合性は、必ずしも高度な技術をもつ人に独占されるものでもありません。総合的創造性の胎動の例として、あるベンチャーによって考えられた特殊なヒーターをあげましょう。遠赤外線が血液の循環を促すことはよく知られています。素肌に効果があるので、最近では遠赤外線放射効果のある下着などが売られています。さて他方、熱に関わる技術に半導体ヒーターと呼ばれるものがあります。半導体の特徴を使って、あらかじめ定められた温度ならば安定して効率よくしかも場所のばらつきもなく維持できるチューブのようなものです。このヒーターを使いやすくする制御部分の小型化・低コスト化は、これまでは需要がないとされ、振り向かれなかったようです。総合的創造例とは、盲点だった装置の小型化に工夫を凝らし特許を取得したうえで、半導体ヒーターを遠赤外線発生塗料と組み合せて、例えば浴室・浴槽のサブ熱源にしようという製品アイディアです。この場合、特許に基づく権利が付随しますから、単なる組合せのアイディアは超えています。以上のように、必ずしも精緻かつ先端的技術の組合せにしか総合的創造がないわけではないのです。

しかし、調査や正確な評価を省略して、ひらめきのままに仕事を進めることは好ましくありません。

■社会的な総合性

社会的な総合性には二つの意味があります。一つは、社会への適合性といえるもので、技術的適合性と並立すべき位置付けをもちます。なかには技術の観点では理解困難な、例えば顧客が受け入れるまでに重要視される開発品の基本的な資格に関する条件があげられます。価格や仕様などが典型例ですが、これらには開発の仕上げの意味もあり、特に技術者が知っておかなければならない事柄を第六章に詳しく記しました。

また、開発を社会に適合させ最終的な経済価値を発揮させるためには、顧客の評価を得ることと、資材調達、加工、販売、輸送、回収などの一連の価値生産システムに非効率箇所や漏れがないことが、範疇に加えられるべきでしょう。これらも社会への適合性に関わるもので、開発のどこかの時点でレビューが加えられなければなりません。

他の一つは社会的創造性です。新しいシステムを新しい形で社会に定着させることが総合化だとすると、社会適合性だけでなく、社会的創造性が必要であることはいうまでもありません。

社会的創造性を最もイメージしやすいのは商社の活動です。商社は、すでに存在し機能することが明らかな製品やシステムをいかにして経済的に有効な形で社会に提供するかを常に考えています。技術の世界と若干異なるのは、人の心に関わるところが大きく、その世界で影響力のある人たちとの関係や情報などが重要になっている点です。

通常のメーカーにとって、新しい領域に乗り出そうとする場合、商社と共同で開発を計画したり進めたりすることは、常に大きな可能性を秘めているといってよいでしょう。

さて、この社会に関わる創造性の部分は、人の心の動きに関わりますから、これだけを頼りにしようとすると「複雑系」(J・L・キャスティ『複雑系とパラドックス』白楊社、一九九六年)に足を踏み込むことになります。どこまでが正しく、どこからが成立しないかということが常に相対的な問題であり、しかも変化は急激です。筆者の論じ得る範囲を超えています。可能な限り的確に社会の動きを把握し、既存の概念あるいは技術のうえに新しい社会的概念を打ち立て、それを社会に受け入れさせることが社会的創造活動であるというにとどめておきます。

一方、技術的創造にこのような問題はありませんが、クラシック品として稀にマニアに珍重される例外を除いて、時代の進歩とともに陳腐化する運命をもっています。

(3) 技術の蓄積

開発においては、技術的成立性に関する見通しを立てるためには研究と専門技術の双方が必要です。技術の世界は「実」の世界ですから、積上げと論理的な応用が大きく作用します。積上げと応用を可能ならしめているのが「研究」と「専門技術」です。研究は開発の核となる可能性をもたらしますが、一般にそのテーマは開発の有無と関係なく選定できます。一方、専門技術は開発そのものを実現するために必要ですが、開発がなければ力を伸ばすことはできません。

研究によって開発が成立し、開発によって専門技術が伸びるということになります。開発を実行する体力は、専門技術の強さ、高さに依存します。その意味で、継続的かつ計画的に研究費を投入しつつ革新開発を適切な間隔で実施することは、その領域の専門技術能力を維持・向上させるための必須条件です。

短期的な利益を優先するところでは、研究開発費を抑えようとする傾向があり、時によってやむを得ません。しかし、研究費を一定以下にすることは開発活性力の消失を意味しますから、注意が必要です。トップは開発活性力を維持できると認識する研究限度額を明らかにする必要があるでしょう。報告義務はないので、トップにとってボタンを掛け違えるのは簡単です。

一方、研究担当者は「開発のために研究が存在する」というスタンスをもつべきことを強調しておきたいと思います。研究が開発を支えられなくなり、開発と遊離した内容に偏るようになると、開発そのものが実現できなくなり、したがって専門技術も衰退します。担当の細部研究項目までなかなかレビューしきれないので、ボタンの掛け違いが簡単に起きるのです。

開発とリンクする研究を実りあるものにするには、開発の実体化(設計)技術が必須であるというのが筆者の見解で、それらについては第三章以降で詳しく触れるつもりです。研究のマネージャーが開発設計の意識を強くもち、研究グループを導くことが理想です。

前記のように、開発の基盤となる研究投資による技術蓄積は組織の上から下までが影響を与えるので、結局は組織風土あるいは組織全般がオープンに管理されているかどうかの表れとなりましょう。

もっとも研究は、先に述べたように経済価値を創造するという面では開発ほど直接的なつながりをもちません。

真理への探求や限界への挑戦がそのまま研究テーマになることもあります。このような場合の研究の意義は、将来、社会に貢献し得るものかどうか、ということになりましょう。

(4) マネジメント

本書では、開発のマネジメントを経済価値を創出し得るように技術的総合化と社会的総合化をまとめあげる活動、と考えます。

技術的総合性と社会的総合性の両者を備えた開発は、必然的にシステムの構築能力を要求します。真の総合化能力が要求されるといってもよいでしょう。これこそが、現在の日本に要求されている開発能力です。

社会面のみを重視し組織の論理に従うだけで技術面を理解できなければ、真の開発は成立しません。開発全般の責任者であるディレクターが、技術の素養と社会適合性をもち、マネジメントのあるべき姿を理解していることがベストでしょうが、それよりも大切なのは、トップがその必要性を理解していることなのです。開発計画全体を見て、技術面に問題があるのか、あるいは社会適合性に問題があるのかを見極め、そのつど創造力を発揮して個々の問題を解決するようリードするのは、トップあるいはディレクターの仕事です。

さて、開発作業は選択あるいは決断の連続です。それぞれの選択でミスを重ねると、よい成果は期待できません。したがって、開発のディレクターあるいはマネージャーは選択に際し、可能な限り最適な方策をとらねばなりません。

人とリスクと技術に関わる領域で、どの道を歩むべきかという選択がディレクターやマネージャーを常に悩ませます。例えば、どのような方針を立てるべきか、どのような組織にすべきか、どのような人材の配置にすべきか、どのようなレイアウトにすべきか、どのような経路を選ぶべきか等々、選択に関する問題は尽きませんが、これらの正しい運用はすべてマネージャーの手腕に任されているのが現状のようです。自由度の大きな状況での最適選択に関するガイド則の研究が望まれるところです。

われわれ人間のみに許された全容の把握能力を、選択則として組み込むことによってある程度定量的な扱いができる例を巻末の「付録」に掲載しています。

6 ダイナミズムの必要性

これまで、価値創出の体系について考えてきました。しかし、開発の根源を遡ろうとすると、「ゼロ」から「有限のもの」がどうして発生し得るのか、という疑問に突き当ります。特に創造開発に際しては、何らかの形のエネルギーが必要ではないのだろうか、と考えざるを得ません。

ゼロからの開発においては、社会、技術、人あるいは人の心のダイナミックな動きが極めて重要な役割を果たすと筆者は考えます。

情報、知識、情熱だけがほとばしりかつ渦巻くエネルギーのない組織や社会には少なくとも創造開発の成功はあり得ませんし、革新開発の企画すら困難でしょう。

ダイナミズムに関連して日本人が戦後成し遂げた組合せ型大型システムの創造的開発例として「東海道新幹線」を指摘しておきます。

敗戦は大量の優秀な技術者を平和産業に再配分するというかつてない人の動きをもたらしましたが、新幹線が産声をあげたことは国全体が経済の再興を祈念していたこと、そして当時の国鉄「鉄道研究所」に若くして戦時中の開発経験をもった優秀な技術者が集まったことと無縁ではありません。打ちひしがれ破壊し尽くされた社会にあって、将来の可能性にかける動きが内（開発サイド）と外（行政サイド）に存在していたといえるでしょう。

筆者が学生時代に教養学部で受けた講義で、若い助教授が当時未解決の大問題だったトンネル内を新幹線がすれ違うときの空力干渉に挑戦している話を情熱をもって説明して下さったことが思い出されます。

戦後日本の特徴の一つとして、国民すべてが復興を願っただけでなく、カリスマ的指導者のリーダー・シップがあったことも、ダイナミズム形成に大きく寄与したと考えられます。開発を成功させるには、関係するすべての人あるいは心にダイナミックな動きが必要です。戦後は、このダイナミズム生成の中核となる経営者が多かったように思います。

考えてみると、高度成長が一段落した一九八〇年代以降は、企業が世界レベルとなってしまい安易に夢を語れないという事情も重なり、夢と一体となったダイナミックな動きが希薄になったのではないでしょうか。

翻って、米国においては大学と企業のコラボレーションが基本にあり、それに大学内で自由な研究をしていた若い優秀な技術者がリンクしてベンチャー企業を創設しダイナミックな経済の動きをつくりあげていった事例を見ると、システマティックなダイナミズムの形成に関する日本の遅れを痛感します。

社会環境にもよりますし、創造性の発露という面でもこれから詳しく述べる開発の技術的部分と同等の難しさをもつのでしょうが、可能な限り広い範囲で関係者に夢を与え、支持層を広げ、開発グループの仕事をダイナミックなエネルギーの流れにのせて具体的な成果に結びつけることも、トップの大きな仕事です。

それとは別に、局所のマネジメントレベルにあっても、このダイナミズムを常に発揮できるように備えておくことは意義があります。最近では、米国の宇宙開発に従事していた科学者が職場を変え新しい金融デリバティブの開発に大きく寄与したともいわれています。これが宇宙産業の不況を見通した金融界の計画的作業であったならば、実に優れたマネジメント手腕であったといえるでしょう。企業にあっても、時代が変わり人を動かさねばならぬときは開発力強化の好機です。マネジメントの視点からいえば、人が動く機会を捉えて、よいテーマと連動させることが開発成功への第一歩となります。

7　美的バランス感覚の養成

ここでは、ダイナミズムの対極に位置しながら、人間社会および自然社会に共通して極めて重要な位置付けを占めると思われる、バランスあるいは秩序の美について考察します。

開発は「できるはずである」との確信のもとに進めるべきですが、実はその成否はやってみないとわからないことが多々あります。また、開発途中でも、技術的・設計的な指針が見つからない難問も多く発生します。開発を進めるか否かは、結局のところ決断をすべき立場の人（ディレクター）の判断に委ねられますし、遂行中の個々の技術的問題に関する判断も開発担当者の手に委ねられることになるわけです。

このような場合における判断の拠り所は、その瞬間に得られる流れの方向感覚またはバランス感覚（秩序感、美感といってもよいでしょう）しか考えられません。あたかも開発の肝心なところは関係者の方向感覚とバランス感覚で決められてしまうかのようです。

しかし、流れやその方向を感ずることができるかどうかは、**2**で述べた、「整」「流」「転」「成」の「流」の段階に相当し、形を整えた後に判断すべきことのように思えます。

判断に際して特に重要なのは、明確にし得ない領域での「整」の段階だと思われるので、ここではあるべきバランス感について考察を加えることにします。

自然が受け入れ、かつ人も受け入れる重要な要素に、バランスあるいは秩序があります。地球誕生以来、生物の誕生・進化、人類の誕生・進化を経て、自然と人間の間には共通のバランスまたは秩序が形成されてきたと考えるのは自然です。

このバランスを自然科学の世界に限定して、エネルギーとリンクさせながら数理・コンピューター・機械・工具を駆使して追求し深めてきた結果が、それぞれの事業領域の技術だと思います。優れた技術者から「これはバランスがよくない」または「バランスがよい」という批評をよく聴くのは、技術もバランスの世界であるという証拠になるでしょう。

バランスという概念は、基礎的な技術を掘り下げる研究レベルの技術者にも、現場でものつくりを支える技術者にも共通に適用できます。もっとも、技術世界のバランス感覚の習得はその分野でのよき師・兄に仕えつつ経験を積む以外にはないのですが。

さて、人の心にしっかりと定着して、相互に連携し合うためにも、ある種の考え方のバランスが有用です。それは物事の中心と周辺、または構成するもの同士のバランスがよいものは、それらが積み上げられた結果もよいバランスを示すと思われるからです。昔から優れた建造物はみな優れたバランスをもつとされています。この考え方を是とするなら、またバランスの原則が得られるなら、開発においても技術や形の世界だけでなく、考え方におけるバランスの原則を重視しながら物事を先に進めることは無意味ではないと思います。

ここで、人が受け入れるであろう静的なバランス感あるいは秩序感について以下のように考えてみます。

「静的なものは、正面から見て（左右対称）で（構成が割り切れて納まりがよい）と、見る人に落ち着いた感じを与え、中心と広がりの存在は統一感と安定感あるいは永続感を与える」

筆者には、この美しさに関する一つの仮説が正しいことを証明できませんが、妥当と思われる実例を示すことはできます。

対称性や中心の存在については改めて説明するまでもないので、ここでは割り切れるかどうか、納まりがよいかどうかについて考察を加えます。この割切りは数字ではなく、かたまりやスペースまたは考え方に関わる意味にです。第六章の最後に分割数と平方根分割を直接関係づけて、優れたバランスをもつといわれる歴史的建造物に対してあてはめた例を示しました。法隆寺の五重塔やパルテノン神殿の柱列、インドのタージマハル、パリのノートルダム寺院の塔などが、それぞれ一〇、七、五、三の平方根分割構成をもっていると解釈できるのです。平方根分割とは、長方形を等分割したとき、分割後の小長方形が元の長方形と相似になるものをいいます。このような長方形はルート長方形（矩形）とも呼ばれています。三等分のときは辺長比が1対$\sqrt{3}$になることを意味します。

なかでも筆者が最も美しいと感じるタージマハルは、中心と対称性と拡がりをもち、若干変形とはいえ平方根分割、すなわち納まりのよい形ももっていて、まさに先に述べた仮説と一致します。この仮説は静的な美しさの原則の一つといってよいように思えます。

筆者は建造物の美を論じようとしているのではありません。判断に苦しむ瞬間の累積である開発プロセスを通じて、開発関係者全員が「考え方に中心はあるのか、拡がりがあるのか、それらは割り切れているのか、あるいは全体としてのバランスはよいのか」等の静的な美しさに関わる原則を判断基準とすべきであり、その作業を積み上げることが難しいプロジェクトをよい結果に導く極めて有力な方策であると主張したいのです。

すべてが割り切れるかどうか、あるいは納まりがついているかどうかという観点での評価は、実際に自らの作業に適用してみると有効性を実感できます。

このような評価なら技術のプロでなくてもできるはずですし、レビュー範囲も散漫にならずに大幅に拡大できます。技術サイドとしても、直接的である必要はありませんが、少なくともこのようなレビューに対して真摯に応えなければならないと考えるべきでしょう。この対象分野は技術だけにとどまりません。開発が関わる社会に対して矛盾（剰余）を示すことなくその行為や産物が納まっていればよいし、納まらない場合には、開発計画に何らかの欠陥があると考えることもできます。

このような考え方を実践し積み上げることによって、流れも読めるようになるのではないでしょうか。

開発には開発独自の技術や考え方があるにしても、最終的には「自然に通ずる、整ったバランスを有するもののみが長く環境に耐え通用する命を保証される」と信じてバランス感覚の養成に努め、開発のあらゆるプロセスで、時間の許す限りバランスあるいは美しさにこだわることが、開発を推進し成功させる最大の原動力であると信じます。

第二章●開発ギアとしての思考プロセス・技術・ツール

1　開発をスムースに進ませる条件

第一章では、開発とはいかなるタイプの創造活動なのか、そしてそれを成立させるにはどのような条件が必要で、何に注意しなければならないかを考えてきました。本章においては、開発を効率的に進めるために必要な条件を考えます。開発の位置付けがわかったとしても、また意欲が十分あったにしても、それが前に転がっていく条件が整わなければ開発は進みません。

しかし、条件を考えようにも、開発における創造的部分の本質を正面から論ずることは神秘的ともいえる心の働きによるところが大きく、実用性を重視する本書で扱えるものではありません。

そこで、創造力を活性化しアイディアを実らせやすい環境を整えるにはどうしたらよいか、という方向から考えてみます。

例えば、固有技術をベースにアイディアを創造に結びつける土壌ができれば、まさに無から有が生じ得ます。そして、開発構想に関わるあらゆる部分を見せる技術、見る技術があると、構想を効率的に評価・レビューできるようになります。また、最適な選択技術があると、開発プロセス途中での判断や決定も確実で容易になります。

これらについてもう少し掘り下げましょう。

(1)　創造性と総合性

あらゆる専門領域や専門世界に基本があるように、開発に関わる創造性の発動にも基本のようなものがあります。基本の上に真の創造性に基づく技術が積み重ねられるべきです。開発の基本を身につけると、技術的創造性を発揮できる土壌を培うことにつながります。

それには、創造活動を分析し、構造を理解する必要があります。次節では、創造性を要求される問題に対する基本プロセスについて筆者の考えるところを記します。なお、総合性に関わる創造性を強化するには、第三章に示す創造の標準的なパターンや第四章に詳しく示すような創造活動におけるレビュー技術を身につけ、常に総合的なものの考え方をすることが有効と考えます。

(2)　固有技術（科学性）

無から有を生み出し、不可能を可能にするには、最終的に技術に頼らざるを得ません。専門技術の研鑽に励み、革新を狙うことは当然です。一方、開発のプロセスを確実なものにするという立場から開発に共通な技術を考え直してみるのも、価値あることです。例えば、機械系では模型実験の結果を実機に反映するために相似則が必要ですが、これは二つの固有領域をつなぐ共通技術として捉えることができます。固有の専門技術とは別に、複数の世界をつなぐ技術も必要なのです。

(3)　創造に関わるギア（技法／ツール）

開発の経緯を明らかにし、曖昧なところを数多く含む開発構想を現実の価値あるものとして完成させるには、それをレビューしリファインする技術が必要です。時間に追われる現代では、それが効率よくなければなりません。

これは、従来知られた開発を管理する技術（「付録」参照）とは意味合いが異なります。それぞれの計画ステップが完了したかどうか、またはやるべきことをやったかどうかを管理することとは別に、構想の現状を的確に表現し、本質的な問題を浮彫りにして修正することが必要なのです。それができなければ真のレビューはできません。

平易にいえば、創造に関わる開発に必要な管理技術は「見せる技術」と「見る技術」になります。既開発の管

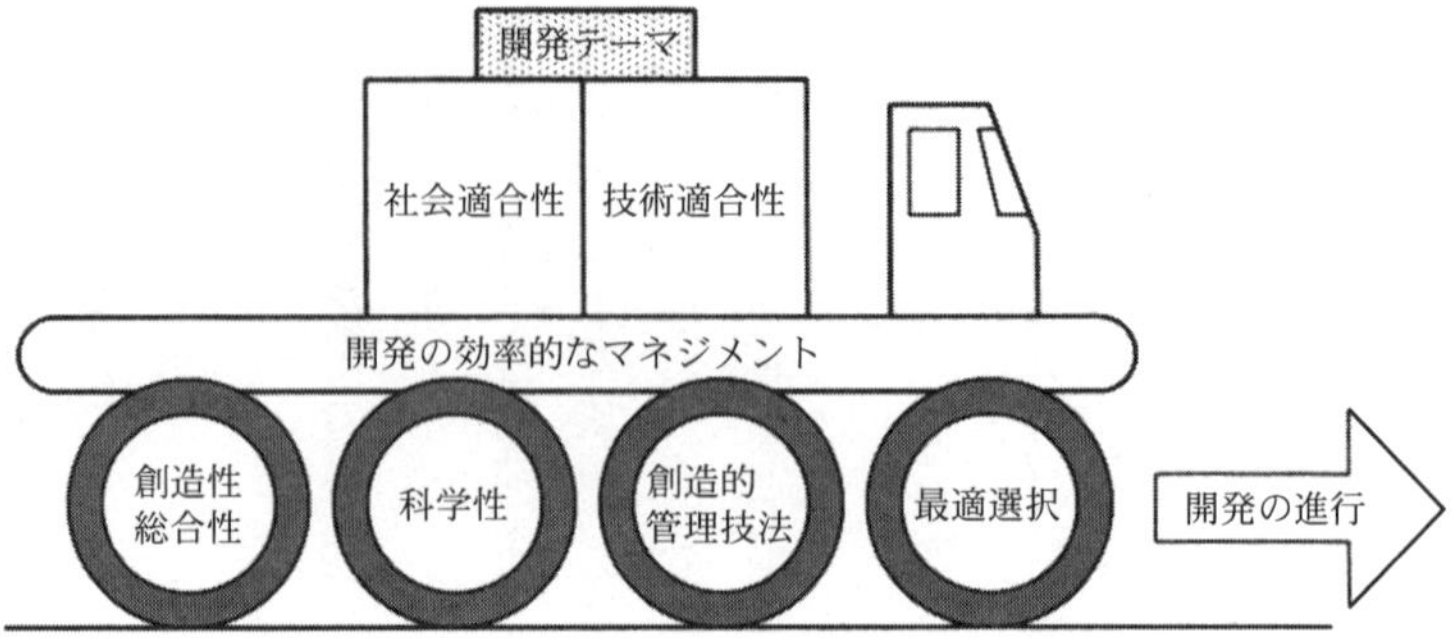

図 2-1　開発をスムースに進める条件

理技術は、どちらかというと「見せる技術」の範疇に入るでしょう。

これらの技術があると、実用性を格段に高めることができます。本章の**3**以降で、より具体的に考えてみます。

(4) 最適選択技術（効率とスピード）

R・A・マンデル（竹村健一訳『マンデルの経済学入門』ダイヤモンド社、二〇〇〇年）のいうとおり、「意思決定あるところ最適化あり」です。開発中、選択を迫られる対象はリスクの最小化に始まり、開発効率向上や組織の最適配置、配員、仕様の最適区分、機能品の最適配置、最適シーケンス等々、各種考えられます。

開発においては、開発者自らが速やかに選択肢を考え決断を下さなくてはならない宿命をもちますが、そうしたくとも現状および現実的な選択肢が見え、さらには選択した結果について予想が立たなくては手の打ちようがありません。

巻末の「付録」に、実用的な最適選択手法の例を示しました。専門家による高度な最適計算もさることながら、人や技術をつなぐ重要なマネジメント・ツールとして誰でも使えるような最適選択の手法あるいは指針の研究が求められるところです。

以上の開発のマネジメントに必要な要素を模式的に表したのが図2-1です。創生されたアイディアが科学的に成立して、なおかつ開発プロセスのあらゆるところで無駄がなければ、開発はスムースに進むはずです。

社会的、技術的適合性のある開発テーマが前記四つの項目からなる車輪の上にのっていて、なおかつ適切なマネジメントのもとで初めて開発が推進できることを示しています。道が平坦または下り坂の場合には特に問題ありませんが、登り坂のときは大変です。しかし、苦しいときに少しでも開発を前に進めることが、平坦になったときのアドバンスを大きくすると考えるべきでしょう。

次節以降、個々の課題について詳しく考えていきます。

2　創造の標準プロセス

本節では、創造性や総合性のもととなる創造プロセスにおいて、「標準」にすべき思考パターンや概念および基本的なテクニックをいくつか紹介します。

(1)　アブダクション

創造的発想の原点は、身のまわりのもの、特に新しいことに興味をもち問題を探り、それを解明し解決しようという意志にあります。

もちろん、思考すべき範囲を誤ると単なる好事家にとどまる恐れがありますから、それなりの注意が必要ですが、物好きな精神を否定しての創造はあり得ません。

本書では、問題解決の思考プロセスとして「アブダクション」を基本の一つに据えています。アブダクションという言葉は哲学では古くから用いられていて、そこでは「誘拐」という意味ではなく「いろいろな材料から新しいアイディアをひっぱりだすこと」を意味するようです（川喜多二郎「野外科学とＫＪ法」学士会会報、八二六号、二〇〇〇年）。

日本でアブダクションという思考法を標準的なプロセスに分解し、開発における創造性向上に活用すべきだと主張したのは伊藤利朗氏が最初だと思われますが、氏の著書（『アブダクションで創造性をパワーアップ』オーム社、一九九六年）にこの思考法の特徴とプロセスの概要がわかりやすく述べられています。哲学概念というよりも、「解決すべき目標や目的が最初にあって、それをいかに解決するかを合理的に追求してゆく思考法」といったほうがよいでしょう。

アブダクションという名こそつけていませんが、問題解決を謳ったテキストにはこのプロセスが必ずといってよいほど採用されています。著者が長く採用していた思考プロセスも、伊藤氏の著書に述べられているアブダクションとほとんど一致していました。用語は周知とまでいかないようですが、内容的には随所で活用されていることになります。

論理的な思考法とされる「演繹法」や「帰納法」はよりクールで、事実関係を重視します。大学ではそれで十分でしょうが、経済に直接関わる世界では「できないことがわかった」だけでは商売になりません。特定分野に関わる知識が不足していたことがわかっても、現在抱えている問題が解決できるわけでもありません。開発においても論理的思考法は無視できませんが、より積極的な思考法が求められるはずです。それが「アブダクション」といえます。

ここではアブダクションの基本的な説明をするにとどめ、第三章で開発対象の創造に関連して具体的な適用方法を述べることにします。

アブダクションは、課題に対して「仮説」と「検証」のプロセスを繰り返すことで解決を図る思考法なので、「仮説検証法」ともいわれています。

本項では、アブダクションにおいて必要となる「仮説」すなわち「アイディア」を創生しやすい考え方について論じます。

アイディア創生については、生み出しやすい土壌はあるにしても、最終的には王道はありません。常道に従うよりほかによい方法はないのです。思いついたことを手帳に書き連ね、時々見直してはそれらを新しい技術や情報で生き返らせることができないか、と考えるのが「アイディア創生」の常道だと思います。多くの先人が語るように、「一つや二つの思いつきで、それが実現するだろうと思うのは甘い考え」です。

そのように試みても成果が出ないと嘆くことなかれです。メモを時々見直すことで、頭のなかの開発向け土壌は培われているのです。

■創造プロセスとしてのアブダクション

ここでは、創造の標準プロセスとしてのアブダクションを若干詳しく説明します。

創造のために仮説を立て、それを検証し、解決できない場合には検証結果に基づき新しい仮説を導入し再び検証を行い、これを問題解決に至るまで繰り返すものです。開発対象を創生するうえでもこのプロセスの適用は有用です。

比較的現実的な開発対象の創造向けに整理すると、次のようになります。

①対象領域を設定し、調査する
②目標を設定し、手持ち技術の充足度と課題を明らかにし、制約条件を明らかにする
③目標を達成できそうなアイディア／仮説を設定する（「わかった」と思うまで繰り返す）
④アイディア／仮説の検証をする（繰返し）

ここでの「仮説」とは、目標が顧客の満足に関わるときは「コンセプト」になりますし、技術課題に関わるときには「新しいテクノロジー」または「新しい物理・化学法則」、あるいはそれらを組み合せた「新しい仕組み」と読み替えたほうがよいでしょう。

アブダクションのプロセスそのものは単純ですが、過程における仮説の導出に創造性が求められることになります。当然ながら、アブダクション・プロセスを機械的に適用したからといってうまくいくものでもありません。以下に、筆者の考える注意事項を述べます。

第一に、目標を立てて継続的にその達成に向けて仮説・検証のチャレンジを続けるべきです。そうすることにより、目標そのものをどうすべきかが見えてくるはずです。

第二に、関連する現象をよく観察すべきです。「観察し尽くした」といえるぐらいの気持ちが大切です。検証作業においては、データ取得が主旨になって観察がおろそかになる例が往々にして見受けられますが、物事の一面しか見ない作業は開発においては非効率です。

アブダクションに関係して最後に強調しておきたいのは、常に同じ環境で物事を考えるな、ということです。集中に関しては場所を選びませんが、新しい発想はふだんと異なる環境での刺激が誘起することが多いのです。芸術などの創造に関わる人たちが旅行好きであることと無縁ではないようです。

■「わかった」ということ

アイディアが本質を捉えた考え方または見方とつながりますと、開発ははっきりとした形を見せてくれるようになります。「わかった」というレベルに達したといってもよいでしょう。一連の仮説・検証行為を通じて開発者が「わかった」と思うことは大切です。技術的な観点に絞れば、この「わかった」が新しいテクノロジーや新しい物理・化学法則（ここでいう「新しい」は必ずしも新発見を意味しません。今までは誰も適用を思いつかなかった、という意味の「新しい」です）の発見と結びつけば、その価値は大きな飛躍を生むのです。

誰にでも、難問を前にして苦労の末「わかった」と感じた瞬間があると思いますが、この「わかった」の意味は深長です。いかにして「わかった」境地に達すべきかは開発に関する難テーマの一つで、簡単には解が得られませんが、「わかり方」を考えておくことはできますし、意義がありそうです。

開発は価値の創出を求める活動ですから、開発者は常に課題に対してあれはどうか、これはどうかと種々の組合せ回答策を考え、時に実行に移します。

第一章における開発の定義と照らし合わせると、開発を先に進めてよさそうなタイミングは、「既知の技術と組み合せることで従来の常識が覆せるような課題技術を思いつき、かつその解決のイメージが描けたとき」で、これらは「創造性」や「調査」そして「総合性」と「科学性」が連動した結果得られるものと考えます。このタイミングこそが「わかった！」といえる瞬間です。

ライト兄弟の飛行機の例でいえば、彼らは当時既知であった揚力発生技術、推進力発生技術に加えるに飛行の釣合いをとる方法さえわかれば、空飛ぶ機械が現実のものになるという確信をもっていたはずですから、釣合いを確保できる操縦技術を確立するに際して、翼のたわみを利用するアイディアに思いついたときは、まさに「わかった」という瞬間だったと思います。

開発における「わかった」という感覚は、大きく二種類に分けられます。一つは「発明、発見」に結びつく「技術的創造性」がその核をなし、他の一つは「総合性・科学性」が核をなすことになります。これらは一挙に得られることもあるでしょうし、別のところで得られることもあるでしょう。また、開発課題によっては片方が不要である場合もあり得ます。

問題解決に関わる技術的創造性については、次項で改めて考察を加えることにします。

「月面に人が降り立ち再び地球に帰還することは、既存の技術を精緻に組み上げ、大型化しつつシステム化とリファインを推し進めることで実現できる」という考え方がアポロ計画の基本でしたが、このような理解のあり方は「総合性・科学性」に基づく「わかった」の好例と考えられます。

この総合化能力には内容的に個人差があるようです。解析的な考え方がじっくりできる人、幾何学的なアプローチを得意とする人、その他各様です。筆者の場合には、通常議論の焦点となる局面に対して次元を一つ増して考えることで「わかった」と思えたことがかなりあったような気がします。

例えば、ある強度部材の局部強度が問題になったとき、各断面での強度特性をいくら考えてもわかった感じはしませんでしたが、それらを立体的につなぎ全体のねじれと関係づけることで、はるかに理解度が増したことがあります。断面にしても、見る倍率を一桁上げることで、飛躍的に理解度が増すことがあります。

一般的にも、考えている内容に骨格あるいは構造をつくることが「わかった」に至る一つの早道のような気がします。骨格がないと、あらゆる検討がクローズしないで空まわりする可能性があります。

わかったというのは、必ずしも技術的局面だけに現れるとは限りません。新技術を大口顧客に売り込んで事業化に寄与した人は、その方向を定め得た瞬間には独特の「わかった」という感覚を得ていたはずです。社会的総合性が開発に関わる部分です。

以下に、「わかった」境地に到達する近道として、開発におけるチームワークの重要性について付言しておきます。

人には、先天的なものか教育による後天的なものかは別にして、問題に対するアプローチにそれぞれ独特の方向性や個性があるものです。

配員によって解決を図ろうとする人、厳密な計算ですべてを明らかにしようとする人、定性的な計算で見通しを立てたら後はとにかく小型模型で実現性を確認しようとする人、全体の出入りの議論から成立性を確認する人、常に逆転の発想を最初にもってくる人など様々です。また、ニーズから製品を提案することが得意な人、シーズから製品を提案することが得意な人、こんなこともできますという派生技術に強い関心を示す人など、これらの面でも個人差は大きいといえます。

すでに述べたように開発は一種の総合化作業ですから、より多くの異なった方向をもつ人々が協力しあうことで、より大きな成果が期待できます。開発のマネージャーがアイディア提供者の個性にひきずられず適切なリーダーシップを発揮できれば、チームでアイディア創生にチャレンジすることのほうが個人に頼るよりも「わかる」までの時間をはるかに短縮できます。

本項では、「わかった」という漠然とした感覚のあるべき姿と、そこに至る近道の一つとしてチーム活動を紹介しましたが、関連して「匂う」という感覚についても触れておく必要があると考えます。

目標を設定して、それを解決するいくつかの仮説ができたとします。しかし、仮説が正しいとは限りませんし、発散してしまうのかあるいは好ましい形に収束するのか、誰にも判断できません。先に進むべきかどうか、「アブダクション」は何も教えてくれないのです。

「わかった」という感覚が得られる前に先に進むべきかどうかを判断する術は、該当する世界に関わる経験・知識と論理的な構成力、そして自己のバランス感覚から得られるところの「何となく匂う」あるいは「何の匂いもしない」という直感に頼る以外にありません。挑戦する世界に関する知識と論理的な読みだけでなく、ある種のバランス感覚が開発の判断に際して重要だと思います。バランス感覚の一例を第一章の最後にとりあげましたが、これらをリファインするためには、芸術に親しみ、良書、師、先輩、友人等から「匂い」に関する教えを学びとり、自分なりの知見を深めることが一つの道であるように思います。

(2)　アブダクションの効率化（レビューとの関わり）

さて、開発構想を求める漠とした段階においては、アブダクションだけでは現実性のある構想仮説を導くという点で必ずしも十分に機能しません。組合せの数が多すぎるのです。手持ち技術の明確化と制約条件を知ることが仮説や構想を立てるうえでの条件になりますが、これを追加してもまだ自由度が多すぎて、現代のように複雑かつ精緻な構成をもつ社会、システム、技術の世界に適合する構想を設定するにはあまりにも漠としています。

現実にわれわれが遭遇している社会・技術分野とつながりをもって、ある程度の実現性をもった仮説（構想）を引き出すためには、別途に創造の方向性を与えるような思考法あるいは効率のよい方法が必要です。

具体的で現実的な目標であればよいのですが、そうでない夢のような目標を立てた場合には、まず夢の実現に関して何を犠牲にするかを明らかにすることが、無限の仮説・検証ループから脱出する一つの方法だと考えます。例えば、垂直に離着陸できるジェット機の実現を夢見るケースを考えてみましょう。もちろん、そのようなものが存在しなかったときの話です。その段階では、闇雲に構想を模索するのでなく、あらかじめ従来のジェット機がもっている特性のなかからいくつかを選んで犠牲にしてみます。常識あるいは経験によって検討すべき領域を消去するのですが、こうすることによって仮説の方向付けが可能になり、無限の仮説検証ループから脱出できます。

例でいえば、離着陸中にエンジンが止まったら助からないことを最初から覚悟するとか、航続距離は従来の半分にするとかの条件をあらかじめ許容するのです。

このようにすると、夢を実現するために必要なキー・テクノロジーを発散させることなく、幾つかに絞り込むことができるはずです。

理由はよくわかりませんが、この種の発想力と成功を信じて粘り強く努力を続ける能力はイギリス人が優れているように思います。ハリヤーというVTOL機はイギリス発の革新技術として有名ですが、ホバー・クラフトを完成させたのも、世界で最初に可変後退角機を世に出したのもイギリスなのです。

個々の対象に関する開発経緯を調べることが本書の主旨ではないのでこれ以上掘り下げませんが、常識あるいは経験に基づいて夢を否定するのではなく、常識あるいは経験が夢に進む方向を与えることが開発初期において重要なのは間違いありません。これらから得られた構想にゴーをかけるか否かは、それが制約下で経済価値または存在価値をもつかどうかを客観的に判断することで決められるべきでしょう。

以上の手順は、夢のような構想に関する現実的アブダクションの一例です。ただ、単純な思考プロセスであるがゆえに、このようにしてまとめられた開発構想にゴーをかける際に注意すべきことが一つあります。それは、関係者全員が前向きの姿勢をとりつつも、開発品がある種の性能・機能を犠牲にしていることを明確に認識することです。ここで開発の中核にある者が何らかの理由で制約条件を軽視すると、開発の道が大きくゆがみかねません。結果、開発費は雪だるま式に膨れ上がり、担当の開発技術者は時間に追われるだけで充実感のない苦しみの半生を過ごすことになりかねないのです。もっとも、失敗を恐れるあまり制約条件の成立性のみに目を向けると、最終的には組織内での創造の芽をすべて摘んでしまうことになりますから、難しいところではあります。

さて、一般的にアブダクションの効率を高めるのはレビューの品質とスピードを高めることしかないようです。瞬時に発想のレビューができれば、一定時間内に行われるアブダクションの品質が高まることは疑いありません。それは、どのようにすれば現実のものとなるでしょうか。レビューに慣れ親しんで、それを技術にまで高めること以外に方法はありません。王道はないのです。レビューの具体的あり方については第四章以降に筆者の考えを詳しく述べるつもりです。

ここで、レビューのもつ別の意義について考えてみます。一般にレビューとは、間違いなく成立する世界、あるいは成立しなくてはならない条件を基準にして、構想がそれらの基準を満足しているかどうかをチェックすることですが、これらの基準を整理すると、レビューは創造と意外なところでつながっていることがわかります。あたかも創造と表裏をなすように見えるのです。つまり、物事を常にチェックしレビューすることは、創造能力を活性化するうえで極めて重要であるという可能性が出てきます。

レビューの基準は、科学的に記述できる絶対的なものと、絶対とはいえない時代や社会環境とともに変化するものとで構成されているといってよいでしょう。したがって、成立する構想はすべて科学的真理と時代・環境的真理あるいは技術の現状から構成されているはずです。このように考えたうえで構想を構成している時代・環境に関わる部分を少し変えてみると（技術革新を与えることになります）、構想の魅力がドラスティックに変わること

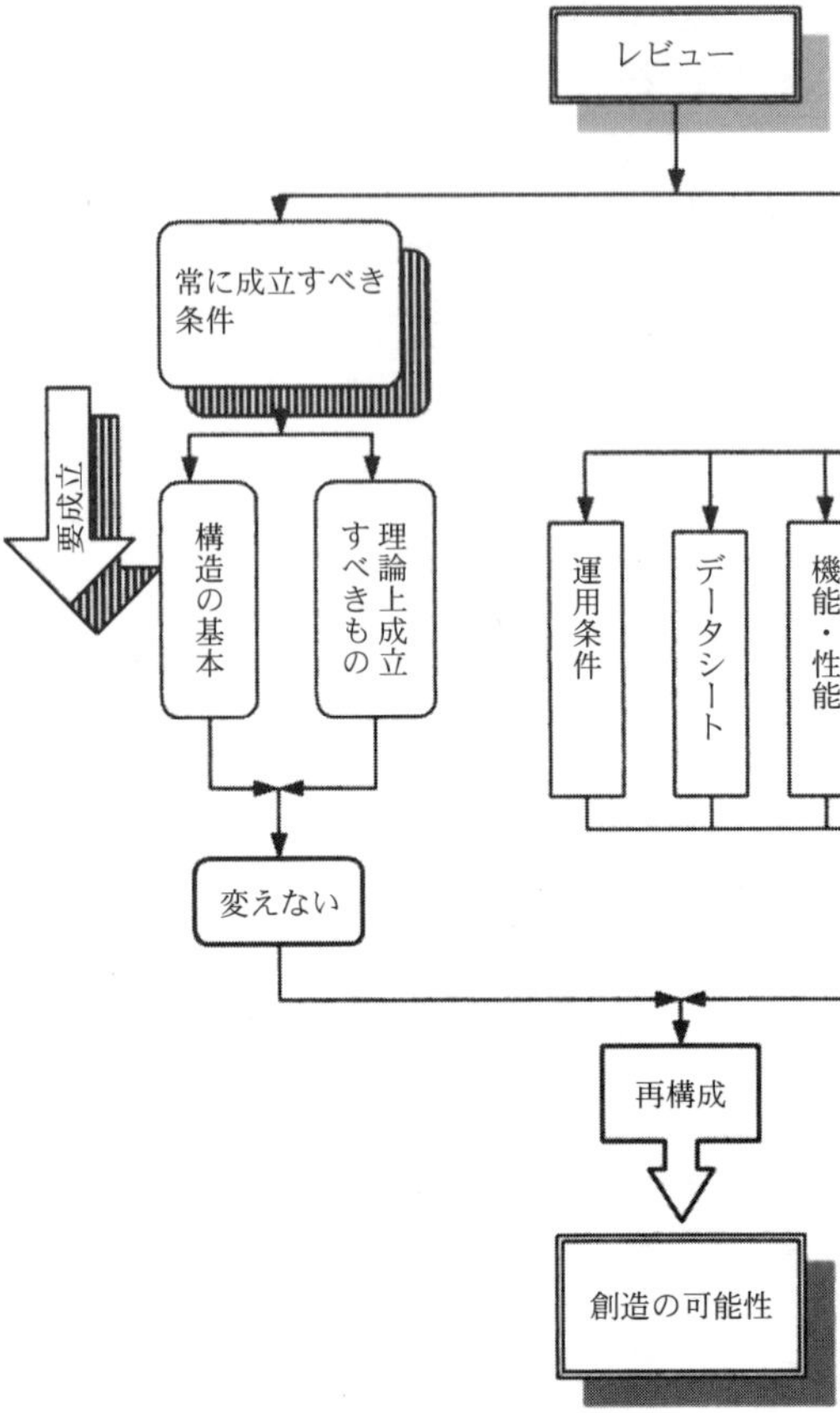

図 2–2　レビューが導く創造

があります。つまり、技術革新を与え得る部分をレビュー項目から洗い出すことができるのです。このようにして新しくできた構想が成立する場合には、変えた部分がキー・テクノロジーですから話が明確です。まったく新しい世界を創造するためには常識をいくつか覆す必要がありますが、これはレビューを逆手にとることによっても可能というわけです。少なくとも単なる思いつきではなく、ある程度体系的ですから、話が発散する心配もありません。

　レビューを体系的に行う習慣をつけ、多様なものの見方ができるようになることは、レビュー技術を身につけるだけでなく、新しい発想を効率的に誘起する可能性を呼ぶといえるのではないでしょうか。

図2-2にレビュー基準のなかで変化を与える要因を示しました。第四章では開発構想を実体化するため、あるいは設計するために有用なレビューの考え方をいくつか紹介しますが、そのなかから時代とともに変化するレビュー項目を、常に成立しなければならないものと区分して記してあります。図中にある「データシート」については、本章4を参照して下さい。

従来、開発においてそれほど重視されたと思われない「開発構想に実用性を付与するためのレビュー技術」も、このように考えると創造とリンクさせることが可能です。創造段階からレビュー技術とリンクした形でアブダクションに関わる思考作業を進めることは、効率を向上させるだけでなく、構想が具体化し細部レビューの段階に移っても落ちが少ない条件でもあるのです。

(3)　技術的な問題解決に関わる標準的創造パターン

次に、価値の創出に際して総合化とは別の観点から、必須と考えられる問題解決に関わる技術的創造能力とは何か、またそれを具体的に表現することでより活性化が図れないかなどを考えます。本書では、総合化を開発における重要な創造活動の一つとして扱っていますが、この技術的問題解決能力が重要な創造活動の一つであることには変わりありません。

なお、ここでは問題解決の焦点を絞っていますが、問題を見つけ出すこともその陰で重要な役割を果たします。問題解決とペアであるともいえますが、内容的には総合化の範疇に属するもので、解決することとはまったく異なる次元のものでしょう。問題を見つけ出すことは、次章以降で詳しく説明する総合化プロセス中の形を「整え」、「流れ」を見つけることに相当すると考えてよいと思います。「流れ」を阻害するものが問題点なのです。

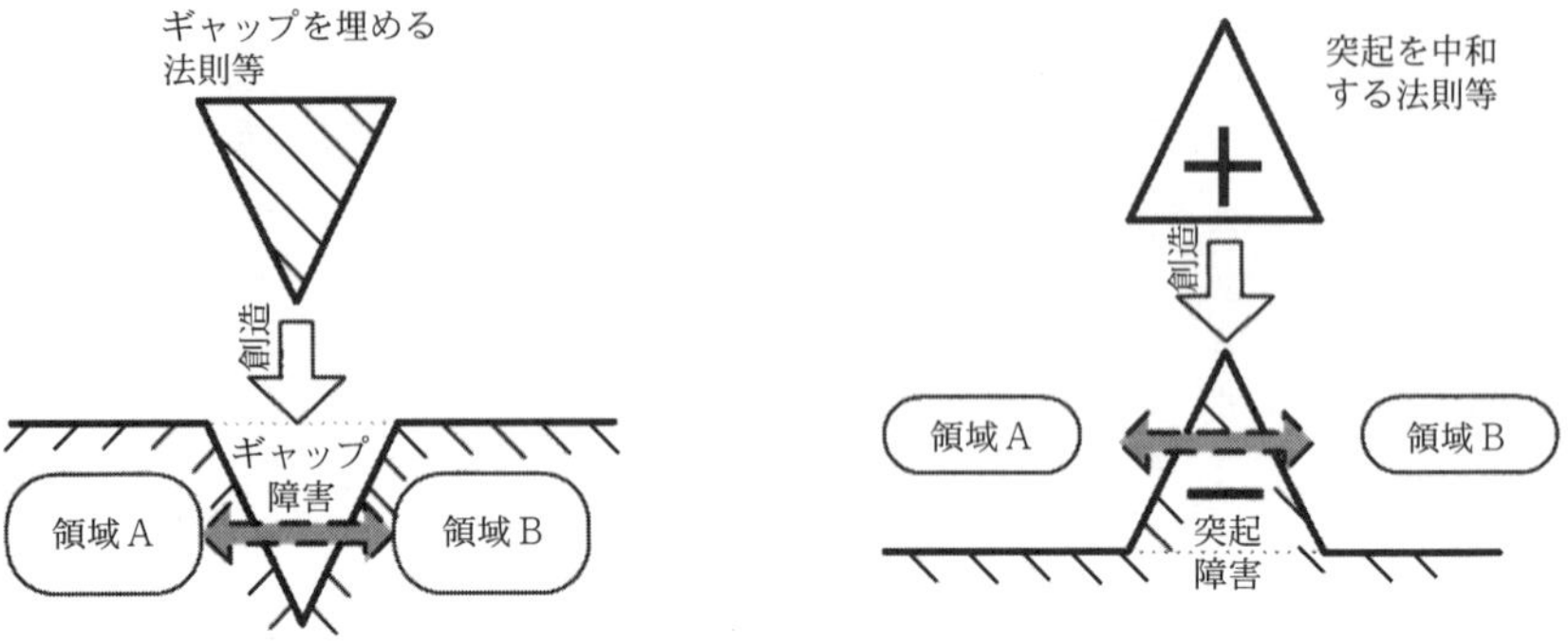

図 2-3　技術的問題解決のパターン

さて、問題解決に関わる技術的創造能力は多くの場合、「問題の領域に適合する性質をもち、かつそこで障害となっている法則（または次元）をキャンセルする法則（または次元）を見つけ出し、当該領域に投入することで問題を解決する能力」と言い換えられると考えられます。ここで次元とは、数学的な次元、物理・科学的な次元を意味し、法則とは数学的、物理・化学的法則を意味します。図2-3に模式的な説明を示しました。領域AとBが干渉を起こさずつながれば問題が解決できるという例を想定しています。ギャップや突起を障害物とすると、それを解決する方法はギャップを埋めるか、中和するかのどちらかです。これらがキャンセル法則になるわけです。他にも、突起を飛び越えたり、削ったりというキャンセル則も考えられますが、省略しました。

宇宙往還機が大気圏に再突入するときの熱防御も適用例といえます。物体が超高速で大気中を突き進むと、空気との摩擦熱は摂氏三〇〇〇度くらいに上昇します。まともに対策を考えるとレンガで覆われた要塞のような往還機となってしまい経済的に成立しません。そこで、蒸発潜熱という物理法則に目をつけるのです。表面が摩擦熱で融かされて材料が蒸発するときに奪う熱で自らを冷やすことで、軽量で効果的な熱防御システムをつくることができます。この場合には、障害となっている法則が摩擦熱で、キャンセル法則が気化潜熱に関わる法則ということになります。

われわれが開発において目指す「価値の増大」は、強度向上、潤滑性向上、サイズ縮小、重量軽減、部品点数削減、処理速度大、メモリー容量向上など様々ですが、これらを解決（達成）しようとすると、何らかの法則が障害になったり、救いになったりしてきます。このような場合、救いになる法則を見つけ出し適用することが鍵になるといえましょう。

救いになる法則の簡単な例としては、遠心力、重力、空気力、剛性、許容ひずみ、摩擦、静的釣合い、動的釣合い、連続性、屈折、薄膜透過、熱膨張、潜熱、化学反応、溶解反応などがあげられます。

物理・化学法則に関する正しい理解と豊富な知識をもっていることと、柔軟な発想ができることが、技術的問題解決に関わる創造活動にとって極めて重要な財産となりますし、特にハイテク分野では新しい物理・化学法則の発見が技術的創造の鍵を握ることになります。

ここで、本項で述べた考え方に近い流れにありながらまったく別の観点から導かれ、かつ実用に適していると思われる体系的な発明・問題解決技法「ＴＲＩＺ」（三菱総研知識創造研究部編『図解ＴＲＩＺ』日本実業出版社、一九九九年）を紹介しておきます。

本書では具体的に紹介しませんが、キーとなる物理・化学法則に到達するまでには、頭のなかで多くの仮想行為を考える必要があるそうです。ＴＲＩＺにおいては、この行為のなかで有用なものを三〇ほど独自の発明原理と称し、過去の膨大な発明例を分析した結果としてピックアップしています。つまり、問題解決にあたるものは自ら考えなくともＴＲＩＺを辞書のように使える利点があるのです。また、問題領域での課題に応じた、詳細な物理・化学法則のリストもソフトウェアとして用意されています。

現実の問題にありがちな、広い範囲での周辺領域との整合性に関する配慮や対象そのものの掘り下げに関する考え方が不明ではありますが、技術的な問題解決にあたって参考にできる技法だと思います。

さて、現実には純粋に技術的な問題に立ち向かうだけでないので、事態はもう少し厄介です。そこで、実際的な問題を解決するにあたって有益と考えられる筆者の経験則を以下に書き添えます。

図2-3の例をもう少し簡単に考えます。解決すべき課題が三角形の孔をふさぐことであり、そこをふさぐ三角形の板を見つけられれば問題が解決できる、というところまでこぎつけたものとしましょう。

以降の問題解決の難しさは以下のように表すことができます。

問題を強く意識するようになると、流れ星のごとく、いろいろな種類の関連ヒントが身のまわりに感じられることは多くの人が経験されていると思いますが、それだけでは決してうまくいきません。なぜなら、ほとんどの流れ星が正しい解とは関係ないわけですし、仮に偶然見えた流れ星が三角形の板を含んでいたとしても、それがこちらの期待どおりの三角形をしているわけでもないからです。最良のときでも補正や修正を要する、かなりゆがんだ三角形でしょうし、他の三角形とつながって、あたかも別の多角形のように見えることもあり得ます。時には回転していて円形にしか見えないこともあるでしょう。またわれわれは通常、この問題とは別の何らかの作業処理に追われていますから、往々にして問題そのものが脳裏から消えてしまい、流れ星に気づかないことすらあるのです。

一方、課題に意識が集中できたにしても、集中して周囲をよく見ようとするほど視野が狭くなるという矛盾も生じます。そのような場合にはかえって純粋な三角形板を求めるようになり、重要なヒントを与えてくれる三角形の棒まで見逃してしまうこともあります。

このような問題解決の難しさを少しでも改善する方法はないのでしょうか。身のまわりには多くの情報が流れるので、問題に関係のありそうなものを拾い出せるフィルターや遠方まで照らせるフラッシュライトのようなものが必要と思われます。TRIZでいえば発明原理に相当するのでしょうが、もう少し柔軟で自由度の高いイメージがあります。

筆者の場合、鍵となる三角形から一度離れて、それを含むもう少し広いあるいは関係のありそうな領域で、必ずしも人が賛成してくれなくてもよい、通用しそうな私的法則をつくることによって、フィルターあるいはフラッシュライト相当の役割を得られたという経験がかなりあります。

具体的な設計問題でいえば、「何かよい方法がないかな？」に対して「人の手は……のような順序で動きたがるはずだ」とか、「線の世界で成立することは、面の世界でも成立するはずだ」とか、「構成の単純化は……の三つのステップを踏むはずだ」というような考えをもつことに相当します。この私的法則で周囲を照らすと、身のまわりを流れる現象や物の見え方がいままでと違ってきます。偏光グラスを利用して、水面からの反射光をカットして、水中の魚の動きを見るような感じです。もちろん、私的法則ですから誤りをもつ可能性があり、それを適宜見直す努力は必要です。それによって課題そのものを見直すこともできますし、周囲を流れる情報の見え方も変わったものになるでしょう。この単純な方法はかなり役立ちますので、お勧めします。

問題解決にとって同様に重要なことは、別途項を設けて説明する「継続性」です。小さな問題でも二〇年間考え続けるくらいの気持ちがあって初めて、忙しい日常生活のなかでも即座に頭の中から引き出せる位置におけるのではないでしょうか。

ところで、先に述べた私的法則をつくるうえで、「古典」に基づくヒントあるいは先人の知恵を借りることを忘れてはなりません。「古典」の代わりに「古典を解説する書」でもよいと思いますが、これらに目を通して自分の考え方をリファインしてゆくことが、私的法則をつくるうえで必須なのです。私的法則が単なる思い込みや勘でつくられたものであっては有効性を発揮できません。

パソコンに代表されるハイテク・ツールは、問題としている領域を速やかにかつ深く見せてくれますが、解決の知恵を授けてくれるわけではありません。一方、それぞれの分野における「古典」の教えは共通性が極めて高く、問題解決に関わる人類の知恵の結晶、といえるのです。ハイテク全盛の世では往々にして「古典」の重要性を忘れがちです。

(4) 感性に関わる標準的な創造パターン

顧客の購買意欲を喚起する心理的要因を、開発品の感性に関わる魅力ということにします。開発品が顧客に、「格好がよい」「好きだ」「気に入っている」「共有したい」などの直感的な感情をもたせることは極めて重要です。いかに技術的に優れていても、他者が魅力を感ずるという保証はありません。特に一般消費者を対象とする開発においては、「人の心をうち、惹きつける」という感性に関わる創造性の発揮が望まれます。

これは、必ずしも技術者に託された能力ではありませんが、開発に際して重要な意味をもつことは疑う余地もありません。

優れた感性と創造性をもつ人を味方に引き入れ、少なくとも彼らの考え方、見方を理解することが、これからはますます求められるでしょう。開発ディレクターの腕のふるい所だと思います。宣伝や広告を事業にする企業は、感性と創造性を売る組織体といえましょう。

技術的創造性と同じ考え方で、感性に関わる創造力を定義すると以下のようになりそうです。

「問題の領域に適合する性質を有し、かつそこで障害となっている心理をキャンセルする心理が成立するものを見つけ出し、当該領域に投入することで問題を解決する能力」

なお、ここでは「感性」が無意識の心理に影響を受ける可能性があることに留意すべきでしょう。これらのうち、購買意識の背後にあり得る好ましい心理、すなわち「知性」「スマートさ」「壮大さ」「民族意識」「誇り」「勇気」「所属意識」等々には注目する必要があると思います。総合的には美意識でくることができるかもしれません。無意識の心理が感性を定め、感性が購買意欲に結びつくという特性を利用できます。

感性に関わる創造活動の成果のわかりやすい例として、マーケット開発の例を紹介します（佐川幸三郎『新しいマーケティングの実際』プレジデント社、一九九二年）。

ネスカフェというインスタントコーヒーは、当初ユーザーが再使用せず売上げが伸びなかったそうです。調査の結果、主婦はインスタントコーヒーに対して「怠け者、身だしなみが悪い、だらしない女性」というイメージを抱いていたことがわかりました。そこで、ネスカフェは一流のファッションモデルをコマーシャルに起用し、この暗黙の了解の打破を試みました。試みは見事に成功したそうです。家庭の主婦が誇りとはいえないまでも、少なくとも購入に関して人目を気にしなくなったのが大きな理由のようです。

この場合、「ファッションモデル」を投入することで、インスタントコーヒーに対して顧客が無意識のうちに抱く心理を「だらしなさ」から「知性とスマートさ」に移行させることに成功したといえましょう。コマーシャルの世界では、容易にファッションモデルを目の前に出現させることができます。

さて、感性に関わる魅力は、開発にどのような影響を与えるでしょうか。性能・機能を重んずる開発の世界では、これらがトップ・プライオリティーをもたないことは明らかです。

しかし、同じ性能・機能の世界での競争や、機能的には限界に達している世界での競争になりますと、感性に関わる創造性の占める位置づけは格段に上がり、強い競争力の一つになり得ることには留意すべきです。社会的な創造性が重視される所以です。

(5)　創造のガイドとしての発想法（連想、乱想、比較、対語、比喩等）

創造性の方向がわかったとしても、具体的にアイディアの種が出なくては実りが期待できません。創造性に関わるところでは、無から有を生み出したり、わずかの情報からことの全貌を浮かび上がらせたりすることのほうが、従来の技術や常識の枠のなかでの厳密性の追求より重要になります。この段階では、技術もさることながらアイディアを生み出しやすいガイドラインが求められます。

要するに、アブダクションにおける仮説の創造を支援する発想法がないか、ということです。

筆者は、対象の位置付けを理解し、創造を支援するための発想ガイドとして「連想」「乱想」「比較」「対語」「比喩」等の概念が重要と考えています。これらはすべて、関係をつけたりその関係を明確にさせたりするためのガイドになります。

「乱想」は造語ですが、ブレイン・ストーミングに代表されるように、思いついたことをすべてリストアップすることです。集団によるブレイン・ストーミングに関しては否定的な意見もあるようですが、本書での「乱想」は個人的な行為をイメージしています。

「対語」は対比、類似、接近を表す対の表現ですが、開発対象や課題を「対語」で関係付けることで、その世界が理解しやすくなるという大きなメリットをもっています。例えば、大と小、重と軽、凹と凸、表と裏、有機と無機、層と乱、全体と部分、貸しと借り、アクティブとパッシブ、ミニとマックス等々、数えあげればきりがありません。消費者の購入基準のなかで、相対的な文化基準について触れましたが、「対語」はより広い範囲で、考えを及ぼす方向を示してくれます。

これらの使い方は簡単です。「アクティブな構造でどうしてもうまくいかない場合には、パッシブな構造に変えること」によって問題を解決することなどは典型的な適用例といえるでしょう。もっとも、パッシブな構造が存在していれば誰もが使っているわけですから、それで創造が完成したのではないことに注意が必要です。パッシブな構造を生み出してこそ創造といえることを忘れてはなりません。

類似の概念を高度化し拡大表現したものが「比喩」でしょう。比喩は、特に漠然としか見えない世界を理解するうえで有用です。例えば、開発対象を島に置き換えたり、人体に置き換えたり、あるいは花や鳥に置き換えたりすることで、開発対象のイメージをより身近なものにするだけでなく、関係するものの姿を別の形で見られるようになります。これは、多少のイメージを図形化する能力と思考力さえあれば可能なのです。

図2-4に、前述のガイドを応用して開発のシーズを導出する方法の一例を示しました。現状の手持ち製品や事業の延長線上に新しい技術の種を創出する方法の一つといえるでしょう。発想の転換は重要ですが、方向性がな

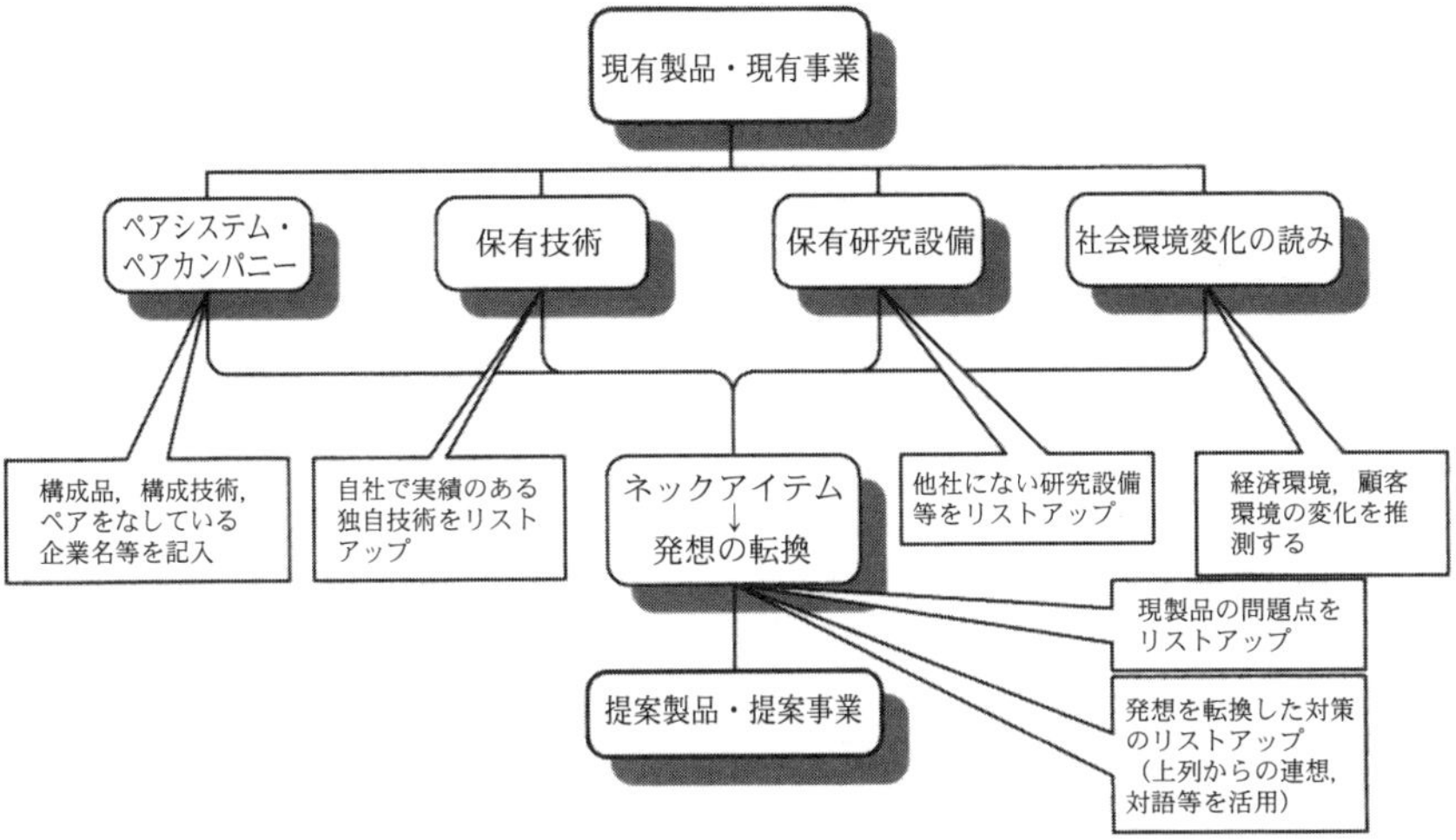

図 2-4　発想の転換による製品シーズ探索法例

ければ発散してしまいます。本例では、発散を避け有利な方向性を見出すために、現状製品の基本構成と強さを常に見えるようにする工夫を加えています。共同で事業にあたっている企業、保有技術、保有研究設備等は強さを確認するために箇条書きで記入します。ここで重要なのは、社会環境の変化の読みです。ジャーナリズムがとりあげる社会動向の多くは現在の動きであって、将来を洞察したものとは限らないことに注意すべきでしょう。

以上を整理したうえで、現製品の問題点を幾つかとりあげ、解決策をガイドライン（連想、乱想、対語等）を参考に種々検討し、発想の転換を加え、出てきた案のなかで最善と思うものを提案製品欄に記入します。

製品一点のみに適用すると簡単に壁に突き当たります。すべての手持ち製品群について、表形式にして本方法を適用し、全体を見渡して相互にリンクできそうな案件を探すと、この検討は厚みと広がりを増すことができます。通常は、表形式にして利用するほうが簡便でしょう。

前の例では、自ら保有するシーズを出発点として整理し、そのうえで社会環境の読みを加えることでニーズにも配慮するという、シーズとニーズを複合させる方法を採用しています。これらを区分し、それぞれをより体系的に展開できる方法を第三章で紹介しますので、その後もう一度ここへ戻って、前記例を現実的な複合例として見直していただきたいと思います。

(6) 対象の観察(特徴の認識がすべての出発点)

問題を解決するためには、問題となっている対象に肉薄し、よく観察することが必要です。理論と現実は異なります。また、すでに述べたように、「わかる」ためには現実のもっている特徴的な関係を抽出する必要があります。そのためにも、問題解決にあたって観察は必須の行為です。現実をよく観察し、事象を理解することが問題の解決に直結するのです。

事象をどうしても観察できないときに、初めて理論を用いるくらいの実証主義が必要です。百の理論よりも、一つの実験結果のほうが信頼するに足る処方を導き出してくれることがあります。この意味で、コンピューターの進んだ現代でも実験は極めて有効な開発手段なのです。

ところで、観察といってもいろいろな方法や考え方があります。

観察においては可能な限り「異なる波長」でものを見ることをお勧めします。ここでは、波長に広義な意味をもたせるほうがよいでしょう。周波数の違いだけでなく、領域、高さ、見る距離等を変えることも、「異なる波長」でものを見る分類に入れるべきです。現象を近くで見たり遠くで見たりすることが、近くだけで見るよりもはるかに理解を助けることは明らかです。先に述べたように環境を変えて考えることも、この範疇に入るでしょう。

最もよいのは、専門の異なる人に見てもらい意見を求めることです。このとき、数学の得意な人に検討を依頼すると、「数学的手法の駆使による解決」を期待していると受け取られがちですが、それよりも「数学的観点」で整理してもらうことのほうが、異なる波長でものを見ることに相当し、開発初期では有益な結果をもたらします。なお、一度対象から離れて物事を俯瞰・整理するうえで「数学的な考え方」は有用です。

数学といっても、高度な数学的抽象化能力が要求されるわけではありません。秋山仁氏がいうように、地図を書ける程度の抽象能力と、下駄箱を使える程度の対応能力、見よう見まねでカレーライスをつくれる程度の観察力、そして辞書をひける程度の順序関係の把握能力があれば十分なのです（秋山仁・吉永良正『秋山仁の遊びからつくる数学』講談社ブルーバックス、一九九四年）。

(7) 継続すること（アイディアの蓄積こそ開発の養分）

すでに述べたことですが、ここで継続することの重要性を改めて強調しておきます。

「夢を持ち続け、栄養を与え続けることで初めて開発の土壌は肥沃になるものである」ことを、開発に携わる人は銘記すべきです。

「開発は難しく、千に三つしかものにならぬ」という例えも真実だと考えるべきです。思いついたこと、気づいたことをメモにしておくことは、開発を志す人の必須条件でしょう。エジソンの残したアイディア・メモが一つや二つの書棚では納まらないほど膨大な量に達していることは、九九％の汗の意味を教えてくれます。

アイディアを生み出すためには、「常にそれを考えていること」そして「わかったと思えるまで考え続けるしつこさ」（ヤング『アイディアのつくりかた』ＴＢＳブリタニカ、一九九八年）が求められます。

3 開発を見る技術と専門技術

本節では、プロセスとは別に、開発に必須の共通技術、すなわち可視化や評価・分析技術、さらには開発のコアとなる専門技術などについて、筆者が重要と考えることを記します。

本節の記述は専門技術の世界に若干踏み込んでいますから、内容を理解するにはある程度の予備知識が必要かもしれません。個々に記述されている事柄は技術者にとっては習得必須ですが、技術以外の領域で開発に携わる方々にはこのような世界があることとその重要性を理解していただければ十分です。

(1) 可視化技術と評価技術

■より遠くから、よりはっきりと

アドミニストレーションあるいはマネジメントが開発を推進・管理する意思の表れとすると、可視化技術は視覚能力の活用に相当し、評価技術は判断技術に相当し、いずれもマネジメントに際して必須の条件となります。

評価の原点は可視化による情報の取得にありますから、技術の領域にかかわらず可視化の重要性が理解できます。新しい可視化手段は常に立派な開発対象候補になり得ます。「見えるようにすること、そして見た結果を正しく評価すること」ができれば、開発上の問題だけでなくより多くの問題が解決できます。

一方、評価技術は可視化技術をベースにしていますが、可視化にとどまらず、データを分析・処理し評価にまで及ぶものを指します。データの時間的な相関をとる処理を加えることで、生の形ではわからなかった周期特性や二つのデータの相関性を発見することができますが、それなどは典型的な評価技術といえるでしょう。測定技術も評価技術の一つです。

測定技術を田口玄一氏の言葉（田口玄一『タグチメソッドわが発想法』経済界、一九九九年）で締めくくります。

「評価は非常に重要なことであり、科学技術の発展の七割は測定技術の開発によって支えられてきた。例えば、電波の測定なしには電波技術の発展はあり得なかった」

可視化技術と評価技術のあるべき方向は、「より遠くから、よりはっきりと」と「よりわかりやすく、より見やすく」の言葉で言い尽くされるような気がします。

なお、可視化技術は必ずしも専門技術においてのみ必要とされるものではありません。開発作業そのものを、外部から見えるように整理することも極めて重要な技術です。いかに優れた開発でも、評価できるような形で人に示せなければ、外部からの協力を得ることは難しいからです。評価技術についても同様です。開発を評価することは、開発の方向を定めるうえで極めて重要です。

これらの場合の技術は、専門技術上の可視化や評価技術とはまったく異質です。

開発の可視化に関しては、次節に開発をまとめるツールとしてその技術の概要を説明します。

また開発の評価に関しては、第三章の「開発ポートフォリオ選択法」の項に一つの考え方を示します。

■許容存在領域を見る

運動することが開発品の基本的機能である場合、運動の解析が基礎技術になることはいうまでもありません。しかし、運動の詳細な解析をすることとは別に、運動が許容できる安定性を示す領域が設計の観点からマクロに把握できることは、開発の初期段階では特に必要です。これを許容存在領域の特定ということにします。代表的な二つの設計パラメターを縦横軸にとって、この好ましい範囲を図示するのが通常です。

満足すべき性能や機能を発揮し得る設計領域を知ることは、必ずしも動的な開発対象だけに必要なわけではありませんが、動的な対象の場合には許容存在領域をはずれると、ただちに破壊してしまうケースがあるので重要性は高いといえましょう。

許容存在領域の大半は、開発対象の挙動が安定しているかそうでないかを区分する形で整理されます。

「安定」問題は、大きく二つの技術に区分できると考えます。

一つは、設計の部材をいかに配置すれば運動に関わる「安定」を確保できるかに関するものです。

多くの動く人工物は、メカニズムにより安定が保たれるよう工夫されています。それが開発のキー・テクノロジーである場合も多かったと思います。一般に、スピードを増すに従って安定確保の重要性が増しますから、技術の進歩の多くは安定確保に関わる解析法の確立によって支えられていることになります。これらは、大学や研究所でも研究されていますし、技術分野ごとの優れたテキストや文献の入手も可能ですが、動的なものの開発を志すにあたっては、まず安定解析に通暁した技術者を育成することが必須です。

もう一つの「安定」確保論は、運動というよりも形態の安定に関わるものです。設計の部材配置によって、開発対象自身が安定な形態を確保できる場合とできない場合があり得ます。ちょっとわかりにくいでしょうか。例えば、構造の座屈という現象がこれに相当します。ある部材の寸法を変えることで、開発対象の形態が根本的に変わってしまう場合があり得るのです。「望ましい形態を与えるかどうかの判定技術」といえましょう。

このようなケースは、特性の非線形性に基づくことが多いうえ特殊な用途で現れがちなので、解析法が確立されているとは限りません。特に自分自身が変形することで機能を発揮するような新製品を開発する際には、慎重な検討が必要になります。

検討に際しては、仮定をおいて簡単なモデルをつくり、定性的な考察を加えることから問題にアプローチすることが必要になります。許容存在領域をトライアル・アンド・エラーで経験的に確認することは勧められません。解析的に領域を求められるよう、準備を進めるべきです。それなくしては、顧客の各種の要求に速やかに応えることができません。

最近ではコンピューターと解析法の進歩が著しく(スチーブ・ウルフラムの開発した"Mathematica"は汎用であるがゆえの問題はありますが、極めて強力な解析ツールといえるでしょう)、条件を与えれば計算で安定か否かの判定は簡単に求められますが、設計パラメターを知るだけで、許容領域にあるかどうかを判定できるに越したことはありません。

■設計パラメターを正しく評価する

一般に何らかの性能を発揮するものを開発する場合、開発対象の基本特性を組み合せて総合的な性能等を定めていくのが開発における典型的な設計の進め方です。これらの基本特性を設計パラメターといい、設計を容易にすることを主旨に定められていますから、実物ができたとしても、必ずしも簡単に計測できるものではありません。これらを正確に評価することを同定といいます。

さて、解析によって安定した運動の存在許容領域が求められるようになったとしても、解析に使用する開発品の基本特性が正確に評価できないと、解析の結果は意味をなさないことになります。材料特性と素材成分についても同様のことがいえます。

質量は典型的な設計パラメターであり計測も容易ですが、重心位置になると正確な評価は若干難しくなります。さらに、ハンドルや舵のききは動的なパラメターの一種ですが、同定はさらに難しくなります。

これらは試験や解析により推定可能です。現代では、コンピューターの進歩によって、かなりの部分が解析で求められますが、それでも設計パラメターを各種模型試験によって求めるのが常識的だといえます。

航空機、橋梁、列車、自動車の開発に風洞試験は欠かせないものですし、船艇の設計には水槽試験が欠かせません。

これら専門技術について開発マネージャーが深く関わる必要はありませんが、試験結果について確認することは必要です。それは、各種試験結果がいかなる相似則を満足しているかを確認することで、限界を理解できるからです。その意味での相似則の確認を担当者任せにしてはいけません。

■シミュレーションと相似則

シミュレーション

さて、許容存在領域がおおむね確定しても、開発対象の動特性が十分なものである保証はありません。あらゆる想定ケースでの仕様に対して、負荷や強度、そして全体としての挙動を含めたシステムの整合性を確認する必要があります。

可能なら、実物を用いた実験がベストです。しかし、現実はそれほど簡単ではありません。それがかなわないなら、模型による実験が行われるべきでしょう。実物での実験は壮大なものとなり、リスクが大きすぎます。模型による実験も、実施不可能なときには、解析により確認されなければなりません。

実物の確認試験を実施する前に、これらを精度よく確認することを、模型実験や解析を含めてシミュレーションと称することにします。

また、通常、特殊な開発品に関しては標準の解析ソフトは使えませんから、このような場合には、独自の解析ソフトを構築する必要が生じます。

これらの準備を滞りなく整えることは、開発マネージャーの大きな仕事です。

相似則

ここで、模型実験を行う場合に必須の条件となる相似則について説明しておきます。

相似則とは、模型実験での条件が実物の条件と相似であることを保証する法則です。

実物と同じような形に小型の模型をつくり実験する場合、どのような条件で実験を行えば実物と同じになるのかを判断しなければなりません。完全に実物を模擬した小型模型をつくっても、場合によってはそれが実物の条件を満たしているとは限らないのです（D・J・シェーリング著、江守一郎訳『模型実験の理論と応用』技報堂出版、一九七三年）。

例えば、実物の一〇分の一の模型をつくって、実物の一〇分の一の速度で試験をすればよいかというと、そうとは限りません。現実に実物が遭遇するであろうあらゆる物理的要素を考えたうえで、これらがすべて相似であることが基本的に要求されます。

まず、実物の使用される環境で実物の挙動に影響するすべての物理量をピックアップします。物理量ですから、時間、速度、力、加速度、変形、圧力、応力や、熱流、弾性力など各種の物理量が使用目的に応じて考えられるはずです。

実験が相似であるためには、実物に対して模型の形状が幾何学的に相似で、関係するものの角度が一致し、影響を与える同種の物理量の比がすべて同じでなければなりません。「同種の物理量の比」ではわかりにくいでしょうから、航空機等の開発で必ず使用されるレイノルズ数を例に説明します。

航空機の場合、空気によって発生する揚力等の正確な推定が求められますから、開発にあたっては風洞実験が必須です。空気の流れに関する重要な物理量は空気の慣性力と粘性力です。揚力そのものは空気の慣性力によるものですが、空気の流れの形成にはその粘性力も影響します。空気（流体）の慣性力を粘性力で除した無次元数をレイノルズ数といいます。これが同種の物理量の比です。

相似則によれば、実物と模型では同じレイノルズ数で実験されなくてはなりません。

しかし、これには問題があります。レイノルズ数は簡単に一致させることができないのです。一致させようとすると、模型の寸法が大きくなりすぎたり、実験風速が許容値以上になってしまいます。厄介なことに、流体はレイノルズ数によって挙動を大きく変えます。幾何学的条件を合わせてもレイノルズ数が実物と合わなければ、実験で得られた揚力や抗力のデータは信用できないことになります。

レイノルズ数を合わせることができない場合は、実質的に実物と同じレイノルズ数による実験と同じ状況を、模型あるいは実験装置に工夫を加え再現できるよう努力します。

適用すべき相似則は開発対象の世界によりそれぞれ異なりますが、事情はまったく同じです。

さて、われわれが実験で開発対象の現実性を確認するときには、この相似則の正確な適用を必ず評価しなければなりません。実験対象の構成が複雑になると、すべての必要な無次元数を合わせることは困難ですから、無視した無次元数が実験に与える影響が小さいことを確認するか、あるいは影響をキャンセルするために工夫された実験手段について確認をする必要があるのです。

正確な相似則の適用には高度で専門的な技術と経験を要求されますから、専門家が計画を立てて遂行することになりますが、開発マネージャーには実験のあるところ常に相似則の適用の健全性を確認するという心構えが求められます。

(2) 開発をつくる専門技術

■要素技術・設計技術

開発の世界が見えて、正確に向かうべきところが評価できても、新しい世界を構築するには不十分です。手足や道具に相当するものが必要です。それが設計を含む専門技術です。大袈裟にいえば、不可能を可能にするのは専門技術なのです。専門の要素・設計技術は、開発品の現実的な成立性を保証するコアであり基本ツールです。課題（技術ギャップ）を乗り越えることを可能にするのは技術です。また、複雑に干渉し合う部品や材料を適切に組み合せて、経済性に優れかつ全体として目的を達成するハードに仕上げるためには、優れた設計技術が必要です。このような技術をもち、適用することで、対象領域における優位性を確保することが可能になります。開発技術者は二つ以上の専門領域に通じていることが望まれます。異なる領域のインターフェースをとるためには必須の条件です。

また単一の技術だけでは、優れた開発対象をまとめあげるまでに至りません。幾つかの他の優れた技術と関係づけられて活きてくることが多いのです。

さて、ここで開発に必要な設計技術は、必ずしも解析技術とか大学で学んだ工学と一致しないことを強調しておきます。開発とは、最終的に現実の世界にものを送り出すことです。開発すべき世界の現実を知らないでは、開発の成功もあり得ません。

米国の設計技術の実態を調査したＭＩＴ（Massachusettes Institute of Technology）のレポート（“Report on Engineering Design [MIT Committee on Engineering Education]” Journal of Engineering Education 51. no. 8（1961） pp. 645-660）に、以下のような興味深い記述があるそうです「しかし、解析は、典型的な設計問題……とりわけ新しい問題……のなかで解を与えなければならない懸案のすべて、あるいは大部分にさえも、答えることができないのである。中略。懸案のうち残ったものは、特にそのために行う実験、経験（同種あるいは類似の問題についての以前の実験によって得られた知識を応用する技）、論理的な推論、個人的な好みに基づいて決定されなければならない、経験に基づいた、われわれが直感と呼ぶ潜在意識の推論過程が大きな役割を演ずるのである」。また、「二流の学校で教育された人のほうが、一流の学校で学んだ人よりも、進んで全体の問題の解決を試みようとするのがしばしばであることが判明した。質的に劣る専門技術教育にもかかわらず、これらの人が「より高等な学校」出身者の仕事を指揮する指導的立場に立つことが多かった」という記述もあるとのことです（E・S・ファーガソン著、藤原良樹・砂田久吉訳『技術屋（エンジニア）の心眼』平凡社、一九九五年）。

設計の本質を的確に表しているだけでなく、開発における実体化は、実務経験をもとに現実と対応がとれた頭のなかのイメージ（図象）を蓄積・整理した者のみがなし得る技であることをよく言い表しています。

もちろん、イメージだけで環境に耐えるかどうかは不明なので解析や試験は必要ですし、未体験の領域を開発するために別途の研究的専門技術が重要であることはいうまでもありません。これらをバランスよく総括するうえでも、技術マネジメントが重要となります。

開発のマネージャーが開発技術者に保有技術の掘下げと新技術習得、そして独自の設計感覚の習得に向けたプレッシャーをかけ続けることが、チームに財産を与えることにつながります。

■先端技術と特殊技術

開発の要となる意味で、対照的な二種類の技術に触れておきましょう。それは先端技術と特殊技術です。

先端技術については、情報技術、電子技術、通信技術、センサー技術、遺伝子技術、材料技術、微細加工技術等々が二一世紀の主流技術と目され、関連製品分野では現在最も競争と地殻変動の激しい分野といわれています。

最先端技術のフォローは必須です。相当に隔たりのある世界においても、これら新しい技術の動向に注目しておく必要がありましょう。最先端技術をフォローすることで、応用力が高められ、時代の波をより正確に予測することが可能になると考えます。

次に、特殊な技術で重要と思われるものの例を二つあげておきます。ここでいう特殊技術とは、統一された理論がなく個々のアイテムに応じて柔軟な対応が要求される技術で、コンピューターや機械によって簡単に置き換えられないものを意味します。逆にいえば、特殊技術は、コンピューター化や自動化の波に対抗する世界でもあるわけです。

優れた技量をもった人のみが実現できる加工の世界はその一例でしょう。溶接や板金加工（ロケット先端に用いられる鈍頭円錐状のアルミ・カバーは「へら絞り」という職人芸でつくられていますが、機械で同等の精度を与えることは困難といわれています）にその例が見出されます。

設計の世界での特殊技術は、機構設計が代表的でしょう。

メカニズムの世界は基本的に非線形の世界ですから、理論的な一般化が難しく、やってみないとわからないところが多いのですが、そのなかでも優れた設計者は経験と技量を蓄積できます。設計洞察力と蓄積されたノウハウに依存するところが極めて大きい世界です。

これら特殊技術の世界を自社でつくりあげる必要はありませんが、国内外のどこに特殊技術の持ち主がいるのかを知っておくことは強い武器になります。開発マネージャーの配慮すべき案件の一つでしょう。

■実験・研究設備

一般に、試験設備は開発品の性能や品質を確認する目的で用いられ、かなり大がかりで高価なものになります。費用は通常は設備費として償却しますが、特定の開発品にしか用いられない場合には、その開発品に割り掛けて処理します。

試験設備とは別に、開発品を創造しリファインするための実験・研究設備あるいは装置が必要です。設備のほうは、技術者がいる限りビジネスや技術の大きさに応じて自然に形をなしてきますから、本書では説明を割愛します。

アイディアを確認するためには、対象およびその周辺の状況をよく調べ理解を深めなければなりません。それは研究と称することができます。一方、概念や仮説を簡単な装置で確認・評価・改善する必要がありますが、これを同じように実験と称することにします。なお、試験とは確認的な意味合いの強い、データ取得を目的とした実物のシミュレーションを主旨にしていると考えることにします。

既成技術の延長線上で開発を狙うためには研究投資が必要で、まったく新しい領域での開発を行うためには実験投資が必須です。

実験は、装置だけそろっても実施できません。メカ、電気、コンピューター、化学の知識をもち、装置に詳しく、技術センスのある実験技術者が必要です。この技術者の育成も忘れてはなりません。研究についても同様のことがいえます。

国レベルでの統計数値が見当たらないので断言はできませんが、開発の試験設備が整い装置も大型化する傾向のなかで、試験に比べ実験の位置づけが弱くなっている気がしてなりません。実験は技術的創造活動と密接に結びついていて、技術仮説を検証できる唯一ともいえるツールですから、価値の創造を目指すためには重点的に強化を図るべき領域と考えます。

以下に簡単に実験装置の備えるべき条件を記します。

概念を簡単なモデルで実現する必要がありますから、モデル製作に必要なツールや加工装置が必要です。開発対象の領域がおおむね定まっているときには、実環境を模擬できる空間および装置が望ましいことはいうまでもありません。十分なスペースと可視化装置、評価装置、通信機器、およびデータ処理装置も必要です。手近にこのような装置があって、技術者が簡便な手続きで利用できる環境があると、グループとしての創造性を活性化するうえでも極めて有効に作用します。他社や他機関にはない特徴ある実験装置をもっていることは、それだけで大きなアドバンスですから、それを活かす意識が必要でしょう。

先端的な加工設備をもっているところでは、費用処理の面で厄介な問題はあるでしょうが、関係者が工夫をして稼働時間の一部を研究あるいは実験に供するくらいの意欲が望まれます。

実験環境のないところで新しい開発に臨むのは、かなり難しいと思わねばなりません。魅力的な開発テーマをもつ場合には、国や自治体の補助金を利用できるよう試みるべきでしょう。それ以外にも、同じ目的をもつ企業または組織同士がネットワークを組み、互いに欠けているものを補完し合う方法が考えられます。

4　開発を見せるためのツール

これまで、開発を進めるための基本的なプロセスと中核となる専門的技術に関する考察を展開してきました。しかし、開発を正しく見せることによって初めて、多くの人たちによる総合化と実体化が可能になることを忘れてはなりません。開発構想は、ハードウェアの図面のように、誰でも中身がわかるようでなければならないのです。そうなって初めて、構想の真の意図が他人に伝わるわけですし、仲間の意見も誤りなく反映できるはずです。すなわち、開発の構想は少なくとも仲間が見て、全容を余すところなく理解できなくてはならないのです。構想を人に見えるようにすることは、開発を健全に推進するために必須です。絵画と同じように、これらをうまくつくるにはある程度の才能が必要ですが、かなりの部分は技術として多くの人が身につけることができるはずです。筆者の考えるところを以下に記します。

(1) 開発を見せるための基本ツール（図と大きな文字列と表）

開発のステータスを判断したり、あるいは開発の問題点を判断したりすることは、開発を効率的に遂行するために必須です。しかし、開発対象を人に理解させ、一覧性を与えつつ、見る人にイメージを湧かせるという機能を備えたドキュメンテーションについては、従来あまり重視されていなかったように思います。

一覧性とイメージ喚起性は、開発計画案をわかりやすく示すだけでなく、秘められた問題点を浮彫りにして改善を加え得るという観点からも、また最終的な仕様の設定根拠を明らかにできることからも、極めて重要な特性です。

ここで、「一覧性とイメージ喚起性を与える開発管理の基本ツールは図と大きな文字列と表である」という考え方を提起したいと思います。図と大きな文字列で創造性を喚起し、図と表で開発を表現し管理するということです。

図・文字列・表のなかでも特に図は、イメージを直接表すものとして重要です。大きな文字列は一瞬で読取りが可能なだけでなく、ある意味では形を抽象化した極致とも考えられますから、人をしてイメージを膨らませる要素をもつとも考えられます。表も、工夫を加えれば一覧性とともにイメージを表せるようになります。

イメージなくして構想はあり得ません。すなわち、ポンチ絵と大きな文字列と工夫された表は開発に必須のツールであり、開発に適した使い方は高度な技術ともいえますが、一般にはそのように認知されていないようです。

以下、図、文字列、表についてさらに掘り下げます。

図は二種類あります。一つはグラフです。傾向や存在領域を示すグラフは、開発ならびに具体的設計において必要欠くべからざるものです。後述のデータシートは典型例といえるでしょう。他の一つはイメージを図にしたものです。ポンチ絵といわれるスケッチに始まり、三方向からのものありようを厳密に描いた三面図、さらには信号や力のやりとりを描くフローチャート、開発品または開発システムの位置づけを明らかにするために魚の骨を模したフィッシュボーンや系統図なども含まれるでしょう。

筆者がイメージする開発用の図とは、写真のような写実的なものではなく、基本的に系統的な図と抽象化された図を意味します。進化を表す図が典型的な系統図です。抽象化された図とはポンチ絵あるいはマンガといってもよいでしょう。抽象化された図形は、人の想像力をかきたてるだけでなく、人の感情移入を促進するといわれています（スコット・マクラウド著、岡田斗司夫監訳『マンガ学』美術出版社、一九九八年）。当然ながら、大きな、見やすい文字列は極端に抽象化された図と同じ作用をもつことになります。

ここで、図を描くことは極端に苦手だが、図を補助具として活用することで頭のなかのイメージを膨らませ、ものの見方を整理したい方に、容易に入手できる技術を紹介しましょう。

パソコンでのプレゼンテーションに使用されるソフトがあります。マイクロソフトのパワー・ポイントやロータスのフリーランスが代表的なものです。プレゼンテーション用としては広範に使われていますのでご承知と思いますが、これらのソフトは大きな文字しか使いません。また新しいソフトには、クリップ・アートという図／画が分野ごとにかなりの量準備されていて、簡単に呼び出せるようになっています。しかも、前後のページに簡単に移れます。簡単な図なら自分で画面上に作成することも可能です。これらのソフトは、短時間のプレゼンテーションで多くの人の理解を得るために、大きな文字列と画しか使っていません。

画と文字列の効果を考えると、このソフトは適切に使用すればイメージを膨らませるのに最適なツールとなり、極めて短時間にイメージを整理できます。しかも、それをそのまま人に見せることができるのです。単なるプレゼンテーションを超えて、思考を整理・活性化する機能をもつソフトとして再評価したいと思いますし、そのような方向に改良されることを期待しています。

さて、表ですが、これは一覧性という優れた特性をもっているにもかかわらず、イメージの喚起性という面では重視されていませんでした。筆者は、通常の表に自由なイメージを喚起できるような工夫をすることで、図または頭のなかのイメージとの連携度をより強くし、開発計画を表現し、レビューすることが可能なツールにできるはずだと考えました。すでに述べたように、表は一覧性という極めて優れた特徴をもっています。

開発はもちろんユニークであるべきですが、それを顧客に理解してもらわねばなりません。また開発者側としては、万全を期して問題が発生しないように内容を徹底的に詰めておかねばなりません。細大漏らさず問題点をチェックするためには、当然、一覧性のある表が必要になります。開発途中で、些細なミスから開発自体の断念に追い込まれることもよくありますので、可能な限りミスを排除しておかねばなりません。この目的に表は活用できそうです。

しかし、最初から問題がわかっているわけではないので、開発の途中で問題を見つけざるを得ません。現在わかっていることを記述している表を見て、関連するイメージが喚起できるなら、表の開発における意義はおおいに高まります。

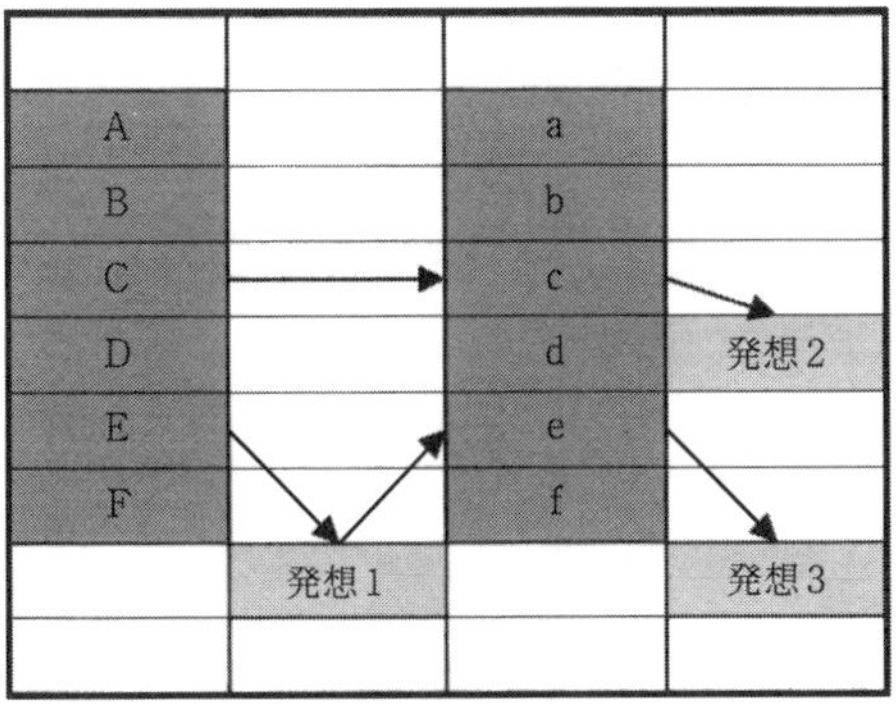

図 2-5　表に自由度（余白）と流れを与える

開発の管理に表を用いるには、漏れをなくすためにイメージ喚起の工夫を加える必要があると思われます。

詳しい例を第四章で具体的に説明しますので、ここでは工夫に関する考え方のみを記します。

一つは、表のなかに自由度を組み込むことです。機能分析に用いる表についていうなら、とりあげている機能項目以外に空欄を幾つか設けておき、必要な機能から不具合を誘引する可能性のある別の機能を思いついたところで、新しい機能を空欄に記入し、レビューに用いるといった方法が考えられます。もう一つは、表中に流れをつくるために矢印を併用することです（図2-5）。

表は通常縦軸と横軸の項目で表現されますから、一覧性以外にも二つの面からのチェック機能に優れた特色をもつわけです。チェックをする段階で、表中に気づいたことを記入し、さらに思考またはシーケンスそのものの流れを記入することで、開発のレビューまたは説明用に大きな威力を発揮できるのです。形を整え、そのなかに流れをつくりながら発想の変化を与えることの有効性を示すものとも考えられます。

さて、表の代表例として企業の業績を表す貸借対照表（BS）と損益計算表（PL）があります。BSは現在の企業体力を示し、PLは体力が伸びているかどうかを示します。言い換えれば、静的な釣合い表と動的な釣合い表がペアになって、初めて動いているものの全容を伝えられるということです。

開発の場合、完成してみなければ静的なものと動的なものを区分して記述することは難しいのですが、矢印や空欄へ想起した案件を記入することにより、基本的には静的な表に動的な表現を加えることができますし、そのような使い方によって開発のステータスが表現できます。

ところで、表といってもそれだけでは記述が細部にわたりすぎ、開発の全貌や特徴を見通せる表現は困難です。パソコンの進歩によってアウトライン機能が使いやすくなり、従来の直列的な記述式に比べて構成的な文章制作が可能になっていますが、技術的な問題の場合、文章でイメージを膨らませるより図形を使用するほうが、情報の把握速度からいって得策です。そこで、開発の特徴を一目で表現するために文字列と図が必要となります。どちらが前でどちらが後ということでなく、図と文字列と表の組合せで開発管理は行われるべきでしょう。内容をフォローし、真の意味のレビューをするには図・表が必要ですし、図・表の書き方が重要となってくるのです。

もちろん、表に対してだけでなくグラフに対しても表現上の工夫が必要になります。例えば、ある製品の容積重量比のグラフを描くにしても、軸の目盛を対数にするのか通常の等間隔にするのかで見え方は大きく違うし、適切な階乗表示の組合せを選ぶとプロットしているアイテムが二つにグループ化され、性格がはっきり区分表現できることもあります。このようなグラフをつくる努力は、開発の対象への肉薄にもつながります。

ここで、グラフの一種であるデータシートの重要性について付言しておきます。

自ら動いたり飛んだりすることで機能を発揮する製品、例えば航空機は、それぞれ独自の推進器と構造をもち、内部機能品を搭載しています。したがって、航空機の性能を正確に推定するためには、すべてのデータを盛り込んだ複雑な計算が要求されます。しかし、開発を始める前にそのようなことはできません。そこで考え出され採用されたのがデータシートです（航空関係者のなかでは自明の用語になっているが、語源は不明。日本航空学会誌が各種機体の特徴をプロットした図をデータシートとして整理したものが記録としては最初?）。

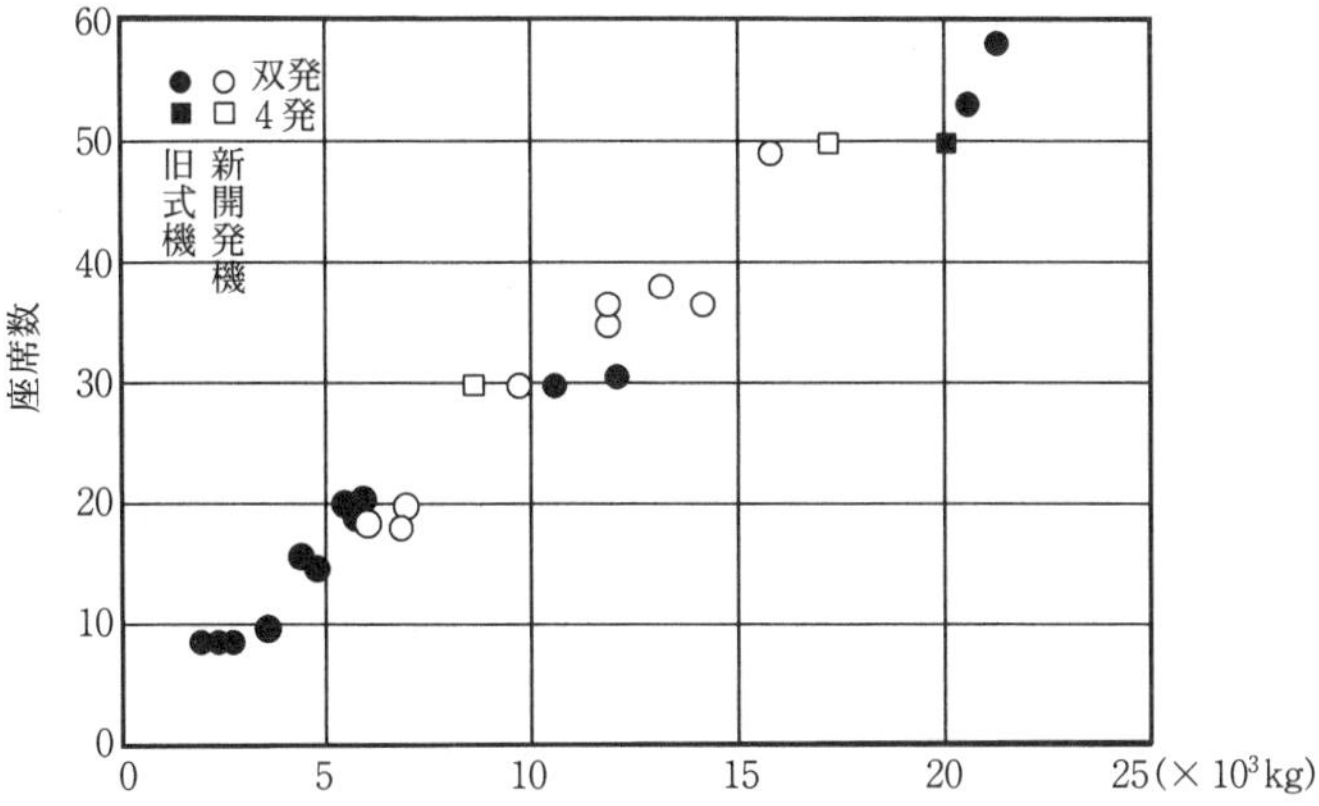

図 2-6　データシート（コミューター機の座席数と質量）

データシートとは、できるだけ多数の類似製品（鳥の飛翔能力や魚の推進能力を知る場合にも用いられますが）の性能上の特性を、定量的に一枚のグラフ上にプロットするものです。適切な単位を縦軸と横軸に選定し既存例をプロットしますと、同じような性格をもったものは一群をなすことがわかります。また、異なった性格のものを同時にプロットすると、固まり同士が線上に並んだり層状に並んだりします。おおむね、線の最先端や最上層が技術の最先端を示します。また、線の伸びる方向や層の積み重なる方向には進歩の余地はありますが、空白の部分は物理的に成立しない領域を示します。細部にこだわらなくても、物理的に重要なポイントを押えられれば、製品の性能をイメージできるようになります。

データシートはプレゼンテーションに欠かせないツールだともいえます。エアバスなども顧客に自社機体の優位性を説明するのに多用しています。最もわかりやすい例を図2-6に示しました（東昭『航空を科学する（下巻）』酣燈社、一九九五年）。機体の名称は省きましたが、新旧コミューター機における座席数と質量の関係です。両者がおおむね比例関係にあることや、例えば質量一〇トンで五〇の座席数をもつ機体はあり得ないこともわかるのです。

一方、データシートは性能を概算するときや存在可能領域を概略推定するために有用な情報を提供するだけでなく、データさえ入手できればマクロな設計条件を定めることも可能です。逆にいえば、データシートは性能の本質を教えてくれるものでもありますから、その意味では設計ノウハウそのものといえます。重要なデータは公開されませんから、自ら作成・蓄積する必要がありましょう。

いまやコンピューターと計算技術の進歩により、問題の解を得るためにデータシートを用いるのは、それほど意味のあることではありませんが、データシートを開発対象の存在領域を明確にする意味で使用するならば、未だその価値は落ちていません。技術や設計に興味をもつ方は自分なりのデータシートを作成することをお勧めします。

(2) 開発構想を表すドキュメント

前項では、開発に必須のツールとして、図と表の重要性を強調しました。表としては、通常の表よりかなり柔軟なものを意味しますが、これらの図表を開発に際してどのように使うべきかもう少し整理しましょう。

開発にゴーをかけるためには、顧客またはサポーターにわかりやすくそのコンセプトを知らせる必要があります。この段階では、開発の詳細な内容というよりも、開発案件の説明は簡単にして、ビジネスとしての見方すなわち事業性や戦略的な位置づけを示すのが普通のようです。コンセプトをわかりやすく表現するためにも図・表を用いますが、開発のコンセプトを述べるだけなら、図と箇条書きを中心とした、前述のパソコン用プレゼンテーションソフトが利用できます。

この作業については、事業性や戦略方針などと関係させてビジネス・プランという定着した言葉をあてはめるのが妥当かもしれません。これについては具体例を記したテキストも多く（野口吉昭編『戦略シナリオのノウハウ・ドゥハウ』ＰＨＰ研究所、一九九九年、等）、容易に入手できますので、本書では補足的な説明以外とりあげません。

他方、開発者側としても開発のありようの全貌を理解する必要があります。本書では、後者の、開発のありようの全貌を伝える、すなわち開発者にとって必要なドキュメントを開発構想ということにします。

参考までにいうと、開発構想が認められた後の実際の開発プロセスは以下のようになります。

まずは必要な資金が確保され、技術者が集められ、彼らによって基本構想に基づいた図面が描かれ、少し遅れて生産技術者によって生産計画がつくられます。足の長い部品や材料は資材部門によってごく初期に調達がかけられますので、設計の手戻りは禁物です。一方で営業は、販売計画を定め、販売活動を実施し、経理は開発作業全体の収支を管理する、という具合です。

さて、開発のプロに示し評価を求められる内容をもち、彼らによるレビューとリファインを経た後、開発の成否を賭けるに足るドキュメントとなりますと、作成ツールとしては前述のプレゼンテーション用ソフトは少なくとも現時点では十分でありません。

開発構想は、深さのレベルは問わないにしても、実用性を保証するためにはあらゆる範囲で徹底的にレビューが加えられたものでなければならないのです。少なくとも、心構えは「開発構想書には、あらゆる質問に対する解答が含まれていなければならない」であるべきです。

開発を速やかに運営管理するのに要求される、開発のステータスを記述するドキュメントの機能は、おおむね以下のように考えられます。

①わかりやすく、見やすいこと
②構想を余すところなく伝えられること
③仕様そのものをレビューできること
④仕様の変遷を管理できること
⑤問題点がチェックしやすいこと
⑥問題点解決の経緯を明らかにできること

そして、基本構想が策定された段階では、それらは、
①構想が余すところなく、わかりやすく、見やすく表現され
②仕様そのものがレビューされ、変遷も管理され
③その他すべての問題点がチェックされ、解決の経緯が明らかにされている状態にリファインされ、構想の成立性を保証することになります。

構想をレビューした結果がそのまま構想のバックグラウンドを示すドキュメントになると、無駄な手間が省けることは明らかです。これらを意図したレビュー法については第四章で詳しく説明します。

第三章● 開発構想の創造・ガードと評価

本章では、開発構想を具体的に創造しマネージする幾つかの方法と、その結果を守る（ガードする）考え方、および具体的に開発にゴーをかける際の判断基準などについて述べます。第二章でも触れましたが、ここで示されている各種技法は、いずれも「関連する物事を整理したうえで（整）、流れを見つけあるいは与え（流）、そこに変化を与え（転）、そしてそれが成立するかどうかを評価する（成）」というプロセスを経ることにより創造活動の効率を向上させ得るはずだという考え方に則っています。この基本スタイル（則）は第四章「開発構想の設計」にも引き継がれます。

1　構想をつくる創造プロセスの区分

第二章までで、開発のイメージが固まり、所要のプロセスの概要も理解でき、必要なツールも準備できました。次は、新しい開発対象を創造し初期構想として策定するにはどうすればよいかを考えます。創造的開発を進めるにあたって最初に突き当たる壁といえるでしょう。総論や警句のみではもちろん先に進みませんし、論理的思考だけでもうまくいきません。具体的な方法論が求められるところです。

ブレイン・ストーミングではありませんが、思い付きだけでよければいくらでもリストをつくることができます。しかし、それらのすべての組合せについて検討を加え、そのなかから脈絡のしっかりした生きた開発計画を見つけることは現実には不可能です。創造活動を常に成功させる秘策はなく、あらゆる問題を解決するという統一的な方法がないことはわかっていても、思い付いたアイディアの組合せをすべて検討し、そのなかから開発構想を求めるのでは、いかにも効率が悪すぎます。「具体化・総合化に関わる段階において、その成功率を高める合理的な開発構想創造のプロセスがないだろうか」が課題です。

(1) 創造的総合化の基本ステップ

開発は個人あるいはグループによって企図されるわけですが、具体的に論ずるにあたって、開発者がある程度の事業基盤をもっているという前提条件をおくことにします。

すべてがゼロの状態から開発を成立させることはできません。ゼロの場合には、かつての日本が重点的に行ったように技術を購入するか発明をすることで、開発の核をつくる必要があります。総合化とは、既存技術（核）の周辺に新しい技術（新しい核）を追加することによって新たに生まれる機能・性能を成立させることです。

本章では、手持ち技術が多少とも存在する状況を前提にして、創造的総合化について具体的な考察を進めることにします。なお、事業基盤がゼロからのスタートに近い立場にあるベンチャー創造については、情報チャンネルあるいはコミュニケーション・チャンネルをして組織を横切るような形で従来よりも大幅に広げ、技術をチャンネル間での共有財産と扱うことで、前記の状況に近づけることができます。その意味で、以降本書で述べることもベンチャー創造と無縁ではないと考えます。

さて、開発においてはその種類にかかわらず達成されなければならない条件があります。それは、最終的に現実に適合するように思考を進めねばならないことです。現実に適合させるためには具体的である必要があります。具体性を与えるために、空間的な整合とともに時間的な整合の検討が必要になってきます。物事を成立させるためには、空間的な位置付け・区分を明確にすることと、時間経緯を明らかにすることが必須です。創造のプロセスにおける「整」と「流」の部分に相当するといってよいでしょう。

開発の意図に沿った開発対象を創造するに際しては、

①現在の製品（事業）基盤

②周辺環境

③現在保有している技術と入手し得る技術

が空間的情報であり、これらをベースにして時間的整合性を図りつつ、将来のあるべき姿を予測し、実現計画を策定することになります。

これらのプロセスについては、あらゆる業種・業界で特性に応じた手順、方法が確立されているので詳しくは述べませんが、開発の意図、すなわち事業化や製品化に関する目標のつくり方・考え方には触れておきましょう。最初の段階、すなわち自由な発想が必要な時点では、事業化や製品化を堅苦しく考えずに「手持ちの技術あるいは知識またはチャンネルを利用してこの領域に新しいものを見つけるぞ」でよいと思います。

しかし、具体的な目標を思いついたときには、目標が達成可能であるという何らかの感触あるいは成算が必要です。

アイディアについては、

・内外関連グループの動向（営業の情報収集能力が重要）

・ジャーナリズムの論点（時代の流れの予見）

実現性に関しては、

・バランス感によるマクロチェック（見識）

などをもとに判断することになりますが、思いついたアイディアがユニークで比較対照の適切な例がない場合には、第四章2(3)に述べるマクロ・レビュー等に頼らざるを得ません。

さて、これらの予備知識をもって開発構想の創造にチャレンジしましょう。

(2) ニーズ主体の開発とシーズ主体の開発

開発に具体的な糸口を見つけるために、開発を内容面からニーズ先行型とシーズ先行型の二種に区分します。もちろん、現実はこのように簡単に区分できるものではありませんが、それぞれについて特徴を認識して、創造のパターンが理解できるようになれば、それらの組合せで対処が可能になるので、まずは区分が必要です。他所からの技術導入という経済効果の大きいライセンス・ベースの開発は、シーズを外部に求める若干特殊な開発形態ということにします。

なお、以降の具体的な考え方の展開においては、先に述べた前提に従って多少の技術力と営業力をもつ組織体の開発マネージャーの視点に立つことにします。

さて、現実には中間的な存在が多いにしても、基本的にはこれから論ずる開発は上記の二つに区分されるといってよいでしょう。しかし、本書では三つ目のタイプとして、フェーズ境界の明確でない開発を考察対象にとりあげることにします。「戦略・技術の詰めの甘い開発」と位置付けられるものです。本来的には前二つの区分と異質ですが、これらの構想が不十分のまま前に進み始めてしまった開発という意味では、つながりがあります。また、マネジメントの観点からは指摘しておくべき幾つかの現実的対処法が考えられるので、ここでとりあげることにします。

この境界線上にある開発を、とりあえず「間に合わせなければならない」という意味合いから「キャッチアップ開発」と名付けます。

人の心まで管理しきれませんから、組織のある限り、また業者サイドからは統制困難である顧客との付合いのある限り、そして厳しい競争環境下にある限り、キャッチアップ開発は必然的に発生し得るといってよいと思われます。キャッチアップ開発とは筆者の造語ですが、組織として事態を正確に認識したときには顧客との間で話が進んでいて、技術的な裏付けが十分でないままに開発を実行せざるを得ないような場合もこれに相当します。ある意味では不具合処理ともいえますが、この開発を成功に導けるか否か、そして経験を次世代の人に引き継げるか否かは、開発能力の育成に大きく関わります。筆者の経験でいえば、この種の開発は意外に発生率が高く、しかも前記二種類の創造に適した能力だけでは対処できないところもあるのです。

以上から、本節では典型的な二種類の開発スタイル、すなわち「ニーズ先行型」「シーズ先行型」における初期構想の設定に必要な創造手順、考え方をできるだけ具体的に論じ、これら二種類の開発に適合した創造力だけではフォローできない、マネジメント能力の必要な「キャッチアップ開発」について論ずることにします。

なお、以下に示す具体的な構想の創造法やマネジメント・スタイルは、筆者が企業に在籍中、難航する開発案件に対して実際に適用してきたものです。もちろん、すべてうまくいったわけではありません。感覚的にいえば、成功感をもったのは創造面で低いほうの数パーセント、マネジメント面で七〇〜八〇%だったでしょうか。数値の多寡の議論はともかく、構想を得るプロセスの大半がある種のパターンに従って行う技術作業によってカバーできる、つまり技術なのである、というのが筆者の考え方であり、本書を著した理由でもあるのです。

(3) 開発構想創造の準備（事業分析）

開発構想を創造する方法を述べるまえに、基本ステップとして事前に必ず実施すべき現事業のマクロ分析について触れておきます。

関係者が必要な知識を整理し、自己の実態を正しく認識し、近い将来の見通しや後述の開発戦略を立てるうえで必須の作業ですが、これだけで自然に新しい開発案件が出てくるものではないことも認識する必要があります。事業などの分析については多くのテキスト（例：後　正武『意思決定のための分析の技術』ダイヤモンド社、一九九八年）があるので、本書では所要プロセスだけを簡単に述べます。

■現事業のマクロ分析と見通し

事業の短期将来予想

現事業の力について、過去に遡り近い将来までを五年間隔程度に区切って何らかの形で図表化し、現事業の提供できる技術、製品に対する生き残りの条件等を導出します（五年について特に根拠はありませんが、技術進歩の速い世界ではさらに短縮する必要があると思います）。

じり貧の程度や、新規開発に許される持ち時間、自分たちが今後提供できると思われる製品で最も強いところはどこか、品質なのか、機能なのか、適時提供性なのか、あるいは価格なのか、などを明らかにする必要があります。

顧客動向の予測

一方で、現事業の属しているマーケットおよびその周辺におけるマーケットでの顧客動向を分析します。社会環境の変化や、それに対応した方向に進むためのキー・テクノロジーやライバルの動きも、同時に分析する必要があるでしょう。つまり、マーケット・ニーズを把握して生き残りの条件を算出する手続きになります。

ここでは具体的に新事業や新技術を論ずるのでなく、業界のもっている大きな流れを予測し、流れにどの程度のれるのか、そのために必要な条件は何かなどを明らかにし、前記「事業の短期将来予想」での結果に重ねられるようにします。

顧客が当該分野で真に求めているものは何か、あるいは計画していることは何かを正確に予測すること、すなわち生きた営業情報の取得が鍵を握ります。

ネック解消分析

前記二つの分析結果を比較することで、狙うべき方向はおおむね明らかになってきますが、その方向に技術の解があるかどうかを検討し確認します。大抵は大きなネックが見つかります。そして、ネックを解消するために必要な技術を探ります。ネック解消分析が、次節のニーズ先行型構想導出における所要技術ΔAの創出に相当します。

市場動向に十分リンクできない場合には、現製品、現事業の付加価値を高めるために何が必要かを考えることがシーズを導く一つの方法だと思います。

成果が大きいのは、顧客動向分析結果とリンクしている場合であるのはいうまでもありません。

所要技術の確立によってネックが解消し、現事業の強みが相変わらず発揮可能であるというハッピーなケースはそれほどないでしょうが、仮にそれがこの段階で見つかるのであれば、開発は成功への第一歩を標したことになります。

業種転換戦術の検討

正統的な既述の検討作業と並行して、現事業の軌道を乗り換えることに解がないかどうかを検討する必要があります。在来事業の延長線上に大きなネックがあって伸びようがない場合でも、現事業のもっている特質をほとんどそのまま利用して、一見異質のマーケットに転じて成功する可能性はあるわけです。よいアイディアは簡単には出てきませんし、出てきても実行にはタイミングと決断が必要です。開発グループに任せるというよりも、経営者自らがテーマとして持ち続けるべき案件といえましょう。

現実に、この転換戦略で生き延びている中小の企業が多いことは注目に値します。例えば、時計部品メーカーがパソコンのプリンター・メーカーに変わったり、靴紐メーカーが携帯電話のストラップ・メーカーに変わったりして、旧事業の衰退を埋め合わせています。燕市の洋食器メーカー群が時代のニーズにあわせて自己を変革して新しいタイプの金属製品を生み出しているのもこの例に相当するでしょう。中堅玩具メーカーが世界規模のゲーム機メーカーに変身できたのも、この戦略適用例に該当すると思います。時代が変化するときは、安定期には考えられない転換のチャンスがあるものです。

転針の検討は、経営者にとっても創造（アブダクション）のもつ本質的な弱点である、限りのない繰返し（小田原評定）を避け得るメリットを与えます。

2　ニーズを主体に開発構想を創造する

創造的開発は、要するに自己のもてる情報・知識をすべて明らかにし、それらを整理総合化することで、まったく新しい流れをつくり出すことにあります。あえて似たような例をあげれば、アルファベット二六文字をベースに、物語になる文章をつくりあげることに相当するでしょう。ランダムな組合せは誰にでもできますが、想像を超える組合せ数の検討が必要です。より探索（創造）効率を高めるには、最低限固有の名詞や動詞など文章化に必要な体系を確立し、目的を明確にする必要があります。

開発においてもまったく同様です。これらを、ニーズ主体に開発構想を創造するケースで考えてみましょう。開発における総合化にとって骨格となる作業を、本書では以下のように考えます。最初に述べた「創造の基本パターン」と「環境変化の読み」を組み合せた形になっています。

①社会環境変化に関する読み、そしてそれに対して顧客がどのように対応するかに関する読み
②関連する自己保有技術の展開
③関連する自己保有の生産技術の展開
④これらを顧客にアプローチし、世の中が認める流れにするまでのシナリオ

これらを整理すると、一つの新製品、事業開発に関わる一つの体系のあり方が見えてきます。創造のプロセスにおける「流」の部分といってよいでしょう。結局、最も重要なことは①の社会環境変化に関する読みと、それに対して顧客がどのように変わってくるかに関する読み、になります。開発構想の創造が開発戦略と密接に関わってくるといってもよいでしょう。

以下では、これらを図式的に表すことで誰にでも描きやすくした方法（図3-1）を説明します。

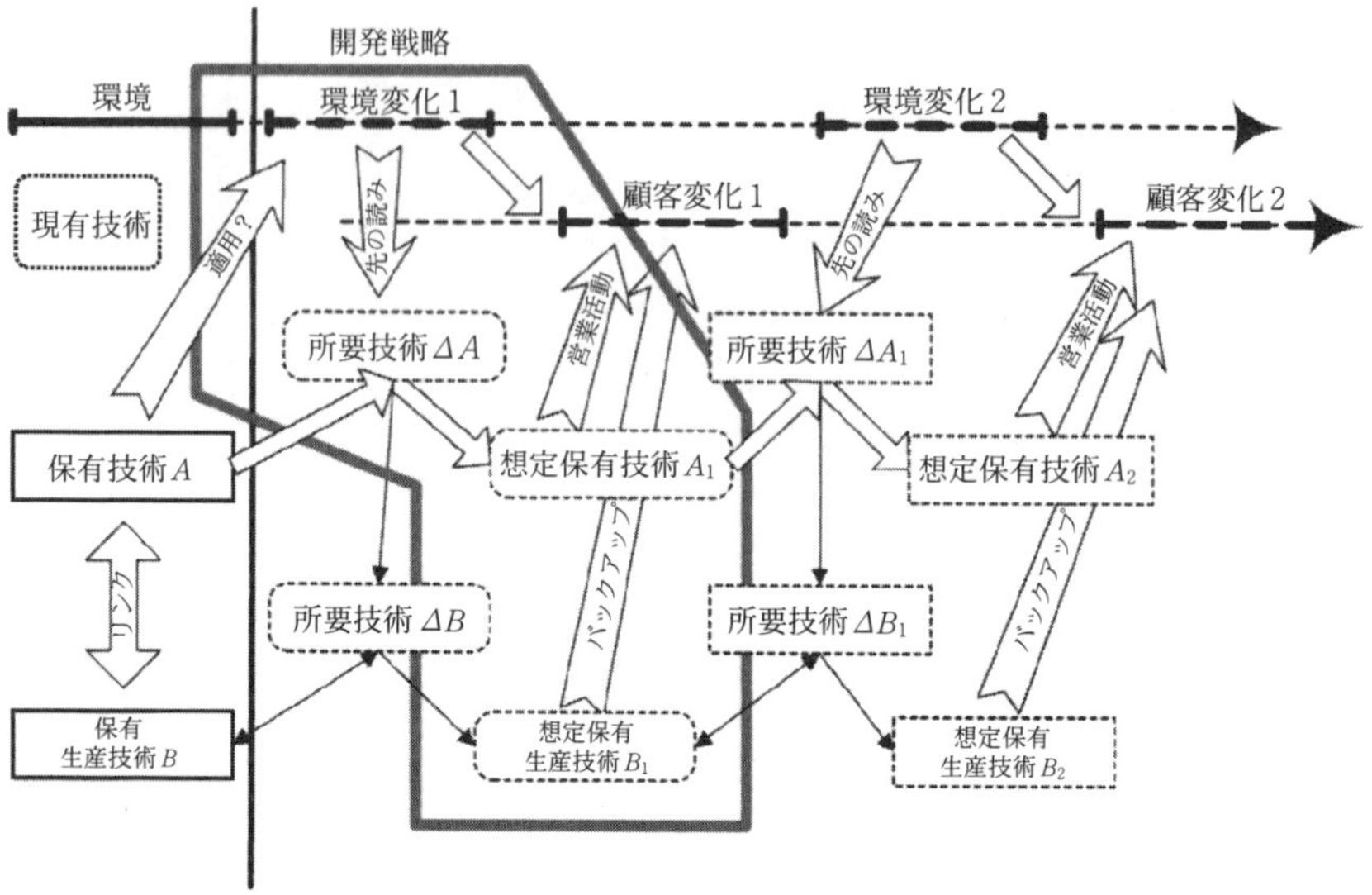

図 3-1　ニーズ主体の創造プロセス

手持ちの技術（生産技術を含む）と現在の環境だけが、現在集められる情報ですが、これだけでは開発に結び付きません。保有技術の周辺に新しい事業や製品を開発するためには、それを方向づける指針が必要です。通常は、社会環境がどのように変化するかという読みが指針になります。環境変化の読みには、味方となるべき顧客の動向予測だけでなく、ライバルの動向予測も含むことにします。あくまで予測ですから、必ずしも正しい方向を確定することはできませんが、方向を決めると一つのシナリオをつくることはできます。

要するに、自己の保有技術あるいは使用可能な技術を縦に並べ、時間軸である横軸に環境および顧客の動向変化を描くことができれば、誰にでも自己技術を発展させる道筋を描けます。時間の流れが大きく変わらなければ、最も成功の確率の高い、正統的な開発戦略策定手段といえるでしょう。

現実には、図中の保有技術は純粋な技術というよりも、製品やシステムに置き換えられるケースのほうが多いでしょう。

図でいうと、環境変化に対応して顧客がどのように変わり、どのような製品・システムを求めるであろうかを推定します。そして、現保有技術に何をプラスすれば、顧客の要望に応えることができるかを明らかにすることで、$\varDelta A$で表されるところの確立すべき技術が導かれます。創造のプロセスにおける「転」の部分といってよいでしょう。わずかな変化が流れを大きく変える可能性があるので、この作業は極めて大切です。$\varDelta A$を核とするA_1という新しい製品(技術)計画をもって、顧客にアプローチをするか、あるいは自ら開発を進めます。技術に連動して保有生産技術Bの強化を同時に実施します。図では、これら全体の整合のとれた活動を開発戦略と名付けています。文章づくりに置き換えると、枠で囲った項目が名詞で、矢印が動詞と目的を表すことになります。これら一連のフローが閉じたところで、技術サイドの開発シナリオができたということになります。創造のプロセスにおける「成」といってよいでしょう。図では省略してありますが、これらの戦略を営業が理解して顧客に対して積極的にアプローチするアクションを重ねることで、開発戦略全体がクローズするようになります。この意味で、戦略目標に対して営業と技術が呼吸を合わせなければならないのです。

環境変化の先読みは人によりますから、かなり絞られているにせよ、多数の案が出てくるのが普通です。チェックを兼ね、開発計画の焦点を定めるために必要なのが、次の時代の変化を読んで開発と関係付けることだと考えます。図のように最低二段階の読みができているかどうか、ということです。A_2、B_2まで読めていて、しかもその読みに妥当性が感じられるときには、A_1、B_1の妥当性も高いということです。結論を述べるのにはA_1、B_1だけでよいのでしょうが、バックアップ・プロセスとして、時間的には一〇年先程度の期間で最低限二段階の展開が必要と考えます。

ここまでできれば、所要技術$\varDelta A$をいかに具体化すればよいかという問題に収束させたことになります。これが常に実現可能であるという保証はもちろんありませんから、ここからの具体的な創造活動が新しい課題となります。

日本人は概して「戦略」という言葉に弱いようです。一見、高度な知性の働きを感じさせる言葉なので、「葵の御紋」的印象を与えることも理由なのでしょうか、得てして明確でない「戦略目標」あるいは裏に個人的野心の隠された戦略に振りまわされて、結果的にセクショナリズムに陥ってしまい、総合力を発揮できない傾向があるような気がします。

戦略なくして大きな成功はあり得ません。したがって、開発に関係するもの全員が戦略を理解する必要があります。

「戦略とは、組織の目標を達成するための総合的な道筋であるが、誰にでもわかりやすく、かつ図表を使って一頁で表されるべきである」というのが筆者の見解です。

ニーズ主体に創造活動を進める方法あるいは説明は、その性格からいって技術の専門家でなくとも理解しやすいという長所をもちますが、技術的成立性の検証が弱めになるという短所をもつことに注意しなければなりません。魅力的な方向を示していても、実現のために異常な努力が必要となっては経済性を損ないますから、安易な取組みは禁物です。次節に述べるシーズ主体で開発構想を構築する方法はその弱点をかなり解消していますから、この方法を取り入れ、実現性を裏付ける必要があると思われます。

さて、ニーズ主体の創造活動の展開ですが、仮に保有技術が一つであっても環境変化の読みは一つではありません。図3-1をブランクにした程度の簡単な書式の記入フォーマットに例題をつけて、多くの人の意見をとりあげることが必要です。また、多少とも歴史のある企業ならば、保有技術が一つということもあり得ませんから、幾つかの特色のある保有技術について、これらの戦略を図形式で表す必要もあるでしょう。それぞれを独立して作成し、その後全体としての整合性検討段階で、保有技術同士をつなぐ新しい発想が出てくる可能性があります。

以下に述べるシーズ主体の開発構想策定法まで進むと、要確立技術$\varDelta A$をある程度具体化することが可能になります。なぜなら、シーズ主体の思考プロセスにおけるかなりの部分が分析的かつ構成的であり、なおかつ多くの場合必要な創造力が技術面に限定されるからです。

3　シーズを主体に開発構想を創造する

前節では、ニーズ主体に開発テーマを絞るプロセスについて述べました。本節では、シーズ主体の開発構想を策定するための一つの方法を示します。広範な知識や知己が要求される戦略的なアプローチよりも、技術者には親しみやすい方向だと思います。

ここではよく耳にする発想の転換法を使っています。実績と専門性を重視する技術者には必ずしも快く迎えられる方法とは思いませんが、現実の世界から一度離れて抽象化の作業をしないと新しい発想は生まれないと考え、ツールと思って割り切ってもらうほかありません。

なお、すべての技術シーズに対してあらゆる発展の方向をリスト・アップしてから分析するのは効率的でないことに、注意すべきです。

時に、トップがこのようなやり方を指示することがあります。しかし、それは建前上いくら正しくとも、焦点がぼやけやすく、非現実的なほどに手間がかかります。実際はやるなといっているに等しいといえましょう。

(1)　シーズ主体の開発構想創造法

ここではまず、現事業を支えている、または売り物になり始めた実績ある製品とそれを支える独自技術、独自の実験・研究設備、独自加工技術などを開発構想創造の核と考えます。これが「整」に相当します。これらに考察を加えることで、ある程度の「流」もイメージすることが可能になります。そして創造のきっかけは、技術者であってもある程度自由な発想ができる人による枠を超えない範囲でのアイディアに依存することにします。こ

	実績製品	独自技術	独自実験・研究設備	独自加工技術	キーワード（機能，技術，経済性）
事業分野1	風車ブレード …	流れ解析技術	風洞	複合材 軽合金	ルート部の曲げ 高コスト
事業分野2	…		…		…

図 3-2　シーズ主体の創造 1

れが「転」に相当します。そして最後に、事業として成立する新技術や製品の方向を見出すために、業種を超えた世界の関連製品情報やそれが属する業界の技術レベルなどの知識に依存するのです。「成」の部分といってよいでしょう。なお、この作業の中間には発想を活かすための真っ当な技術分析が必要になることを付記しておきます。

発想は若い人が得意でしょうが、他の事業分野や世界とつながりをつけ新しい概念に導くには、社会経験があって、しかも情報収集能力のある人のほうが向いています。極端にいえば、シーズ開発は担当から出てくる発想をトップが方向づけ、技術がそれらを結合すべきである、となります。

以下、具体的に説明していきます。

最初に、図3-2のように、所属しているところで扱っているあらゆる実績製品、独自技術、独自研究・実験設備、独自加工技術を長所欄として区分し、一番右に問題点を表すキーワード欄をもつ表をつくります。そして、事業体がもつ、知る限りの製品・技術について欄を埋めていきます。順序は事業区分に従うのがよいでしょう。事業体のもつポテンシャルを表にすべてピック・アップするつもりで作成することが大切です。常識的な性能は将来を見据えると短所になりますか

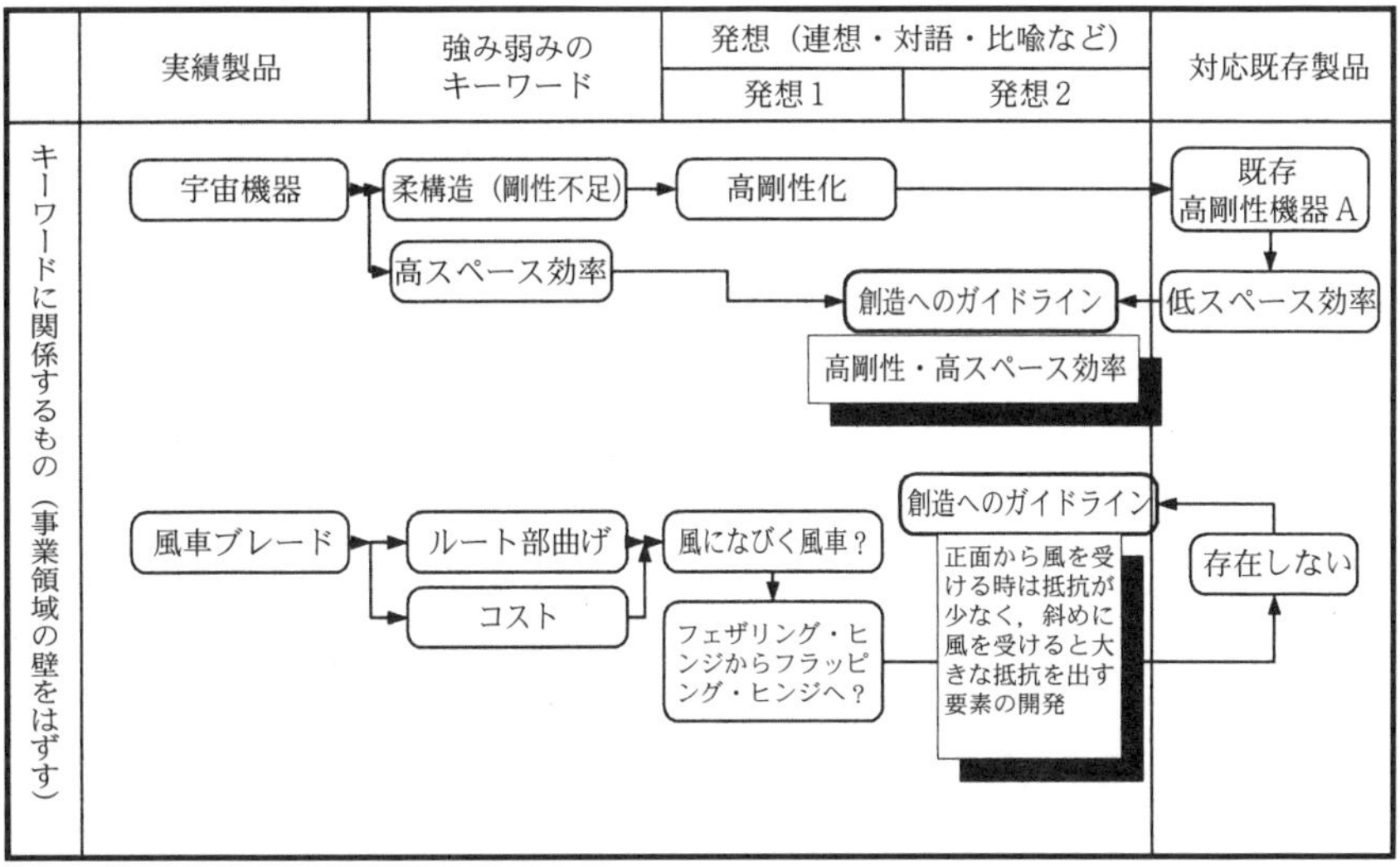

図 3-3　シーズ主体の創造 2

ら、それを短所と捉えてもよいと思います。短所だけでなく長所は何かを認識することも重要です。なお、独自技術から独自加工技術までは、長所すなわち製品の強さを表すものと考え、独自性がよくわかる表現にする配慮が必要です。

次に、図3-2につながりをもたせて図3-3のような表をつくります。実績製品ごとに、左からキーワード、発想（キーワードに基づく連想・対語・比喩など各種）およびそれに対応する既存製品、というように列を区分した表です。

キーワードは、全製品の特徴を一言で表すような言葉を意味します。必ず技術用語を含ませることが必要です。

これらについても、すべての空欄を埋めていきます。例えば、扱っている製品が軽量であるが剛性が不足しているとすれば、短所は剛性不足で、キーワードの上段は柔構造となります。この場合における発想の転換は、柔から剛に基づく剛構造と考えるのが普通でしょう。発想の転換から導かれる製品がイメージできるはずですから、これに対応する既存製品の代表例を記入します。単純な発想の場合には、該当する製品は存在していると考えるべきです。この場合のメリットは、創造を企図している人がすでに当該領域での経験をもっているので、既存製品の問題点を普通とは違う観点から見られることです。既存製品に、現有製品のもつ長所を組み込むことができないか、技術検討の対象となり、実現可能ならそれが技術目標になり研究目標となるわけです。

少し難しい例について考えてみましょう。風車ブレードをつくった経験があるとします。従来型風力発電機による電力供給では、どうしても化石燃料による発電コストの二倍かかってしまいます。これを抜本的に下げるため、風になびく夢のような風車はできないかと考えたとします。完全に風になびく風車は世に見かけません。このような場合、話は簡単には進みません。第二章で考察したアブダクションが必要です。アブダクションの詳細は省きますが、付加物を装着することで問題を解決しようと考えると、それは図に示した技術的課題を満足すればよいことがわかります。この場合には、翼端に装着した小さな風車が要求を満たすのです。

この翼端風車のように、特殊な付加機能を要請することにより問題が解決できることがよくあります。ゼロから物事を構築するのは、現実の時間的制約下では必ずしも得策ではありません。ほとんどの場合、利用可能な核技術は確立されているので、その核の上に付加物をつけることで開発目標を達成できないかと考えることは有用です。

未開拓の技術領域では比較的容易に展開ができますが、歴史の長い領域では単なる発想でなくアブダクションや専門技術に基づく解決能力までが要求されます。見掛けは単純でも、内容は多岐にわたるといえるでしょう。いずれにしても、例で示した程度に方向を定めることができると、ニーズ主体に展開された開発構想とそのために必要な技術目標がかなり明らかになります。

以上、シーズから新たに開発構想を創造する一つの考え方を示しました。現実にわれわれの眼をひく新製品の多くが、このような形で成立の経緯を整理、推測できます。ここで大切なのは、表全体を見渡して、開発者の属する事業体のもっている強さをフルに発揮するように常に意識すべきだということです。対語など、発想の転換によって誘起される新しい発想は、自己の保有する技術など利用可能な技術によって強くサポートされなくてはならないからです。闇雲な発想では決してうまくいきません。

なお、ここに示した方法では、開発あるいはそれに必要技術を少数のキーワードに抽象化してしまうという一見乱暴な手法をとっています。これは抽象化することによる創造力の刺激を狙っているのですが、現実の開発はそれほど簡単ではありません。例えば、抽象化のプロセスを通じて得た開発構想のキー・テクノロジーにしても、現実には多種多様で、それらが同時に管理されて内容的に連携をとりつつ前進しなければ成功に至りません。これら現実の問題の推進については、**5**「技術開発の進め方」を設け改めて述べることにします。

(2) 技術作業の計画化

開発を推進する立場にあるマネージャーは、実現性のある開発構想が提案された段階で必要と論じられている新技術を、既存技術の延長線上のものと、ゼロからの積上げが必要なものとに区分して、キー・テクノロジーを研究や技術開発につながる先の見えた具体的な開発計画にブレーク・ダウンして、開発の進め方に道筋をつける必要があります。開発構想設計の第一歩です。複雑で技術的問題が干渉し得る構想の場合、マネージャーにも高度な技術的総合化能力が要求されます。開発構想設計に際して有用と思われる幾つかの実用的な方法は第四章に示します。

キー・テクノロジーは従来技術の組合せで確立、解決できることもありますが、まったく新しい機能をもったメカニズムが必要になることもあるでしょう。高度な解析に基づく構想の成立条件の算出が必要になることもあるでしょうし、未知の革新素材の適用のみが解を与えることも考えられます。

具体化されたキー・テクノロジーが計画的な研究開発作業に結び付き、なおかつ開発に要する時間が持ち時間以内であるならば、新しい事業への道が拓けたことになります。

研究開発構想が一挙に認知される例は少なく、通常は段階的に進むのですが、各段階における内容の充実には常に事業体の技術の総力を結集する必要があります。それだけでは不足で、社外の専門家の協力を得る必要も視野に入れなければなりません。途中の段階で手抜きがあると、後で臍《ほぞ》を噛《か》むことになりますから、開発をマネージする人は要注意です。

いずれにせよ、開発マネージャーは自己の保有する技術と新たに開発しなければならない新技術を区分し、それらが持ち時間以内に解決可能かどうかを判断することになります。

そして、これらの判断に基づいてキー・テクノロジー確立のために必要な要素開発作業計画が立てられます。キー・テクノロジーの確立にあたっての方向は、次のように区分されると考えられます。

・既成技術の組合せ（他領域の物理・化学法則の適用）

・解析技術の確立

・革新技術（新しい物理・化学法則の適用）の開発

なお、技術的な面からの考察が多くなりましたが、この段階で開発の原点に立ち戻って、開発が経済価値を発揮し得るものであることについて、精度は悪いにしても確認しておかなければなりません。これについては、別途**7**で若干詳しく考察を加えます。

目標の具体的イメージと課題を明確にし、これまでの検討経緯をまとめれば、初期構想としては十分です。特にシーズ先行型の開発構想においては、経済性の成立をこの段階である程度確定することができるでしょう。構想そのものの創成には困難がつきまといますが、構成技術の大半が既成技術である可能性が高いので、各種作業の見積もりもそれなりの精度が得られると考えるからです。

さて、努力を重ねても初期構想策定に至らない場合もあり得ます。通常の組織活動においては、時間切れによる検討中断が最も現実的なケースですが、この場合でもそこまでの開発経緯をドキュメント化しておくことが後の開発につながります。

4　キャッチアップ開発

本節では、キャッチアップ創造プロセスについて具体的に対処方策を述べます。

開発が実質ゴーになった段階で、仕様を満足するシステムなりハードが成立していなかったという状況が、現実社会の種々の制約を考慮すると往々にしてあります。

このような事態に陥った理由は競争環境のほかにもいろいろと考えられますが、キャッチアップしなければならない技術的な原因は比較的単純です。

一つは、鍵を握る技術レビューの基準が未確立であることで、他の一つは設計構想上の仮定の不成立ということになりましょう。

このような事態が再発することは好ましくありません。これらの開発を正常な形に戻すだけでなく、仕様（達成しなければならない具体的要求）を策定するまでの合理的な管理手法の確立が望まれます。この仕様の管理については、章を改めて述べることにします。レビュー基準についても章を改めて説明します。

本節では「仕様が先行して、これを満たす構想が成立していない」という具体的問題の解決法に焦点を絞ります。

これは簡単な内部レビューで直ちにわかることもありますし、一見成立しそうな構想である場合もあります。後者の場合における問題点摘出法は第四章で詳しく述べます。

いずれにしても、問題はかなり具体的で、かつ切迫しています。これを解決するためには、これまで述べてきた発想を活かすスタイルだけでは通用しません。マネジメントのあり方が重要になってきます。基本的な手順や

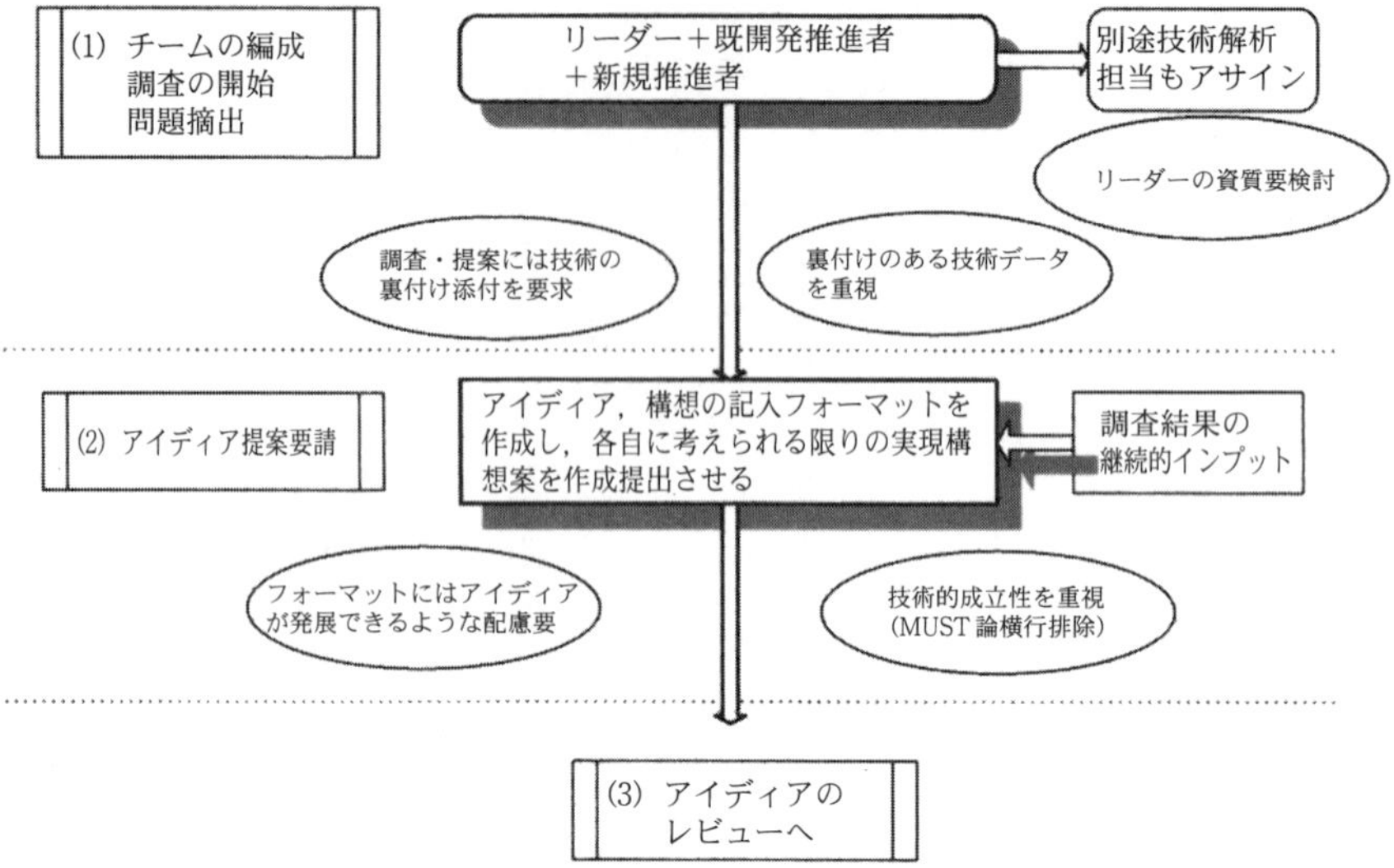

(1) チームの編成
調査の開始
問題摘出
リーダー＋既開発推進者
＋新規推進者
別途技術解析
担当もアサイン
リーダーの資質要検討
調査・提案には技術の
裏付け添付を要求
裏付けのある技術データ
を重視
(2) アイディア提案要請
アイディア，構想の記入フォーマットを
作成し，各自に考えられる限りの実現構
想案を作成提出させる
調査結果の
継続的インプット
フォーマットにはアイディア
が発展できるような配慮要
技術的成立性を重視
(MUST 論横行排除)
(3) アイディアの
レビューへ

図 3-4 キャッチアップ開発 1

内容はこれまで述べてきたプロセスと違いもないのですが、最初から目標を明確にして、職務として問題を解決する任務を構成チームに負わせ、かつチームに緊張感を与え続け、運営のスピードを確保するところが根本的に異なります。

以下に、これらの問題に立ち向かうときのマネジメント・スタイルの一つを紹介します。なお対処にあたっては、レビューすべき開発構想案の存在とある程度の組織力の保有を前提とします。

図3-4と図3-6に、問題解決に至る一通りの流れを示しました。内容的には、ごく当たり前のことをフローにして記しただけですが、このとおり実行することは必ずしも容易でないので、注意を喚起していただく意味であえて記載しました。問題の解決を業務として請負い、それをスピーディーに処理する姿勢を重視して、なおかつ抜けのないように配慮しなければならないところに特徴があります。一般に、チーム員へのプレッシャーは短期的には創造面での活性化を促すものと考えられますが、それにとどまらず、活動そのものに安心させる流れをつくることも大切です。目的が明確な安定した流れに

のっているとわかると、チーム員は対象に集中するようになります。

■問題解決チームの編成

まずは問題解決チームの編成が必要です。緊急性を要しますから、即座に会議ができるような配慮が必要です。チームを率いる人を、相応の権限をもたせる意味でこれまで使ってきたマネージャーとは使い分け、リーダーとします。

またチームメンバーには、成立する保証がなかった仕様の策定に関わった担当が必須です。それまでの経緯を知る必要があるからです。別途技術解析担当者のアサインも必要になります。

■対策構想案募集

改めて、チームメンバーに現構想案の問題点（仕様とのギャップ）の指摘と要調査事項の抽出を要請します。問題に応じて、調査（試験、解析、調査）活動を実施します。並行して仕様を満足する構想の提案を求めることになりますが、結局は客観性をもつ事実を抜きにしては成立しませんから、当初は客観データの収集に力を入れることになります。

この段階で最も重要なことは、関連した技術データの蓄積と開発対象に対するチームとしての理解度の向上です。

チームの全員が宿題をもち、結果をチームにフィードバックすることが最も重要なプロセスであるといえましょう。事実や現実に基づかないアイディアをいくら集めても意味がありません。優れた情報があれば誰でも解決策に至ることができるのです。

アイディアを出すまでの地道な調査活動をおろそかにしてはなりません。状況を「整える」ことができなければ何も始まらないのです。報告にあたっては、単なる結果報告でなく、報告者の判断を要求すべきです。キャッチアップ開発の場合には、日程的な制約が厳しいので定例会議が必要でしょう。幅広い範囲からの提案とデータ

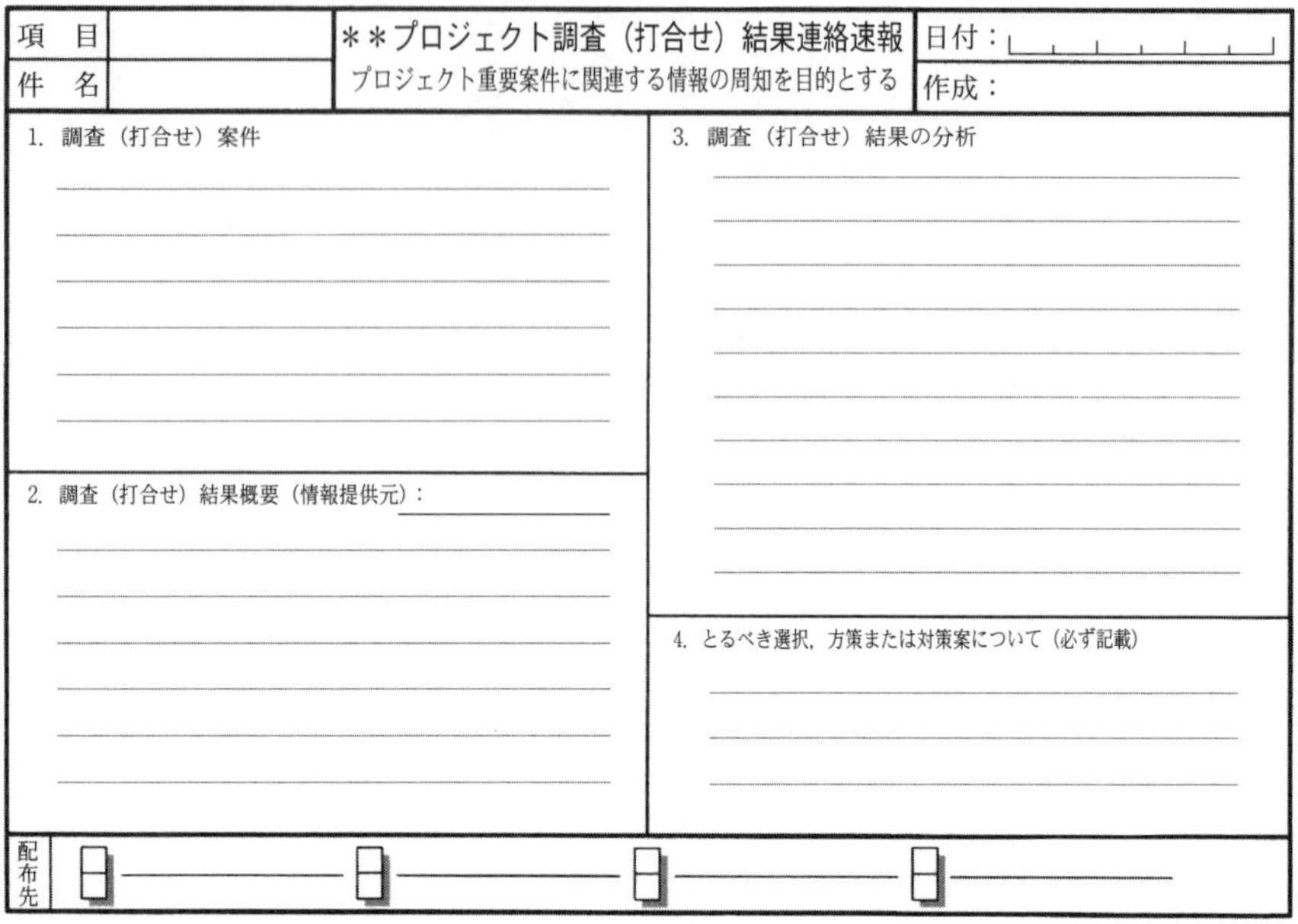

項目 | **プロジェクト調査（打合せ）結果連絡速報 | 日付：
件名 | プロジェクト重要案件に関連する情報の周知を目的とする | 作成：

1. 調査（打合せ）案件

2. 調査（打合せ）結果概要（情報提供元）：

3. 調査（打合せ）結果の分析

4. とるべき選択，方策または対策案について（必ず記載）

配布先

図 3-5　調査結果報告様式例

が求められます。

常識的なフォーマット例を図3-5に示します。図3-4や図3-6に示した流れは必ずしもチームに配布する必要のない、リーダーが心得るべきことですが、図3-5は内容の充実に直接関わるものですから、書類として関係者全員が共有すべきです。

ある程度問題点（ギャップ）や内容が煮詰まってきたら、ギャップ解消のためのアイディア、構想の記入フォーマットを作成し、各自に考えられる限りの実現構想案を作成、提出させます。ギャップの解消に関しては、抜本的な案から暫定案まで幅広く認めることにします。

課題を解決するための考え方は第二章で述べたとおりです。技術的創造性の発揮が求められるところです。関係者全員がこのような抽象的な考え方をする必要はないのですが、少なくともメンバーの一人がこのような考え方に慣れていて、キャッチアップの可能性があることを信じていると、事態の深刻さに打ちひしがれがちな開発を前向きに進めます。

提案フォーマットにはアイディアが発展できるような配慮が必要ですが、形にこだわる必要はありません。これらの提案には、技術的成立性を論じたレポートをペアにするよう作成させます。解析担当者の出番でもあります。

自分の専門の枠に逃げ込もうとするメンバーにも、対策案の提示を求めます。強制が主旨ではなく、評価の対象とするアイディアをできるだけ多くするためです。出せといえば、それなりの案は出てきます。

また、ギャップ解消の核となる技術は自己開発で臨むのか、提携で取得するのか、自己開発技術であるならば、その取得計画の概要が別途必要になるでしょう。

■アイディアのレビュー

次は問題解決アイディアのレビューです。リーダーまたは適性者による客観的レビューが必要ですが、職位よりもレビュアーの資質が重要になります。アイディアは抜本的な新構想であったり特定ギャップへの対策案であったり、それぞれレベルが違う可能性はありますが、レビューにおいては最低限、以下のチェックが必要です。

- ・目標性能を満足しているか?
- ・各種制約条件を満足しているか?
- ・各機能・性能間の相互干渉はないか?
- ・最適配置、最適ルートか?
- ・開発費の再見積もり結果は?

なお、あるギャップを解消すべく採用する技術が悪い副作用を生むことが往々にしてありますから、特に暫定的対策案のレビューには細心の注意が必要です。

レビューを経たうえで可能性のありそうなものは、さらに構想を発展させます。それぞれのアイディアが行き

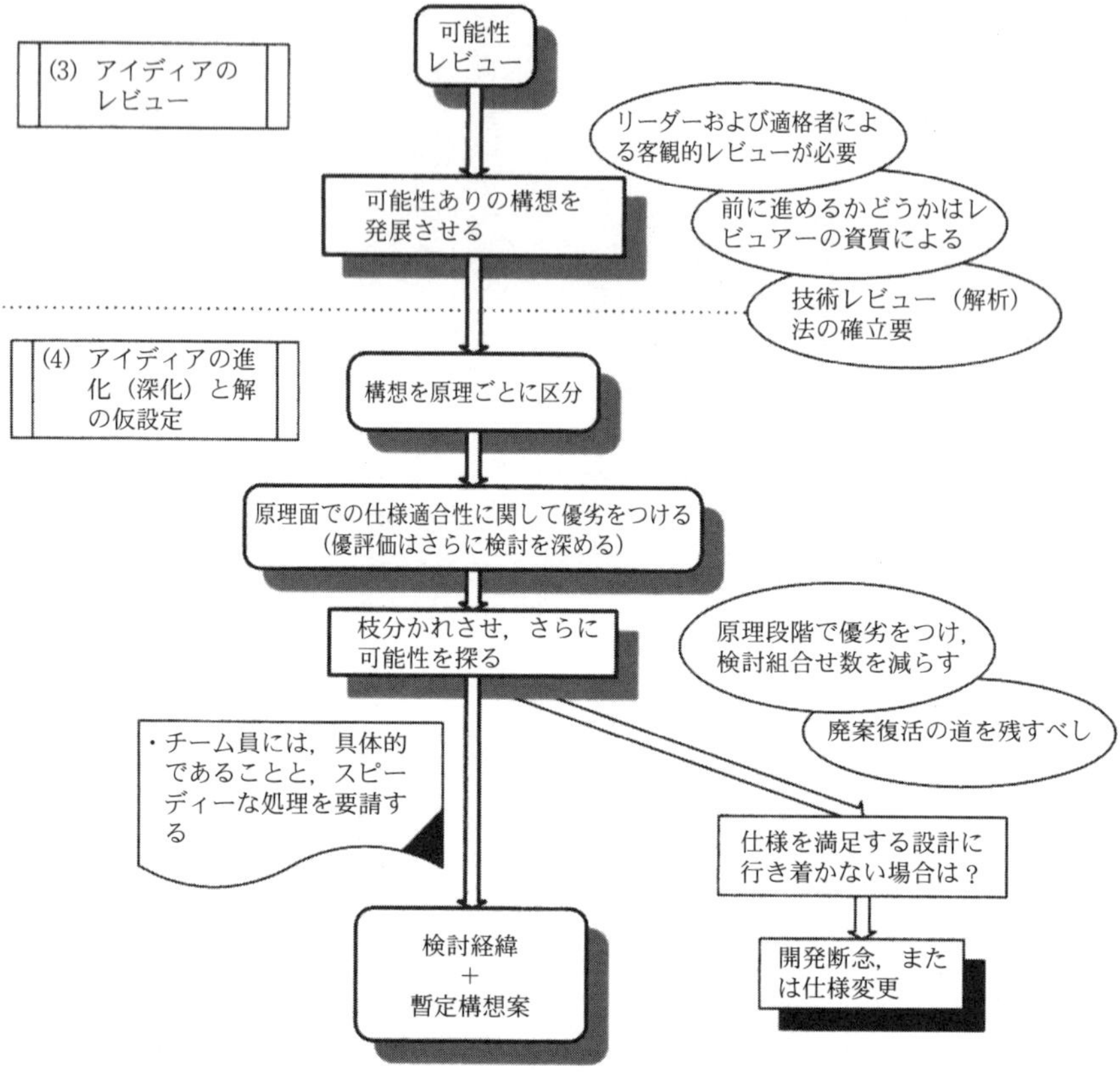

(3) アイディアのレビュー
可能性レビュー
リーダーおよび適格者による客観的レビューが必要
可能性ありの構想を発展させる
前に進めるかどうかはレビュアーの資質による
技術レビュー（解析）法の確立要
(4) アイディアの進化（深化）と解の仮設定
構想を原理ごとに区分
原理面での仕様適合性に関して優劣をつける（優評価はさらに検討を深める）
枝分かれさせ，さらに可能性を探る
原理段階で優劣をつけ，検討組合せ数を減らす
廃案復活の道を残すべし
・チーム員には，具体的であることと，スピーディーな処理を要請する
仕様を満足する設計に行き着かない場合は？
開発断念，または仕様変更
検討経緯
＋
暫定構想案

図 3-6　キャッチアップ開発 2

着くところまで、レビューとリファインを繰り返します。

図3-6にキャッチアップ開発後半の作業フローを示しました。

■暫定基本構想の策定

各構想を検討レベルに応じて整理区分し、同一課題に対する構想は原理ごとに区分して、それまでに出されたアイディアを方式、形状などで区分してツリーの形で整理します。原理段階で優劣をつけられる場合には、検討の手間がかなり節約できます。最も優れた構想をさらにリファインします。そして、これを暫定「基本構想案」とします。

最終的に仕様を満足する案に行き着かなかった場合に

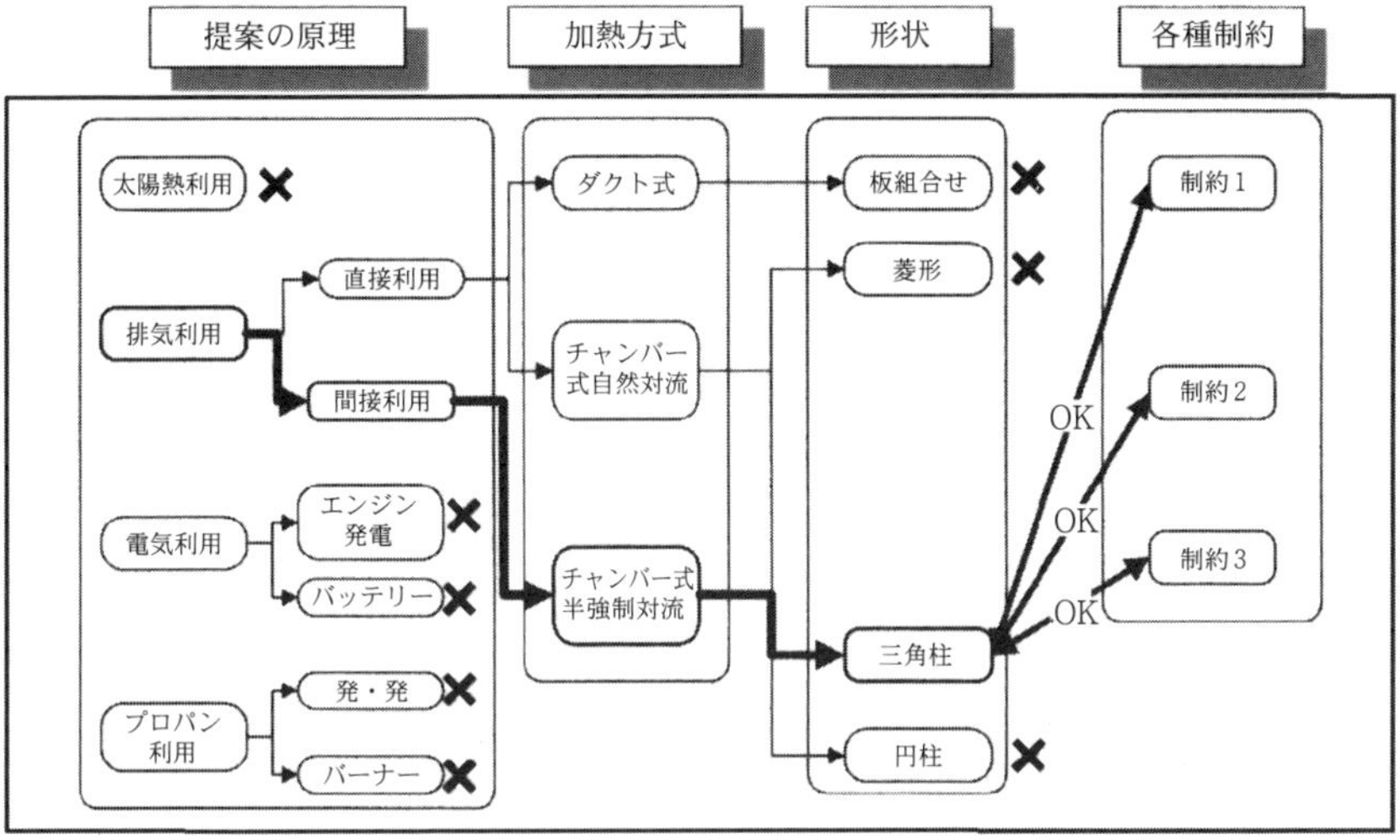

図 3-7　検討経緯と暫定構想案例

は、開発を断念するか仕様の大幅変更をするしか方法はありません。

整理の仕方は対象とする領域により多様で、それぞれ工夫を要しますが、特定のサブ・システムの構成案に関する整理例を図3-7に示します。検討経緯も同時に示し、相対的な見方ができるようにしてあります。

右に進めるのは成立し得る場合です。また成立性以外の別途の制約条件をクリアーし得るかどうかも一つの表で示します。太い矢印で結ばれた提案が最有力候補となりますが、必要に応じてこの思考過程を裏付けるバック・グラウンドの資料をそろえねばなりませんから、ここに至るまでには相応の努力が必要です。また、制約条件を簡単にクリアーできるほど現実は甘くありません。結局のところ、性能的に成立する構想のなかで、最も制約を満たしやすい構想を選択して、それから幾つかの発明行為が要求されるのが普通でしょう。

ここにも整・流・転・成のプロセスを見ることができますが、その前の段階を丁寧にフォローすることで、初めて「転」の部分での発明行為を容易にすることを忘れてはなりません。

全体を整理し、見通せる立場にいるマネージャーが問題解決ルートに一番近いので、彼が発明のきっかけをつくれるならば、このキャッチアップは半分成功したといえるでしょう。

この段階に至って、初めて支援機関、顧客または組織内決定機関に対して提案してもよいレベルに達します。キャッチアップ開発は、好ましいものでないことをここで確認しておきたいと思います。そして、それが既存機能の組合せを構想のベースにおくときに発生しがちであることも指摘しておきましょう。既存機能といえども、それを成立させている周辺環境があっての話です。いかに既存であっても、異なる環境で使用されているものの組合せ提案には慎重を期する必要があります。一見簡単なようでも、ミクロン精度の世界とミリ精度の世界のものを足し合せて新しい機能をつくることは要注意なのです。このような場合には、開発の進め方をよほど慎重にする必要がありましょう。

5　技術開発の進め方

(1)　はじめに

さて、3にシーズ創造型初期構想策定の一つの結論として、キー・テクノロジーの策定をあげました。以下に、キー・テクノロジーによって進むべき方向は策定されたけれども、あらゆる面で部分的にしか知識・経験がなく、体系化という観点ではほとんどが白紙からスタートせざるを得ない技術開発の進め方、計画の具体的な進め方について論じます。

課題技術を掘り下げたり、解析技術を確立したりするためにはある程度の才能・才覚が必要とされますが、漏れのない開発を進めるためのテクニックは開発を志す技術者にとって必須の知識と思いますので、若干技術のウエイトが高くなるものの、あえてとりあげました。

(2) 技術開発の一つのパターン

主に技術的な課題が中心の開発対象の場合には、これまでとは異なったアプローチの方法が必要になります。スタート時点の前提としては、関連する箇所でところどころに技術の蓄積らしきものしかないという程度の、ほとんど技術的に白紙に近い状態を想定することにします。もちろん技術開発を志そうとするわけですから、開発チームがマネージャーによって随時編成できることと、局所的な領域で専門家の協力が得られること、が前提になります。

■フィッシュボーン分析

まず、技術課題について、品質管理の世界で最も基本的な分析ツールとされているフィッシュボーン（魚の骨）を作成します。このフィッシュボーンは誰がつくってもよいものです。研究を手がけていた担当者よりも、全般的な設計知識のある管理技術者が関係者の意見を聞きながらつくり、それを整理すれば十分です。この段階で完璧なものはあり得ないですし、時間をかけてよいものをつくったからといって、必ずしも価値があるわけではないからです。この方法は単純ですし、それ自体が深い内容をもつわけでもありませんが、後々のレビューのときに漏れをなくすためには極めて有用です。

機器装置の場合フィッシュボーンそのものは、構造・設計、材料、環境、インターフェース等その他製造に関わる問題などが太い骨格になります。それぞれの骨格に細部の問題項目を小骨としてつけてゆくことになります。

■インタビュー（予備検討書作成）

次に、それぞれの問題項目ごとに、インタビュー・テーブルを別途準備して細部の問題点をリストアップし、それらについての現時点での回答案またはなすべきことを記載します。なすべきことには調査もありますし、実験もあります。この段階をインタビュー段階とします。各問題点に対して、開発マネージャーが担当者または専門家へのインタビューを実施することで、問題点を明らかにする技術課題・方針テーブルを作成する作業です。

開発品を一つにまとめていくためには、項目ごとに方針あるいはガイドラインの欄を設けることが必須です。また、以降さらに具体的に掘り下げるためには、課題に関連して最も影響を受けやすい部位(標定箇所)を定める必要もあります。

そして、次にそれぞれの課題に対する開発の進め方とインターフェースの重要事項を記載します。

インターフェースというのは、開発対象と直接、間接に関係する他のサブ・システムまたは上位システムとの整合性を確保するための条件をいいます。

開発マネージャーは、担当の専門家と二人で、それぞれの項目について納得のいくまでレビューと対策案の立案をし、結果を表に記載してゆけばよいのです。

レビュー項目によっては、専門家の協力が必要ですが、社内の専門家にインタビューしてもよいですし、場合によっては社外の専門家に依頼する必要があるかもしれません。また、関連知識をもつ人から必ずヒアリングをする必要があります。

ただし、とりまとめは開発マネージャーによって実施されなければなりません。開発マネージャーは、チームの誰よりも先に開発の全貌と問題点を客観的かつ公平に評価できなくてはならないからです。

インタビュー結果は一つのテーブルにまとめることができ、ここにはそれぞれについてなすべきことの方向付けがなされていることになります。

■キー・テクノロジーの抽出/解決プロセス

インタビュー・テーブルに記された方針を、何らかの方法をとり、具体的な作業展開で実現できるような形にしなければなりません。

ここでも、機械的に処理できる項目以外は、開発マネージャーがこの任にあたります。書きやすいテーマから始めると、様子がつかめてよいでしょう。

作成条件は、テーマごとに一ページに問題解決手順をわかりやすく表現することです。一ページで記述されていることは、問題をマクロに捉えていることを意味しますし、直感的な理解も助けて、結果的に担当者の想像を膨らませる効果も期待できます。

幾つかのテーマは当初解決困難に見えますが、チームメンバーの意欲と能力を信じて、協力しながら前向きに最善を尽くして解決への道筋をつくることが大切です。もちろん、このようにしても解決案が出てこないような難問に遭遇することもあります。これこそが、全力で立ち向かうべきキー・テクノロジーといえるでしょう。

このような場合、筆者の経験によれば解決への最も有力な進め方は次のようなものです。

まず、問題の解決に必要なデータを逆にリストアップします。これだけでは単なる表ができるだけで、チームメンバーを刺激することができません。そこで、それなりの掘り下げが必要ですが、これらの所要データに関してすべて定性的な特徴を予想して、このような形のグラフを求めよ、としてからチームメンバーに下ろすのです。これは、チームメンバーに挑戦する課題に対する具体的なイメージを与えるとともに、事象をさらに掘り下げる新たな士気と姿勢を芽生えさせるというメリットももたらすようです。

既知の範囲は厳密でなくてはなりませんが、その他の物理パラメターについては、定性的な考察を加えた後、関係グラフを予想して描き、担当者には「これは参考図であるけれども、このようなグラフを作成し、その根拠となる理論あるいは実験結果を導け」と要請するのです。

単なるアクション・リストと比べると、チームの技術活性度がまったく違ってきます。問題を解決するまでに実施すべきことを具体的に理解することで、担当者は空まわりをしなくなりますし、関係者とも的確な意見の交換ができるようになります。

このようにして開発を管理するフォーマットの例を図3-8に示します。

マネージャー側で、すべての技術面においてこのような形で整理せよと示している様子が読み取れると思いま

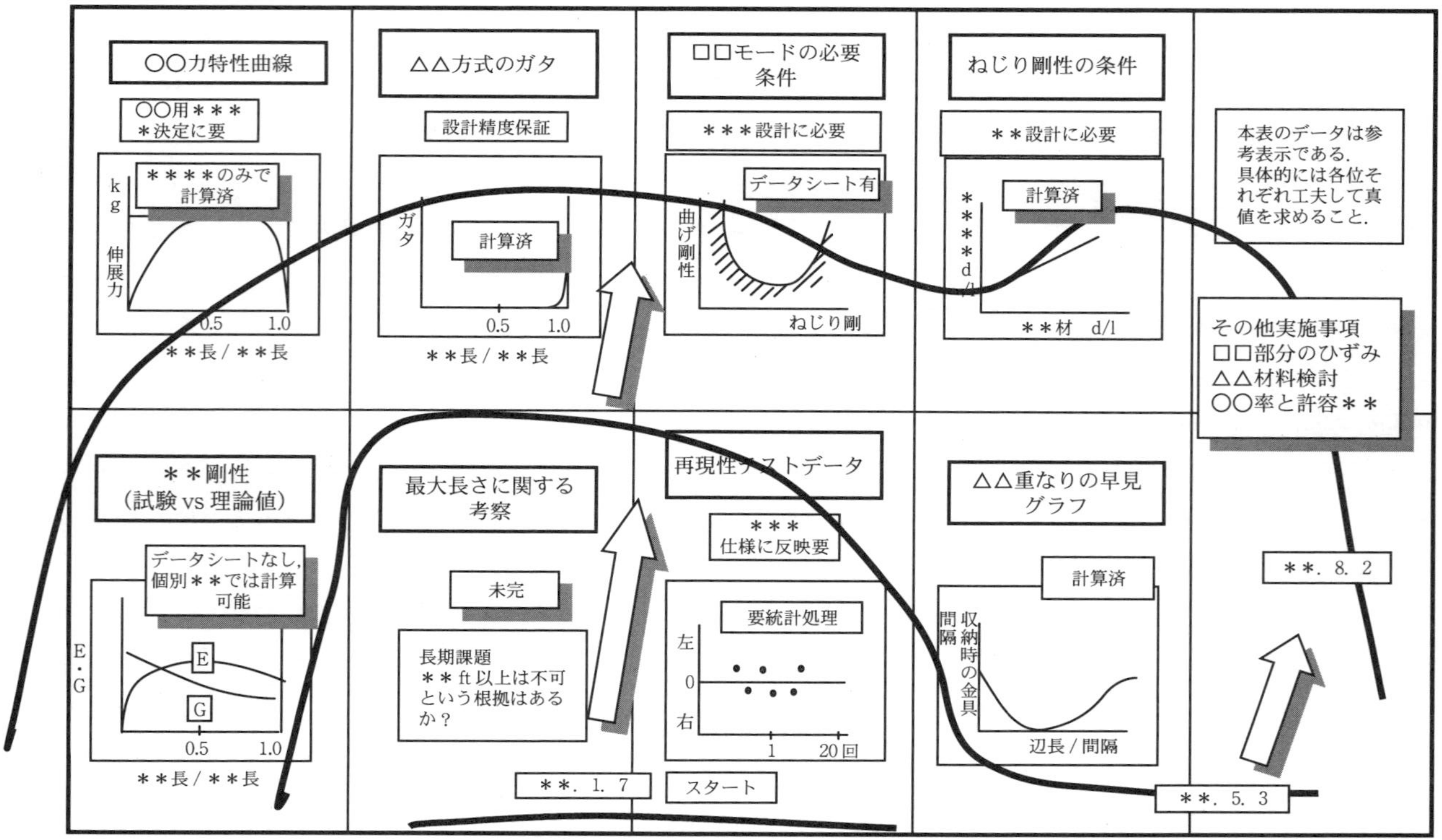

○○力特性曲線
○○用＊＊＊
＊決定に要
＊＊＊＊のみで計算済
kg
伸展力
0.5
1.0
＊＊長／＊＊長
△△方式のガタ
設計精度保証
ガタ
計算済
0.5
1.0
＊＊長／＊＊長
□□モードの必要条件
＊＊＊設計に必要
データシート有
曲げ剛性
ねじり剛
ねじり剛性の条件
＊＊設計に必要
計算済
＊＊＊＊d/l
＊＊材　d/l
本表のデータは参考表示である．
具体的には各位それぞれ工夫して真値を求めること．
その他実施事項
□□部分のひずみ
△△材料検討
○○率と許容＊＊
＊＊剛性
（試験 vs 理論値）
データシートなし，個別＊＊では計算可能
E・G
E
G
0.5
1.0
＊＊長／＊＊長
最大長さに関する考察
未完
長期課題
＊＊ft 以上は不可という根拠はあるか？
＊＊．1．7
再現性テストデータ
＊＊＊
仕様に反映要
要統計処理
左
0
右
1
20回
スタート
△△重なりの早見グラフ
計算済
収納時の金具間隔
辺長／間隔
＊＊．5．3
＊＊．8．2

図 3-8　○○○構造開発手順（案）

す。

定期的に内容のヒアリングを行い、ステータスを等高線のような形で記入します。

なお、開発品によっては別途設計条件を満たせる解析式の導出計画が必要になります。例えば、第二章で述べた形態の安定解析等はその例に相当します。一般に、理論なくしては仕様の変化に対応できず、仮に現在開発中のものがうまくいったとしても、事業の継続性は望めません。

一般に人は、問題解決あるいは全容の把握に際して幾つかの固有のパターンをとる傾向があります。厳密性を重視する人、すべてをコンピュータによって解こうとする人、エネルギー論でバランスの結論をいち早く得ようとする人、一次近似で荒っぽくとも見通しのよい結果を得ようとする人、等々ですが、アクセスの方法を一歩間違えると梃子でも動かない問題が多いことには注意が必要です。問題の性質に応じて適任者をアサインして解決を目指すことが重要と思われます。開発は、なかなか役立たないとされる大学で学んだ解析知識が役立つ数少ないところであることを思い出す価値はあります。

■技術開発計画の策定と推進管理

さて、以上の問題解決のための作業フローができたら、各作業項目を短冊ペーパーに記述し、それらの相互関係を調べます。

まさにKJ法です。無駄な項目は一つもありませんから、KJ法の欠陥（野口悠紀雄『超発想法』講談社、二〇〇〇年：KJ法がまったく無駄な作業を要請する可能性があることを指摘している）による悪影響を受ける心配がありません。前後関係や並列関係が考えているうちに次第にわかってくるだけでなく、考え落ちも思い出すことができます。

これらを開発の流れとしてまとめると、開発計画の全貌を明らかにすることができます。

さて、問題はこれらをどのように活用するかにあります。

開発チームを編成し、チームの主要メンバー全員に開発の主旨ならびに、これまで作成した図表および開発のフローを説明し、残された期間内での完成を各担当に要請します。

まずなすべきことは、細部日程と所要経費の見積もりです。これができると、初期の開発計画ができたことになります。

次は、開発の管理に移ります。個別の問題解決フローの図中に、開発状況と進捗状況を記入させるのです。これで、初期段階の開発の管理も同時にできることになります。

開発マネージャーとして次になすべきは、基本構想書を過不足ない形にまとめることです。

これは、技術的に白紙に近い状況から開発構想をまとめあげるために、実際に筆者がとった一つの方法です。開発対象に適合したせいか、おおむねうまくいきました。成功している技術開発は、前記の考え方と大同小異の進め方をとっているものと思われます。

6　構想をガードするシステム

ガード・システムとは、開発構想ひいてはその先にある製品やシステムまでを含めて外敵から守るシステムを意味します。開発が競争の世界にある限り、守る観点を忘れてはなりません。さて、ガード・システムの検討に移る前に、開発の初期構想ができあがったとして、後はその構想を守るだけで開発がまとまるのかどうかについて念のため考察を加えます。

(1)　生物界を手本とした創造に関わる活動

ここでは、開発を時系列的に整理することを考え直します。すでに本章の初めで、物事を理解するためには時系列的な検討が必須だと述べましたが、時間区間としてどこまで考えればよいかについてはオープンのままです。そこで、創造プロセスを生物的な行為と対応をとって時系列的にサーベイすることにします。

新しい生命を誕生させ育てて一本立ちさせるまでの生物界共通の手順は、ペアリング（配偶）、出生、養育、ガード（守る）のフェーズで成立していると考えられます。

これらは、

①相手を見つけること

②産み出すこと

③守ること

④環境に適応できるレベルにまで育てること

と言い換えることができます。

開発も、無から形をなさせ、それを育てることは生命体と一緒ですから、基本的に同じプロセスが要求されると考えるのが自然です。これを事業につながる開発に対応させて考えると、以下のようになります。

①配偶体を見つけること――狙いの領域（目標）の設定

②新しい生命の誕生――初期構想の策定

③守ること――ライバルの想定とガード・システムの確立

④育てること――初期構想の実体化（基本構想の策定）

ここまでに述べてきた開発の基本ステップは前記①、②に相当します。創造し、創造された生命を一本立ちさせるには、「守る」概念と「育てる」概念が必要になります。以降、これらに対応する開発のステップを論ずることにします。

本章では、次節に③「守ること」を中心に論じ、次章で④「育てること」を別途とりあげます。

(2) 優位を占める基礎条件

「攻撃は最大の防御なり」の観点からいえば、ガードを最も有効ならしめるのは優位性の確保ということになります。優位性の確保を目指して市場に登場することは先端的かつ現代的であり、極めて魅力的なアプローチではありますが、相対的で柔軟な戦略的思考を要求され、詳細かつ正確な考証は本書のレベルを超えます。

本書では、開発あるいは開発構想の成立を脅かすものに対して、いかにそれらをガードすべきかという基本的なところの考察を優先します。

なお、「攻撃」するにせよ「ガード」するにせよ、優位性を確保するためには以下に示される条件を満たしつつ、柔軟に対応することが必要です。時代の進歩とともに変わる「ガード」の姿への対応姿勢として重視すべきことを付記しておきます。

①自分をよく見る
②顧客をよく見る
③環境をよく考える
④独自のものを提案する
⑤ライバルをよく見る
⑥自分をライバルに見せない

(3) ガード・システム

自己をガードするシステムで最も重要と思われるのが、知的所有権の取得です。開発途中で、発明や発見が数多くなされると思いますが、特許の取得は事業化に際して必須のことです。いまや、米国ではＩＴ関連のビジネスモデルまでが特許の対象になっています。

参考までに、より広範な概念である知的所有権の保護に関して、世界貿易機関（WTO）で結ばれた「知的所有権の貿易関連の側面に関する協定」を先進国は一九九六年から履行していますが、二〇〇〇年からは約一二〇か国にその適用国を広げています。コンピュータ・プログラムなどの権利を含んだ知的所有権の保護と相互乗入れを定めたものです。

知的所有権の保護は、投資家の権利を守るというよりは、どちらかといえば企業を守るためのものです。しかし、それらが特許の範囲を飛躍的に拡大させつつ世界的に統一なルール化の動きをしていると見るとき、特許は多少意味合いの異なるグローバル・スタンダードであると考えざるを得ません。

金融ビッグバンに代表される会計や税法だけのグローバル・スタンダードに目を奪われることなく、特許に関連する世界の動向を冷静に観察する必要があると思われます。日常的な世界では、特許取得・維持費が決して少なくはない金額であることに関心が集まりますが、いまは特許侵害にかかる費用が莫大なものになりつつあることを認識する必要があります。日本においても、従来は特許侵害の賠償額が数千万円になれば多いほうだったのが、最近では一〇億円を超えることも少なくないようです。相手が米国となりますと、桁がまた一つ違ってきます。世界の動向と他社の特許を注視しつつ、効率のよい特許取得に努める必要がますます高くなりつつあるといえるでしょう。

特許の経営へのインパクトとその戦略の重要性を理解する専門家の育成が急務で、今後は第一級の技術能力とマネジメント能力を備えた人が特許管理にあたる必要性が高まると思われます。

さて、ガード手段は知的所有権の認められた特許だけで十分ではありません。ビジネスの世界では、ライバルのみならず顧客そのものが敵になる場合もありましょうし、世論が敵になることもあり得ます。場合によっては、味方が敵になることすらあり得ます。これらからガードすることを常に考慮しなければなりません。

例えば、日本では大企業同士の協業はともかく、小さな組織あるいは個人同士の協業は話合いだけで成立する傾向が強いようですが、国際的にはこれらはすべて契約に基づいて処理されることにも留意しなくてはなりません。

最終的には、ルールに基づく契約社会のほうが明快なビジネスを約束するように思われます。友人に対しても主張すべきことを主張し、合意の結果を文書化することをはばかってはならないのです。

また、生産に関わる世界では製品を何から守るかも考えておく必要があります。一般には、品質保証システムを構築することで、ガードは実現されます。この場合には、工程中の汚れや工員の不注意から製品を守ることになります。また、工場の運営に関しては天変地異からのガードも考える必要があるでしょう。さらには、顧客に対して、製品品質が確保されていることを立証する義務が付せられることもあります。

欧米諸国では、このガード・システムが極めてドライにビジネスと直結して機能するようになっています。関連した法律がどうなっているか、世界の流れがどのようになっているかについても常に目を開いている必要があります（小中信幸・仲谷栄一郎『国際法務のノウハウ』ぎょうせい、一九九二年）。

ガードそのものをさらに掘り下げてゆくと、戦略の読めないライバルとの競争のあり方や顧客の意識操作にまで入り込んでいかざるを得ないのでしょうが、本書はマーケティングや戦略を主題にするものではないので、そこまでは踏み込みません。

代表的なガード・システムとして以下のものが考えられます。

①知的所有権（特許）
②ＰＬ対策
③品質保証システム
④協働あるいは売買に関する契約・合意文書

これらについては、専門家の参加を求めて、抜けのないように対処しなければなりません。

なお、ＩＳＯ‐９００１シリーズでは、顧客中心の品質保証システムが提案されています。顧客中心の経営を展開する場合には、有効に機能し得る（松尾茂樹『ＩＳＯで会社はこんなに変われる！』東洋経済新報社、一九九九年）ことや、この品質保証システムが短期間で世界標準になりつつあることに注目すべきです。

ところで、ガード・システムの最後にリストアップした「協働あるいは売買に関する契約・合意文書」ですが、これは本来、最初にリストアップすべき重要性をもつものです。「契約こそがガード・システムの原点である」ということができるほど重要な条項です。

開発に関連した契約で最も身近なのは共同開発契約でしょう。ＩＴ革命は、いままで以上に異種企業間の共同開発を促進させるでしょうが、このときには作業にゴーをかける前に関係する機関、企業の間で、開発協業に関わる契約が交わされなくてはなりませんし、機密の漏洩に対する保護規約も定めなければなりません。もちろん、契約の前段階として合意文書があり得ます。

一定の文化にカバーされ、場所が変わっても同種の価値判断が得られる世界では、阿吽《あうん》の呼吸で仕事をするほうが効率がよいのは明らかです。しかし、それでも問題が発生すると、取決めがありませんから、適用性に限界があります。グローバルな観点でいえば、基本的なところは文書に基づくことになります。

特に国を越えた完全な異業種同士の共同開発になると、それぞれ立脚する文化が異なるわけですから、整合性を入念に図るべきです（高後元彦『国際ビジネス紛争』三省堂、一九九七年）。日本または業界では常識として通用する判断が、異業種や海外では通用しません。文化基準の異なる世界をつなぐことができるのは、唯一、契約あるいは合意文書です。

日常行為において性善説をとるのは基本的に人の活性力を増すことだと思いますが、契約に関して性善説をとるのは疑問です。できるだけ意地悪くかつ客観的に物事を考え、対策を講じておくことが必要です。

契約には論理的思考が必要ですが、条文案から漏れを見つけることは難しい作業です。問題が複雑で専門的な場合には、契約書作成にあたって信頼できる弁護士の協力が必須でしょう。

弁護士に相談するにしても、視界と論点を明確にしなければ弁護士としても明快な対応はとれませんし、誤った判断を下す可能性があります。契約原案のレビューにあたっては、第四章で紹介するレビュード・デンドログラムやハザード解析手法などは、契約原案を開発構想と同じだと考えれば有効に活用できると考えられます。

7　初期構想の経済性評価とリスクの局限

開発の成否を決める経済性の評価が重要であることは明らかです。開発の初期構想がおおむね定まった時点で、経済性の成立が評価されなくてはなりません。あくまで経済価値を創出するのが開発の本来の目的なのです。本節では、官公庁・企業向けと一般消費者向けの開発に区分して、技術者であっても知っておくべき常識的事項について解説します。

(1)　官公庁・企業向けの開発（見積もりと開発のポートフォリオ）

官公庁・企業向けの開発の場合には、顧客の予算を確保することで成立するわけですから、初期構想段階で開発費を見積もる必要があります。この見積もり額は開発予算の出発点になり、簡単には動かせませんので、開発の成否を左右するほど重要になります。

費用の見積もり法は、なすべきことさえ決まれば各企業または組織に蓄積された計算法がありますので、それに従って計算しますが、現実問題としては細部の作業リストが完成していないと見積もりが困難であることが多いようです。

そこで、概算見積もりを実施することになりますが、この作業はかなり難航します。一般に新しい開発品は、開発者と顧客共に経験がないので、実績をもとにした開発費の評価が困難です。類似実績を強引に参考にするか、輸入品を参考にする以外に、この段階では方法がありません。

見積もり精度の評価は、重要なリスク・マネジメントの一つであり、開発ディレクターあるいはトップの頭を悩ませるところです。

開発者側としては、高すぎて仕事をとれない悩みと、安すぎてその責任を赤字として業者が負担せざるを得ないという心配がありますし、顧客の予算担当者としても前例のない提案における付加価値を顧客トップに十分な説明をすることが困難なので、許容価格を低めに設定せざるを得ない事情も問題を複雑にします。

その意味では基本構想が固まる段階まで提案を待つのが、開発費用の積算も正確を期せますし、顧客に対する開発品のメリット説明も十分できるはずですから、本来的ではあるわけです。多分、それが顧客ならびに開発者共に最もロスの少ない方法であろうと思います。

もっとも、このような理想主義的な仕事の進め方に関わっていては仕事がとれませんので、開発者は長期的観点で開発の効率を上げてアイディアを速やかに基本構想にまでまとめあげてから提案するような体質を身につける見識が要求されます。

以下に、初期構想の段階で見積もりを提出せざるを得ない状況での対処方策案を考えてみます。

見積もりは、初期の開発構想と並べて、その根拠とともに明らかにしておくことが必要です。初期構想すらないのに見積もりが先行する場合がありますが、許容されるべきではありません。そのためにも、開発の初期構想をきっちりと仕上げることが大切なのです。開発ディレクターは責任をもってこの見積もりを評価しなければなりませんし、開発の担当者はいかなる理由があろうとも、独断で見積もりを提出してはなりません。初期構想を具体的に設計する方法については、第四章に詳しく述べるつもりです。

関係者は知恵を尽くして、正確な見積もりに努力しなくてはなりませんが、より重要なことは、再見積もりの機会に最新の開発ステータスを盛り込むことでしょう。何回か見積もりをする機会があっても、最初の見積もり以降は担当者による環境変化分の処理のみが機械的になされるだけで、開発品の本質的な状況変化に対応していなかったという例をよく耳にします。

予算措置の初期段階では、顧客側もある程度の調整がきくはずですが、時期を失すると予算見直しの機会は激減します。

一方、見積もりに並行して開発ディレクターあるいはトップは、経営の観点からの開発品のコストダウン方策を常に考える必要があります。コストダウンに成功すれば、見積もり誤差によるリスクはその分小さくなるからです。

経営状況によっては対象開発の遂行に関してアウトソーシング等のコストダウンの方法がとれない場合がありますが、一律に杓子定規の損益計算で開発活動を拘束することは、事業の将来の芽を摘むことになりかねませんから注意が必要です。その意味で、少なくとも開発ディレクターは「管理会計」上の問題点（小宮一慶「戦略経営の為の管理会計入門」東洋経済新報社、ロバート・S・キャプラン、ロビン・クーパー著、櫻井通晴訳『コスト戦略と業績管理の統合システム』ダイヤモンド社、一九九八年）や、財務会計に要求される「全部原価計算法」や原価管理に有用とされている「標準原価計算法」、さらには損益予測に有用とされている「直接原価計算法」等（黒沢清・山田不二男『工業簿記教科書』一橋出版、一九九五年　加登豊・山本浩二『原価計算の知識』日本経済新聞社、一九九六年）の違いに関して一通りの知識をもち、誤りのないように適宜活用する必要があります。

さて、見積もりの精度がよくない時点で開発の受注に応ずることは、一種のリスクを負うことになります。このほかにも、開発にはあらゆるところでリスクが顔を出します。リスクをいかにマネージするかが開発の成否の鍵を握っているともいえるでしょう。

以下は、リスクを低減するための顧客との調整のあり方と確率的な対処方策についての考察です。

リスクを減らすには、以下の二通りしか考えられません。

一つは、顧客との調整によって開発を時間的に幾つかのステップに分け、いつでも中止できるようにすることです。失敗しても、そのステップまでの投資の失敗ですますことができるというメリットがあります。

二つ目の方法は、幾つかの開発を組み合せて最善の期待効果を最小のリスクで達成するポートフォリオ選択（津野義道『ポートフォリオ選択論入門』共立出版、一九九一年）を採用する方法です。この場合には、手持ち開発資金を、定量化された開発の期待効果とリスクから計算で求められる最良の組合せ比率で配分することになります。

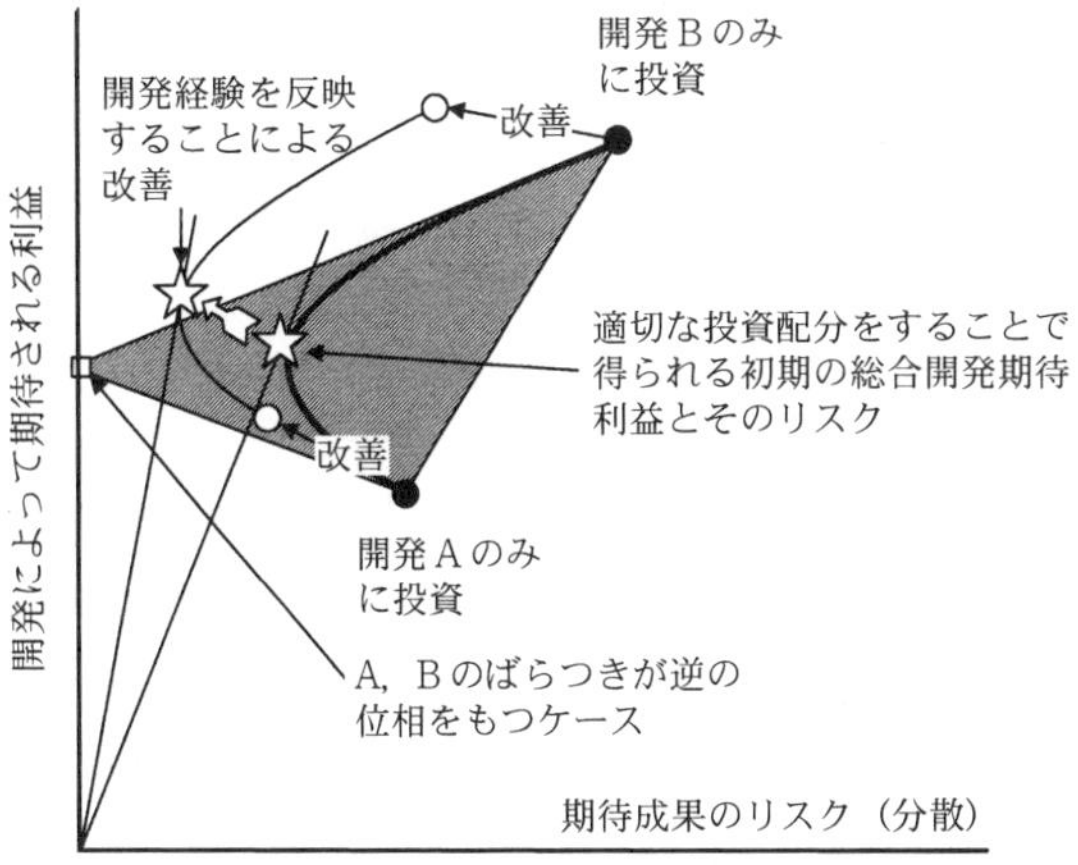

図 3–9　開発のポートフォリオ

ここで、リスクとは期待効果のばらつきを分散（n回の試みでn個のデータを得たとすると、各データの平均値からの差の二乗平均値）というパラメーターで表したものとします。

通常企業は常に幾つかの開発を抱えていますから、期待効果とリスクが合理的に定義できれば、証券の世界で使用されるポートフォリオ選択法がそのまま適用できることになります。期待効果は開発提案者による利益目論見で定量化できます。問題はリスクの算定ということになります。

リスクを正確に評価することは困難ですが、開発の経験を積み重ねたり、時間経過に応じた見直しを加えたりすることで、期待効果の変化が評価でき、リスクすなわち誤差を小さくすることはできそうです。

投資と異なり、開発の場合には経験をフィードバックすることによって、期待効果の再評価をすることやリスクを改善できる可能性があるのです。また、二つの開発同士のリスク相関(より厳密にいうと、共分散をできるだけマイナス一に近づけること)を逆にもってゆくことで、総合的なリスクを大幅に下げる可能性も考えられます。二つの開発A、Bに投資を振り分けたときの総合的に期待し得る開発成果とリスクの関係のイメージを、図3-9に示します。

(2) 一般消費者向けの開発（値付けと流通費用）

消費者向けの開発においても、幾つかの開発を並行に実施できるならば、そしてそれぞれの期待効果とリスクが定量化できるならば、ポートフォリオ戦略を採用すべきでしょう。ただし、この場合には顧客の気持ちの変化が最大のリスク要因になりますから、官公庁・企業向けの開発とは性格が異なることに注意が必要です。

さて、ここで消費者向けの開発に特徴的な値付けの問題について考察を加えたいと思います。このケースは、顧客との直接的なネゴができない代わりに自由度があり、したがって設定利益にもかなりの幅があるという特徴があります。

値付けそのものは、マーケットや販売戦略に関わる話であり、本書の範疇外になるので専門書あるいは専門家に任せることにして、ここでは開発関係者全員が理解し、実施すべき基本的な事柄についてのみ考察を加えます。巻末の「付録」で詳しく説明しますが、消費者は得られる満足度の見返りとして支払うべき代価に対して、幾つかの予算設定区分を暗黙のうちに定めるであろうと考えられます。

実用品の場合には、同種の代替品価格が開発品の商品価格設定に対する一つの目安になりますし、嗜好品の場合には経済状態にもよりますが、対象とする顧客層の数と収入が一つの目安になりましょう。また、嗜好品の場合には顧客が開発品を購入し、それを使うことに没頭すると思われる量・質の程度と、彼らがそれをもってどの程度喜びを共有するかを予測することで、上限価格をイメージできると思います。

開発関係者は常に顧客の定める上限価格を頭に入れて、開発を遂行しレビューする必要があります。一般消費者向け開発では、価格設定を含めて開発ディレクターまたはマネージャーに進言できる雰囲気が開発チームに必要だと思います。

官公庁・企業向けの複雑で大きなシステムの開発では原価計算の専門家の見積もりが必要ですが、部品点数の少ない消費者向けの開発品においては、原価の計算は専門家でなくともある程度の精度をもって行えるはずですから、開発関係者がその概要を知ることは決して無理ではありません。

上限価格に対応して、開発品の性能やコスト目標の達成が急激に困難さを増すのはどのあたりにあるか、また開発品を構成する基幹要素についてユーザーにとって利便性のより高い代替案がないかなどを考えることが、開発トータルの経済性の確保に関連して大切になってきます。

無理なチャレンジは開発コストの跳ね上がりを招き、開発期間の延長を招きます。また、市場に出すことには成功しても、利便性を無視した先進性はインフラ整備の遅れに基づく経済性の減少を招きかねません。既製品ユーザー対象の開発とは若干異なりますが、磁気浮上式電車の浮上高さを何センチにすべきかなどは、このレビューすべきアイテムに該当すると思われます。

ここで、消費者を対象とした製品を市場に投入する段階で発生する費用を確認しておきたいと思います。

既製品の開発においては生産設備などへの投資が付随するのが通常です。試作品が成功しただけでは、市場に投入することはできません。量に応じた生産体制の確保が必要です。

販売価格には、この投下資金の回収分が含まれている必要もありますし、資金の生み出す利息分も償却費に繰り込まれる必要があります。

ここで重要なのが、どのような流通経路を通じて開発品を販売するかということです。流通チャンネルをもたないメーカーは、販売および物流を特定の業者に委託せざるを得ません。この場合、全国的に販売を行おうとするときに要する流通費用は、製品の内容等にもよりますが、おおむねメーカーの卸価格の一～二倍といわれているようです。

流通費用の正確な把握は困難で、統計的には販売価格の四〇％を割るデータもあるようですが（鈴木安昭・関根孝・矢作敏行編『マテリアル　流通と商業　第二版』有斐閣、一九九七年）、宣伝費を含むかどうかだけでも大きく異なってきますし、開発品の責任をどこがとるかによっても変わってきます。製造業者は設計以降生産まですべてを行い、販売に至るそれ以外のすべての費用を流通費とすると、前記の一〜二倍かかるようです。

開発と同時に、流通をいかにするか、流通費用そのものをいかに下げるかについての検討も進められなければなりません。

最近は、インターネットと独自の物流システムを利用・開発することで、流通マージンを下げて大幅な価格ダウンに成功している例もあるようですから、開発に際しては流通システムの考え方を最初から構想に組み込む必要があります。

第四章●開発構想の設計

1　はじめに

本章で取り扱う範囲は、初期構想ができあがった時点から、それを実体化するのに十分な形、すなわち設計に移行できる程度までにリファインし、基本構想として確定するまでの仕上げ段階です。

前章までの手続きを経ると、初期構想はイメージとしては確定することになりますが、世に出しても大丈夫であるところまでの育成手続きは踏んでいません。世に出すためには、レビューを加えつつリファインを進め、そのまま設計図面を起こせる程度にまで実体的な構想を固める必要があります。

本書では、「実体化」に現実の世界で通用するものをつくりあげるという意味をもたせていますから、われわれがもつ実体化の手段である図面化作業に近い局面でレビューが行われることになります。創造性というよりも、ある程度パターン化した技法を使いこなした漏れのない設計のチェックが基本ですから、必然的に本章の核は設計の本質を支える技術と、レビューとリファインに関する技法になります。これらを総括して開発構想の設計ということにします。

現実は厳しく、細部の手違いから致命的な不具合を起こすこともあるので、構想設定における仕上げの段階を軽視することはできません。レビューにおいては現実の厳しい環境を机上で再現することが要求され、リファインにおいては現場のもつ深い知識を適切に設計に反映させることになります。特に実体化に向けてのリファインの背景・重要性は、第二章**3**で引用したファーガソンの著書（E・S・ファーガソン著、藤原良樹・砂田久吉訳『技術屋（エンジニア）の心眼』平凡社、一九九五年）に詳しく記述されています。

いずれにしても、初期構想をつくりあげるまでとは異なった観点で総合的にレビューを加えなくてはなりません。

もっとも、より具体的なレベルでのレビューやリファインであるにせよ、効率よく抜けのないものであることが望まれます。創意が要求されるといってもよいでしょう。本書では、創造の基本プロセスの一つと考えられる整・流・転・成を下敷きにして、それぞれのケースについてレビューやリファインの考察を進めるつもりです。創造との違いは、すべての「流れ」を確認すべきことと、「転」の部分がレビューを旨とした発想であるべきこと、のように思います。

なお、第二章における「創造の標準プロセス」の項で述べたように、レビュー経験の蓄積と整理は、それを発想転換のガイドラインとしても活用できる可能性があります。すなわち、レビューは開発のなかの単なる一つのプロセスでなく、開発全体と深く関わり合っているものと考えられます。実用化に際してレビューの基準は、動かしようのない真理だけで記述されるわけではありません。その時代環境（技術と人の心）の常識とされているようなものも数多く含みます。時代環境を反映している部分を意図的に動かしてみることが、全体の成立性を大きく崩さず、なおかつ常識を打ち破っている開発構想を生み出すうえでの、つまり「転」に関わる重要なヒントを与えてくれると思います。そのような観点で本章を読み進められ、読者なりに内容をさらにリファインされることを期待しています。

(1)　レビューとリファインによる実体化

開発対象が投入されるべき現実の環境は、工業の進歩に伴う現代インフラストラクチャーは別にして、自然や人と直接関わるところでは古来から変わっているわけではありません。しかし、自然の物理法則に従いつつ、自己を成立させることだけでも決して容易ではありません。レビューが極めて多様でかつ多岐にわたるべきであることは間違いありません。

特に実用品として提供される場合には、顧客に対してそれほど使用法に制約をつけられませんから、人とのインターフェースという面でも十分なレビューが行われる必要があります。

ところで、多様・多岐な項目を網羅できるのは表だけですから、自ずとレビューの基本は表を用いることになります。同時に、基本構想が図面に近い位置付けであることを考えると、図そのもののレビューも欠かすことができません。

すでに、第二章で開発をまとめる基本ツールは図と表であると述べましたが、実体化へのレビューにおいては特に図と表を中心にすべきです。

実体化の段階では、開発対象をこれらのツールを用いて現実への適合という困難な制約を満たしつつ目的の性能・機能を発揮するようにまとめあげること、すなわち構想に対する現実世界への適合性の付与を試みることになります。

(2) レビューの基本ツール（図・表のあるべき姿）

第二章で述べたように、「ツリー・表（マトリックス）・矢印と連想による組合せ」をレビューとリファインのための基本ツールとします。

最近は、パソコンとソフトの進歩により図と表が簡単に作成でき、以前に比べ作業効率が大幅に向上していることは幸いです。

また第二章では、表の特性として一覧性を強調しましたが、ここでは別の観点、すなわち「表は構造を表しやすく（整）、矢印は（流れ）を与えるので、表に矢印を加えることで構造のなかに思考の（流れ）を生み出すこと」をもう一つの特性として注目し、レビューへの活用を図ることにします。

流れを許容する表形式に対語、比喩、乱想等の発想法を組み込めると「転」に相当するレビューが容易になるはずですから、そこにレビュー対象の各機能の出入りやつながりを管理できる様式を工夫・追加することで、内部に潜む問題点や解決策を摘出・提起する可能性を高めることができます。

一連のレビュー・マトリックスとツリーで生産現場用の図と表（スペックを含む）を確定できるところまでいけば、構想のインテグレーションはおおむねクリアーされたことになります（成）。

レビューとリファインに関わる幾つかの技法は、**2**以降で詳しくとりあげます。

(3)　レビューの要点（仕様の管理と開発品への感覚移入）

レビューは、図と表を用いさえすればできるわけではありません。

レビュー対象に対して、どのように迫るべきかについてもある程度整理しておく必要があります。

レビューにおいては構想を客観的に見なくてはなりませんから、ある意味では距離をおいた見方が必要です。しかし、一方で開発対象内部にある各機能の作用にまで思いが及ばなくてはならないわけですから、開発対象の内部にまで入り込んだ発想も必要です。

開発対象を外から見ることと内部から見ることを、交互または並行に行う必要があります。これらの条件をもう少し分析しましょう。

外部から開発対象を客観的に見るためには、仕様を明らかにすることと、仕様の変化に対する開発対象の変化のあり方を評価することが必要です。仕様こそ外部と開発対象をつなぐ唯一の表現ですし、その変遷経緯において客観性を失ってはなりません。仕様管理は必須ということになります。「整」プロセスの重要な部分といえるでしょう。

一方、開発対象自体が問題なく機能するかどうかを評価することは、細部の構造や機能が確定し計算が出揃う前の段階ですから、難しいところがあります。

優れた現存モデルを想定し、それと比較するしか方法がないように思います。その場合には、類似の現存モデルへの負荷に対してモデルの示す問題点をチェックしていくことになります。

ところで、あらゆる機能や構造を兼ね備えたモデルとして人体があげられます。

人体は、地上で最も身近な優れたシステムであり、機能品であり、かつ構造でもあります。この働きの不可思議さを完全に理解することは無理にしても、自分に何ができるか、そして限界がどの程度なのかは誰にでもわかります。他方、人体は環境の変化に極めて弱い性質をもちます。身を守りつつ機能を発揮するために衣服や靴などがありますが、これらを含めたうえで、自分の身体であれば環境や負荷に対する感覚を敏感にキャッチすることが可能です。人体の優れた性質と弱点の組合せは、レビュー用のシミュレーション・モデルとして最適に思えます。

自己の身体と開発対象との間に機能・構造上の関係をつける等置作業ができるならば、人体のもつ弱点がクリアーできているかどうかを感覚的に評価することによって、速やかなレビューが実施できる可能性があります。感情移入によって対象を理解するのでなく、感覚移入によって対象を直接的に理解する感覚移入法といえます。

等置のイメージが湧きさえすれば、開発対象品が機能を発揮するにあたって無理していないか痛さや寒さ感覚で評価するだけですから、多くの人は開発対象に対して的確なチェック項目を増やせるでしょう。「流」や「転」をつくる大きなきっかけになり得ます。

等置には多少の慣れが必要です。ここでは、靴下と開発対象を関連付けることによる素材設計のレビュー例を説明します。

靴下は、皮膚への外部環境の直接的な影響を避けるために考えられたと思いますが、その効果が絶大なことは誰でも実感できます。現実の世界では、実に多くのところで材料に靴下を履かせることに相当する処理が行われています。包装、塗装、メッキはもちろん、塗装の前段階の表面処理もその例でしょう。少し発想を飛躍させれば、潤滑油なども材料の靴下に相当すると考えることができそうです。

ある素材をある目的のために使用する計画があったとします。このときには、素材はどんな靴下を履いているか、と考えることはレビューの第一歩になります。靴下と素材との親和性や靴下の外部環境に対する防護能力を、擦り切れないか、痛くないか、冷たくないか、蒸れないか、滑らないか、等々の観点から評価してゆくのです。こんな単純なレビューでも、かなりのところまで問題を掘り下げることができます。

より直接的に、開発対象を自分の手足あるいは関節などに割り振ることも考えられます。人の手先は極めて多様なことができますが、温度に弱いし、ある程度以上の力も出せません。関節も逆方向には動かせません。開発対象と類似の部分に置き換えることができると、これら弱点を感覚として察知できるわけです。

さて、ここに示した感覚移入法は感情を移入するのではありませんから、開発対象に取り込まれてしまうという危険性がありません。レビューにおいては常に客観的立場を失ってはなりません。優れた発想をもつ人でも感覚移入でなく感情を移入してしまい、客観性を失って安易に顧客の要望を受け入れてしまうことがあるようです。実体化の段階では感情移入は禁物です。

開発品の特性によっては、自分を変身（例えば鳥に）させて、それを開発対象品に見立てるほうが、レビューを正確に行える可能性もあります。レビュアーの工夫が期待されるところです。

感覚移入法のメリットの一つは、通常はイメージすることの難しい、初期構想段階の開発品がもつ弱点を自己の痛み等の感覚として把握できる可能性があることです。これによって、構想段階におけるレビューの効率は格段に上がります。単に技術の常識に従ったレビューでは、不確定なところが多いために漏れてしまう問題点がふるいにかかるようになります。この意味で、スポーツをたしなみ身体のメカニズムを考えることは、よいレビューをするうえで有意義です。

なお、感覚移入法は簡単ですから、何度でも異なった視点に立って繰り返すことができます。その結果のメリットとして、レビュー能力あるいは設計能力向上への寄与が考えられます。レビュー・プロセスを繰り返すことが、体系的な設計知識や設計能力を向上させることには疑いがありません。

以上述べてきたレビューの考え方は、開発構想の空間的位置付けに関する妥当性評価には適していますが、時間的位置付けについては一貫したフォローができません。

別途、時間的経過を追って構想開発プロセスの健全性をレビューする必要があります。巻末の「付録」に、構想レビューにおけるプロセスの健全性に関わる具体的なチェックリスト例を掲げています。

2　仕様の健全性管理（客観性保持の要）

前節では、客観性を保持するために開発対象の変化の様子をレビューすることが必要だと述べました。

主に官公庁・企業向けの開発が対象になりますが、本節では仕様管理の重要な理由を述べ、次いでレビュー用として客観性の保持のみでなく実務上もメリットをもち得るように工夫された仕様変遷管理シートについて説明し、最後に、特にユニークな開発構想に示される仕様のレビューに際して有用と考えられる技術方法論を記します。

(1)　仕様管理の必要性

仕様は開発途中で変わるものですが、それは管理されなければなりません。仕様が変わるつどまたは不具合が発生するつど、経済性の成立を含めて仕様全体の整合性がチェックされなくてはなりません。理由は以下のとおりです。

受注開発の場合、顧客窓口と開発側担当者との間で共通のテーマをもとに次第に話が膨らみ予算化の道がついていくのが一般的ですが、開発が顧客の了承を得られるまでに紆余曲折があるのも普通です。この間、顧客窓口としても検討不足ゆえの見直しや上部組織からの変更指示があるでしょうし、すべてを筋道立てて運ぶわけにもいきません。時には無理な要求もあり得ます。

一方、開発側の担当者としては、顧客に開発を受け入れてもらうためには顧客の示す仕様をイエスとして受け入れるのが一番ですが、開発仕様中の難所が理解できていないと、隠れたキズとして後で問題になり得ます。その他、人と人の間の調整ですから、表に出ない駆け引きがあるかもしれません。

いずれにせよ、開発が顧客に了承されたときに無理な仕様を受け入れてしまうことは、通常開発者側の負担となって跳ね返ってきます。

このような観点から、開発者側は仕様を管理しなければならないのです。

不合理なところは書類で抗議しなければなりません。抗議しても手遅れになるのは、責任あるレビューを経る前に開発を実質的に始動させていることに起因しがちなので、開発者側としてはそのようなことがないよう開発担当者に周知徹底しなければなりません。

(2)　仕様変遷管理シート

仕様変遷管理シートと名付けた管理シートの要点を記したものを図4-1に示します。実際の記入フォーマットは工夫を要しますが、基本的な管理シートの基本構成は以下のとおりで、

・類似実績品との形態、価格、コスト、開発日程の比較
・受注価格、予定原価
・重要仕様の変遷記録

等を記入するようになっています。

基本的には細部の記述を廃し、マネージャー以上が開発の現況を把握するのに適した記録を目指します。大半

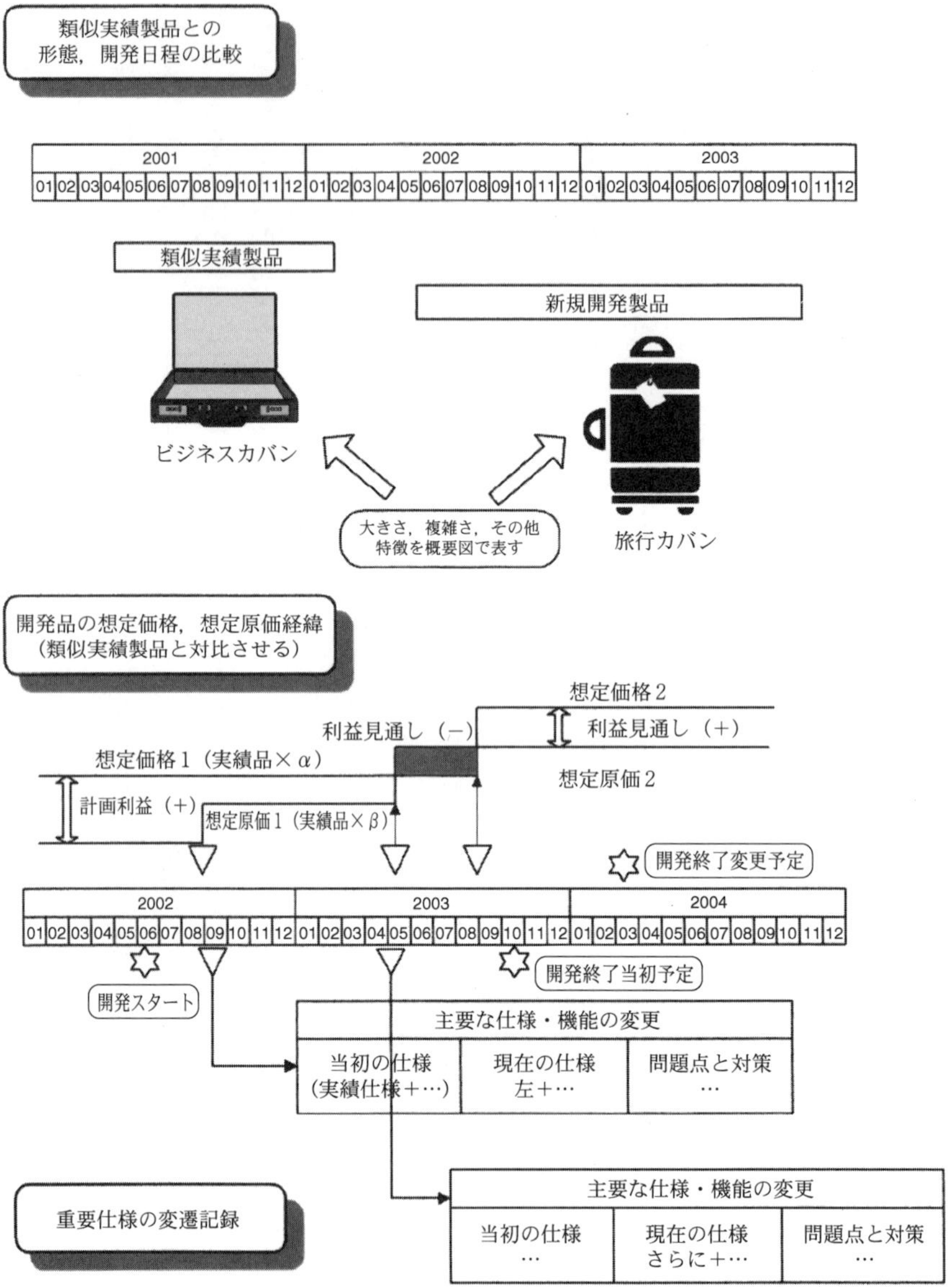

図 4-1　仕様変遷管理シートの要点

の開発では類似の実績を見つけることができますから、常にその実績が比較の基準になります。

記入頻度はプロジェクトによりますが、マネージャーの負担を考えると、全体で五～六回書き改めるペースがよいでしょう。

このシートに従って、開発マネージャーが時間経過とともに仕様の変遷状況を記入し、問題のつど対策を講じます。このシートを作成するのにある程度の手間はかかりますが、マネージャーにバランス感覚と本シート活用の意志があると大きなメリットを生み出します。

以下に、考えられるメリットとその背景を、使用上の注意点と併せて説明します。

受注開発作業において開発に長期を要する場合には、顧客側担当者または受注側担当者の配転等で開発品の有機的な仕様の詰めに齟齬《そご》をきたすことがよくあります。仕様の設定に長期を要する場合には、内部的に一貫した形で全体としてまとめられることは少ないのが通例です。これを放置することが開発管理上好ましくないのは明らかですが、確立されたチェック様式がない限り、現実には仕様調整段階の進捗状況をチェックするのは困難です。

仕様変遷管理シートはこの問題を解決するために工夫されたものです。本シートを用いて全体を見通すことができ、注意力のある開発マネージャーならば、通常ならそのまま通り過ぎてしまう致命的な仕様の変更や設計変更を指摘することが可能になります。ディレクターにしても、開発の進捗状況を短時間で把握することが可能になります。

もちろん、本シートも万能ではありません。担当者が本シートの意義を理解せず形式的に記入すると、シートはその瞬間、紙屑に転じます。このような場合、シートの作成は資源と時間のロス以外の何物でもなくなります。

これは、開発マネージャーが全体の整合性・成立性を考えながら記入すべきなのです。仕様変遷管理シートは製造記録でも品質記録でもありません。仕様と現実との整合がとられ続けているかどうかを評価し、対策をとるための記録ですから、単なる数値の変更記録にしないという認識が必要です。

(3) 仕様の干渉に関するマクロ・レビュー

ここでは、必ずしも専門家でない人が開発対象の構想のレビューをする立場にあるか、または構想そのものが類例のないほどユニークであるケースから考えたいと思います。ただし、レビュアーが全般的な技術知識のあるスタッフをもつという前提は必要です。このような立場の人が、いかなる方法で、いかなる観点から構想をマクロにレビューすべきかについて、一連の手順を記します。

なお、文中で使われている数値は仮説的なものですから、開発の分野や技術革新の潮流にのっているかどうかで大きく異なる可能性はあります。

最初にすべきことは、開発対象がマクロに見てどのような特徴をもっているかを評価することでしょう。

仕様とは、使用する側から見て独立した特性を列挙したものです。例えば、乗り物すなわちビークルでは、性能が高いことと乗り心地がよいことはユーザーから見ると別ですから、それぞれ別途に目標値が定められます。一方、それら仕様を盛り込むビークルは一つですから、すべての要求をそのまま飲むわけにはいきません。性能を高めようとすると、乗り心地は悪くなってしまいます。これを「仕様の干渉」とします。特定の領域で仕様の極限を追求すると、必ず他の仕様に干渉を生ずるといってよいでしょう。技術的に確立されている世界ならば、これらを巧みにバランスさせることは設計の妙味であり、設計者の喜びでもあり、結果が技術の蓄積になるわけです。

ところで、この干渉の程度は開発品の分野によって大きく異なります。一般に静的なものよりも動くもののほうが仕様の干渉を生じやすいし、航空機のように連続した流体中を三次元で動くものは自分自身の動きと流体の動きを常にバランスさせなければなりませんから、設計の難度は静的なものより高くなり、自由度は少なくなってきます。もちろん、航空機や船舶等のように高度の設計技術を要求されるものは、大学、研究所さらに企業が日夜このような問題の解決に取り組んでいますし、専門家もいますから、仕様の干渉が表沙汰になることはほとんどありません。

問題は、一見起きそうもないところに干渉が発生するケースです。実績のない世界では、不具合が起きてもやむなしといえなくもありませんが、できれば問題を予見して事前に対策を講じたいものです。

ある破天荒な開発計画があるとします。この計画にほとんど実績がない場合、実現性の評価は事前にはかなり困難です。このような場合、実現できるかどうかをどう判断するか、という問題を考えてみましょう。かなり荒っぽいですが、対象によっては有効な方法が考えられます。

それは、以下のように定義される仕様達成の難易度指標を用いて、それがどの程度の難しさをもつものかを評価する方法です。

〈**定義**〉ある製品がN個の特徴ある仕様をもっているとする。i番目の仕様が既知の製品の$A(i)$倍の性能を予定しているとする。このとき、

$$A(1)\times A(2)\times\cdots\cdots A(N)=D_i \qquad (D_i: \text{Difficulty index、難易度指標})$$

を仕様達成の総合難易度指標といいます。

さて、「いかに優れた開発構想も実現可能なD_iに上限をもつ」という仮説をレビュアーがもつとします。D_iの上限値は分野の技術成熟度によって異なるもので、個別専門家の評価によって策定すべきですが、とりあえず航空機等の成熟している先端分野で一・五程度、コンピュータ等のブレーク・スルーの続いているドッグイヤー（犬の世界では、一年が人の七年に相当するといわれるほど時間の進みが速い）の世界で一〇程度が限界であると認識しておくことにします。

この場合には、例えば旅客機ならば、速度を五％アップ、燃費を一〇％アップ、旅客数を三〇％アップしよう

とするとD_iは約一・五になりますから、一挙に達成するのはかなり困難で、限界に近い目標であることを意味してきます。つまり、このような仕様指標をもつ開発は、用心してかかるべきことを、マクロな観点からほとんど素人の人にも困難さの程度とともに教えてくれます。

D_iの上限値が成熟した技術領域では低い値を示し、技術革新度の高い分野で高い値を示すことはいうまでもありませんが、それはとりもなおさず時代によってある程度変化するものです。

例えば、技術の成熟度の高い機械系の技術分野でD_iが二であることは異例中の異例と考えられます。したがって、実績のない分野で、しかも機械系でD_iが二を超す性能を目標にするような場合には、技術の成熟度からいっても異例ですから、計画には慎重にあたる必要があることがわかります。

レビュアーとして留意すべきは、提案のなされている技術領域でのD_iの上限値と、提案構想を実現すべき理論あるいは技術は何であるかを常に意識すること、となります。

なお、破天荒な構想のなかには、例えば空飛ぶ自動車のように二つの独立した製品を一つにまとめて、それぞれの特性を同時に発揮させるような両棲構想があります。

このようなケースでは「単純な組合せ製品の場合には、パワーや素材の向上に革命がない限り、おのおのの性能を独立した製品の性能に対する比率で表すとすると、その和は一を超えない」という限界仮説を適用するのが現実的と思われます。

空飛ぶ自動車に適用すると次のようになります。飛行機として四分の三の性能を発揮させようとすると、自動車としては四分の一、つまり使い物にならない性能しか発揮できません。

これらの仮説の厳密な考証や修正は後代の研究者に任せるとして、もっともに聞こえるけれど、どこかに抜けのありそうな計画や、夢のような計画を判断する指標としてはかなり便利なので紹介しました。

さて、既存技術や過去の実績の延長線上にある正統的な開発の評価に考察を移します。このような場合には、

第三章で述べたデータシートを活用することが構想の実現性に関する判断材料になります。第二章の例（図2-6）では、コミューター機の質量と座席数の関係のみを示しましたが、それだけでも、一〇トンの重量で五〇人の旅客を搭載する航空機はほぼ実現不可能であることがわかるのです。

この種の検討は、レビュアーというよりも開発構想を固める段階で開発担当者が留意すべき事項というほうが正しいでしょう。

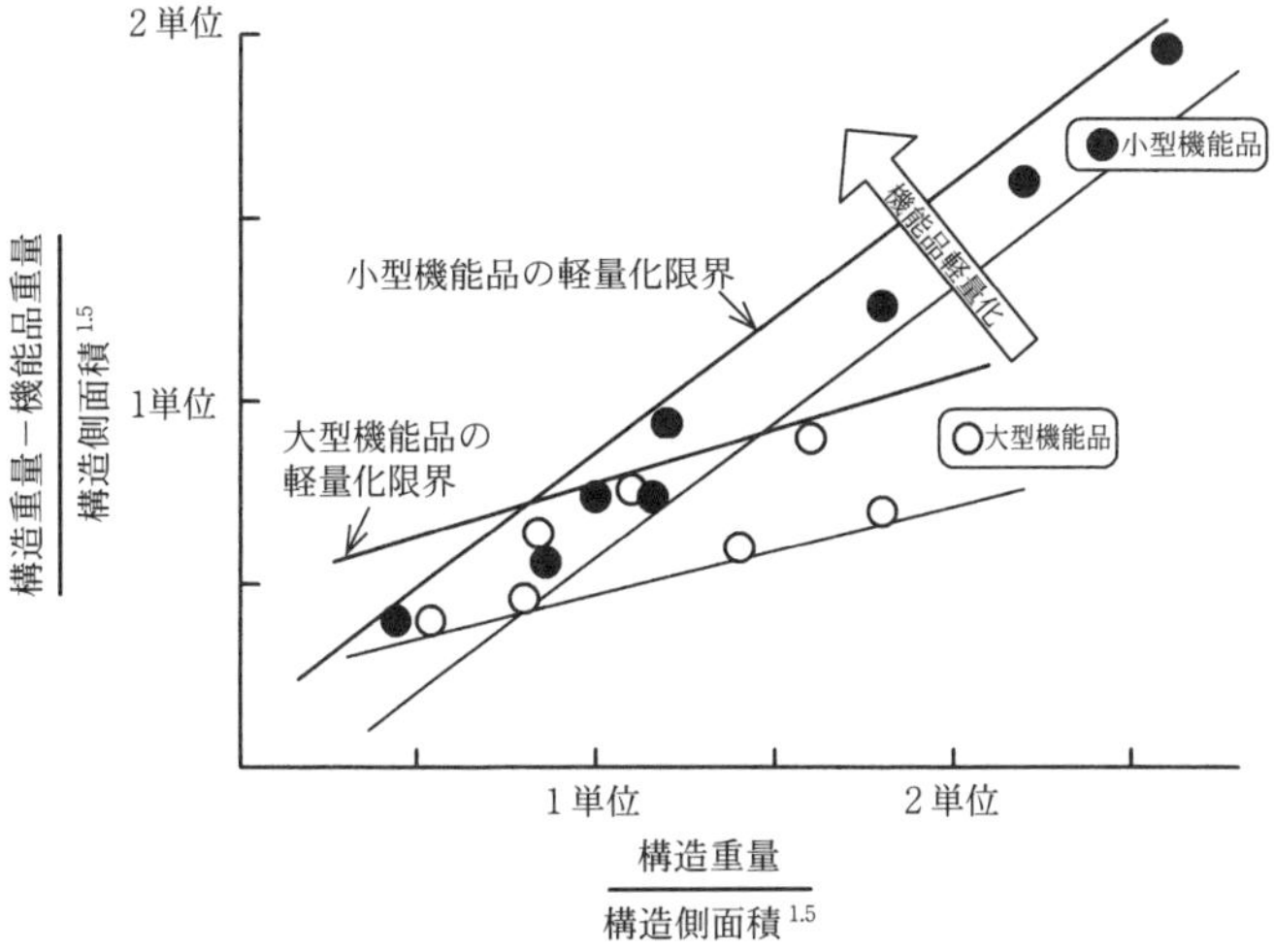

図 4-2　機能品設計データシート例

データシート作成においては、縦軸、横軸の座標の選び方でデータの揃い方が大幅に変わってきます。一般にデータが直線あるいは幅をもった直線上に並ぶように選定することが、判断しやすさのうえからも、技術の本質を理解するうえからも重要です。一例を図4-2に示します。ある独立した構造体に搭載される機能品がどの程度の重量をもっているかを調べた結果です。データが上にあるほど機能品は軽いことになります。既存製品の最高レベルがどのあたりにあるか、すなわち装備品重量に関する開発の目標をどこにおけばよいかについて、一つのイメージを与えてくれます。もっとも、縦横軸における単位の選び方に工夫が必要です。

さて、仕様の干渉とは別に不確定要素、例えば遭遇する台風や地震の影響は、これらをどのように評価するかによって開発の方向や難易度が決まってしまうことが多いので、運用とリンクした慎重な計画が別途必要です。

3　構想のレビューとリファインの技法

以下に、筆者が用いた構想のレビュー技法を幾つか示します。

いずれも、表中の項目欄を用いてガイドラインとして考えるべき範囲を確定し、空欄を活用することでイメージを膨らませ、矢印を利用することで、「流れ」をつくり読みやすくした技法といえます。

ところで、一覧性を得る手段としては、通常の一覧表を拡大してマトリックス的に表現する方法と系統図(デンドログラム)的表現をする方法が考えられます。問題に応じて使い分けられるべきですが、マトリックス表現は分析に向き、系統図は考え方の整理に向いているように思われます。

また、レビューの内容については、最終的には時系列的に整理されることと、構造分野または作業分野ごとの空間系列的ともいうべき形で整理される必要があります。細大漏らさずレビューすることと、大きな区分ごとにレビューすることは、常に並行して行われなければなりません。

本書では以降、レビューの具体的な技法について紹介することにします。

以下に示すレビュー技法はすべて、必要に迫られ筆者が考えたものです。あらゆる調査の結果これがベストだとして記すのではないので、他にもよい技法あるいは技術があれば積極的に取り入れるべきです。

(1)　レビュード・デンドログラム（Reviewed Dendrogram）

■概要

典型的な系統図方式のレビュー技法を紹介します。対象や専門領域を限定しない、柔軟な取扱いが可能なレビュー方式で、レビュード・デンドログラム（RD）と名付けました。デンドログラムとは樹木図のことです。RD

は品質展開の新しいアプローチとして位置付けられていますが（赤尾洋二『品質展開入門』日科技連、七五頁、一九九〇年）、通常の品質管理の世界よりも、流動的な開発初期段階に適した広義の品質管理手法といえます。

最初に、考え方と特徴を述べましょう。これは構想をレビューしリファインする手法ですから、初期的な構想ができあがっていることが前提です。初期構想は、要求仕様を満足すべく定められたものですが、初期的な構想であるがゆえにどこかに矛盾がないか、非現実的なところはないか、などをレビューする必要があるわけです。

ＲＤは、構想に対してレビューを加え、それに対する回答を記述したらそれに対してレビューを加えてゆくことを繰り返す手法です。

あらゆるレビューすなわち質問に対して回答をしなければならない、という制約をつけますと、これ以上追求しようのないレビューの行止まり回答群に集約されることになり、必ず三種類に区分されます。

一つは、このように設計するという回答群です。このように設計するという回答に対して、それ以上質問が進んでいないものを集めたものです。

他の一つは、試験または解析で確認をして定めるという回答群です。

最後は処置事項です。いつまでに○○を実施する、という回答群です。

このレビューを適切に行った結果の系統図を主旨に基づいてレビュード・デンドログラム（ＲＤ）と称しますが、レビューを行うことは、初期の開発構想に対して設計を合理的に具体化することを意味します。

試験結果や処置に基づく情報の反映によって、レビュー後しばらくすると、当初構想よりもリファインされた形に変貌していることになります。また、リファインされた構想の拠ってくる所以をすべて表現していますから、ＲＤを見て開発チームの全員がその構想を正しく理解することが可能になります。

このＲＤを行止まり回答ごとに整理し直すと、設計系統図と試験解析計画と多くの処置事項をまとめた結果で、ある日程計画ができることになります。

開発予算の見積もりも、これらをベースにすると正確にできます。

もちろん工夫すれば、設計の品質管理も有効な形に変形が可能です。

以上から、ＲＤを用いて開発の基本構想を明らかにするには、以下の①～⑤を整理しておくことが必要になります。
①構想概要説明書
②運用要求に対するレビュー結果（時系列的記述をメイン）
③設計要求に対するレビュー結果（ＷＢＳ〈Work Breakdown Structurek の略で、（作業）構造を系統分解したもの〉をメイン）
④ＲＤ
⑤開発日程計画と費用計画

■設例の解説

曳航システムのなかの曳航体開発に適用したＲＤを例にとって、使用法を具体的に解説します。

ＲＤの概要および進め方の要点を図４-３に、典型的な記入様式を図４-４に示します。

レビューにあたっては、前節での全般的マクロ・レビューのあり方を頭に入れて、次項での領域ごとのマクロ・レビュー法を適用すると効率的です。

要求品質から企画値を定め、それを実現するような初期の設計構想まではできているものとします。これらの構想について、Ｑ（品質）、Ｃ（コスト）、Ｄ（日程）の三つの面からのレビューを順不同に加えてゆきます。例えば、構想には従来品の樹脂製から強度を向上させるための「ＦＲＰ製とする」が入ります。それに対するコスト面でのレビュー「コストを下げるために採用する製法による耐衝撃性の劣化はＯＫ？」と入ります。結局「外面を機械加工」し「仕上げ精度は±○○とする」こと、そして「耐衝撃比較試験を実施する」ことが具体的回答と

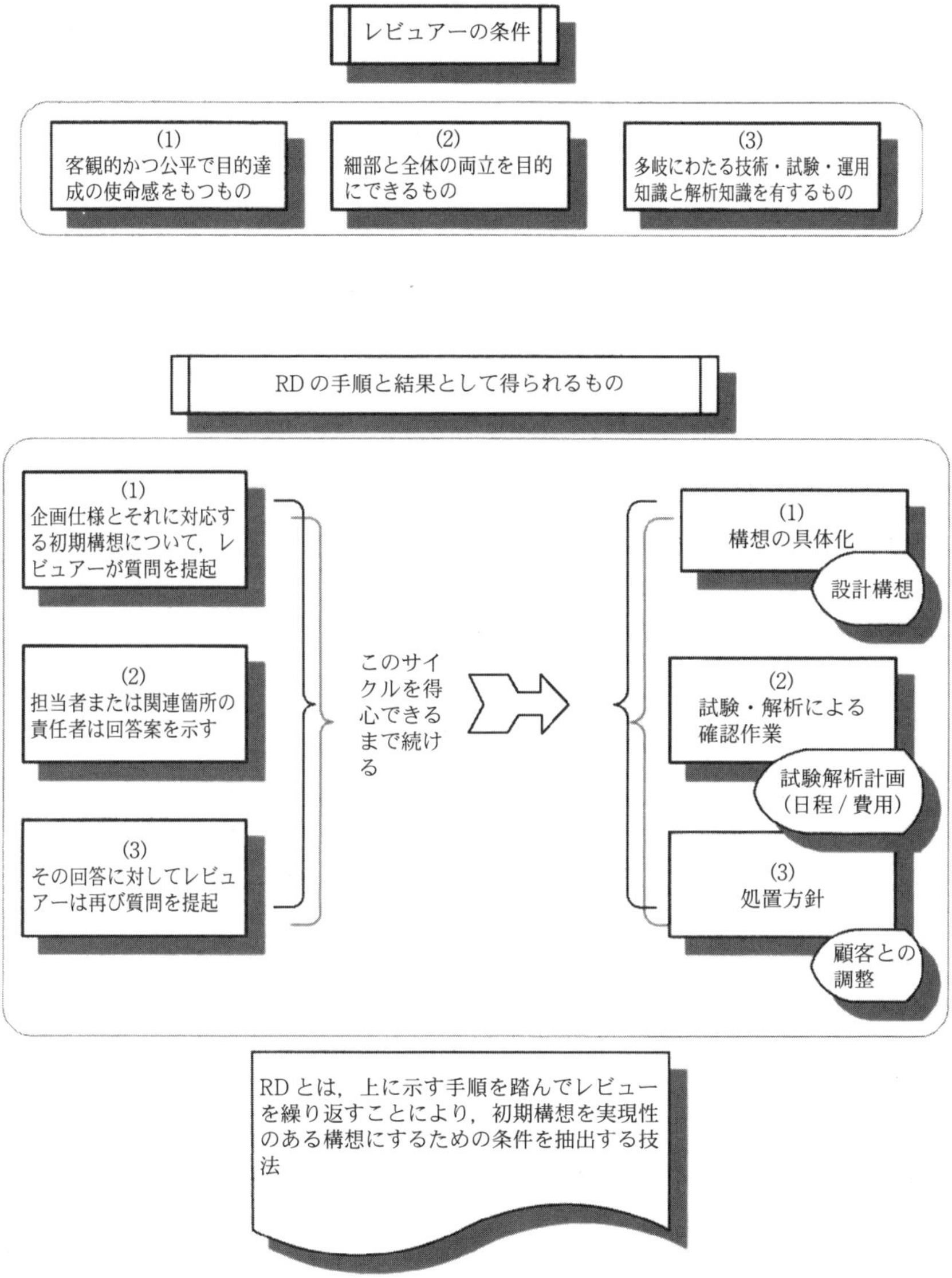

レビュアーの条件
(1)
客観的かつ公平で目的達成の使命感をもつもの
(2)
細部と全体の両立を目的にできるもの
(3)
多岐にわたる技術・試験・運用知識と解析知識を有するもの
RDの手順と結果として得られるもの
(1)
企画仕様とそれに対応する初期構想について，レビュアーが質問を提起
(2)
担当者または関連箇所の責任者は回答案を示す
(3)
その回答に対してレビュアーは再び質問を提起
このサイクルを得心できるまで続ける
(1)
構想の具体化
設計構想
(2)
試験・解析による確認作業
試験解析計画（日程 / 費用）
(3)
処置方針
顧客との調整
RDとは，上に示す手順を踏んでレビューを繰り返すことにより，初期構想を実現性のある構想にするための条件を抽出する技法

図 4-3　RD（レビュード・デンドログラム）の概要

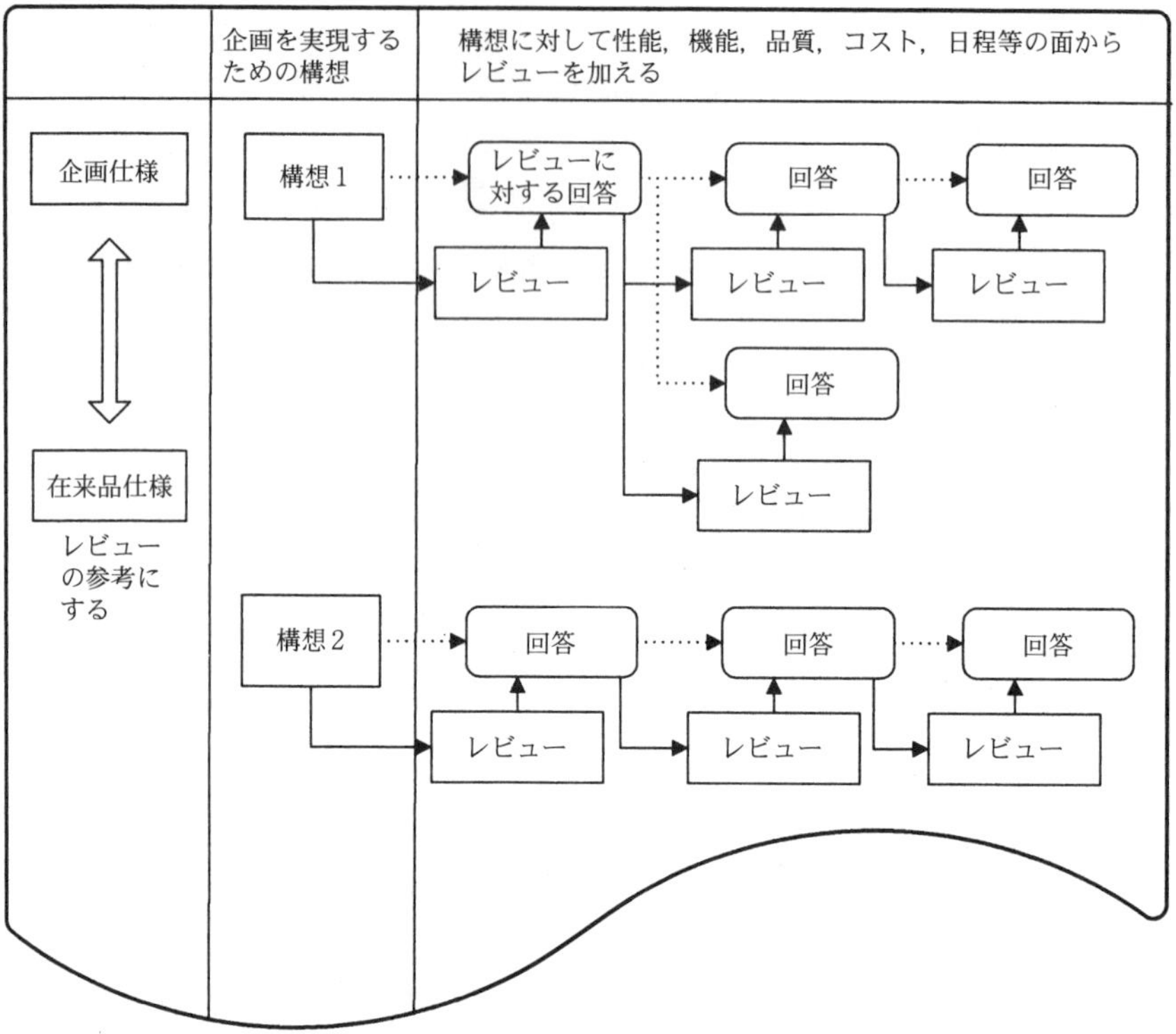

図 4-4　RD の展開方式

して入ります。こうして、レビューにつれて「FRPの製法」「材質」「寸法概要」などがレビューに対する具体的回答として書き込まれてゆきます。

レビューの原則は、企画に対応するすべての構想について、レビューの余地がなくなるまで続けることにあります。答えが非現実的な場合は、その前の答えを変えて、展開を遡って変更することが必要になります。

現実性についての判断は、主に予算、納期などで決まるのですが、一部構想あるいは企画の変更にまで遡ることもあり得ます。

図4-5に示すように、RDから設計系統図と解析試験項目、そして処置事項と併せた開発日程計画が副産物としてできます。

以下、RDの特徴について考えま

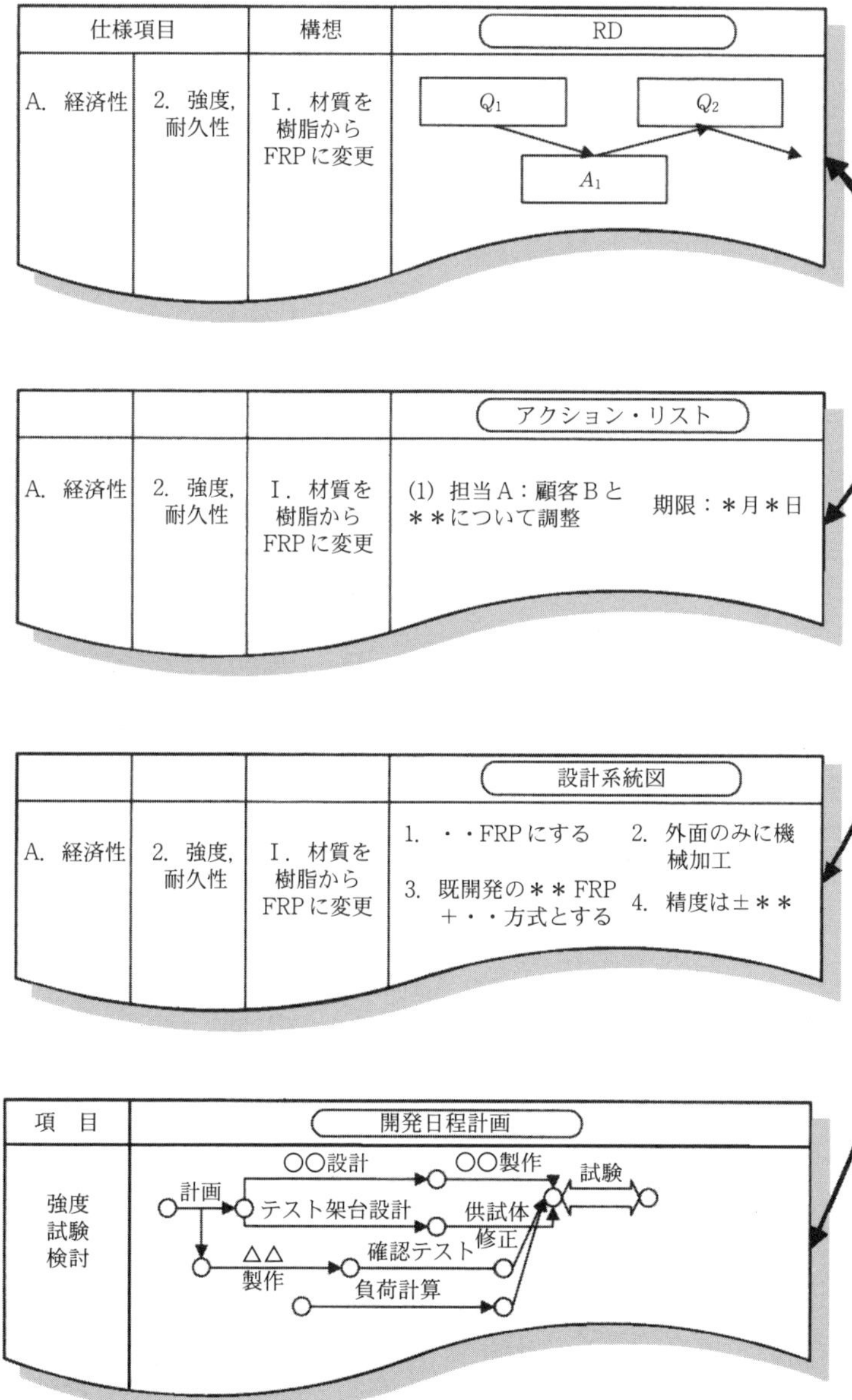

図 4-5　RD出力（サイクルをまわすことによって漏れをなくす）

す。

①技術の蓄積が少ない新分野の開発段階における設計の系統的な展開・管理に適している。

②設計の根拠が明瞭に読み取れるので、設計・試験・解析などの実施担当者が、自己の担当分野の位置付けをよく理解できるようになり、作業遂行上の誤解が減少し、無駄がなくなる。

③RDシステムは、できあがった形で満足すべき設計に至る経過や、技術的問題点に関する背景、答えなど、ともすると設計者の個人的ノウハウにとどまりやすい点が文書化できるので、新しい担当者にも容易に対象の全容を伝えることができる。

④設計だけでなく、社会適合性に関するレビューも可能である。

最後に、RD適用上の注意点を述べます。

RDの主旨は書類を作成することではありません。書類作成に追われて肝心なところで判断ができなかったり、指示が出せなかったりでは、開発は成立しません。

現実には、前記RDの技法の意味するところを理解して、頭のなかに一連のレビュー体系を描けるよう心がけつつ、抜けのない開発を推進して、機会を見て数名でドキュメントの形に整理するということになるでしょう。

(2) 構造をもつ機能システムのマクロ・レビュー

通常、開発品またはシステムは構造をもっています。そのうえで機能を発揮すると考えてよいものが多いでしょう。

これに着目したマクロ・レビューの方策を幾つか紹介しておきます。

ここでのレビューとは、未だ担当によるルールなり規程に従った詳細な検討ができない構想段階でのチェックを意味しますから、基本に立ち戻って考え直す姿勢がベースになります。

これは以下の三領域に区分できます。

①構造全般のレビュー

②機能シーケンスの設計レビュー

③すべての運用フェーズにおいて開発品が的確に役割を果たし得るかどうかのレビュー

以下、順を追って説明します。

■構造の基本的なレビュー

構造は「区切って、支えて、耐える」ところに本質的役割があると考えます。この役割を果たすために、構造は区切るための仕切りと、力等の負荷を支え伝える部分に区分されます。区切るために屋根や壁などの表面部材を支え伝えるために部材と結節点を必ずもちます。そして、表面部材は外部作用をそこで食い止め、内部部材はそこに負荷を集中・伝達・累積させつつ、最終的には根元で相互にキャンセルするか、大地に伝えるようになっています。現実には結節点は広がりをもちますが、便宜上、点として話を進めます。

構造とそれに対する負荷、およびチェックすべき点等の基本的事項をイメージとともに図4-6に示しました。表面部材には、環境がひき起こす各種の作用を食い止める機能が要求されます。気をつけなければならないのは、光、熱、音や、化学作用による浸透・腐食です。

また、構造の性格上一般に結節点は修理や修復が困難で、かつ負荷の影響が量的にも回数的にも累積されますから、疲労破壊を起こさないように負荷である力、熱等に対して十分な余裕をもっているかどうかをレビューすることが重要になります。また、結節点では設計の巧拙が強度や耐久性などに大きな影響を与えますから、細部設計段階でも十分な注意が必要です。あらゆる変化を可能な限り滑らかにするように設計する、というのが重要な心得になります。

一般には、それぞれの分担が明確であれば設計が容易で、数種類の機能を併せもたざるをえない構造は設計が

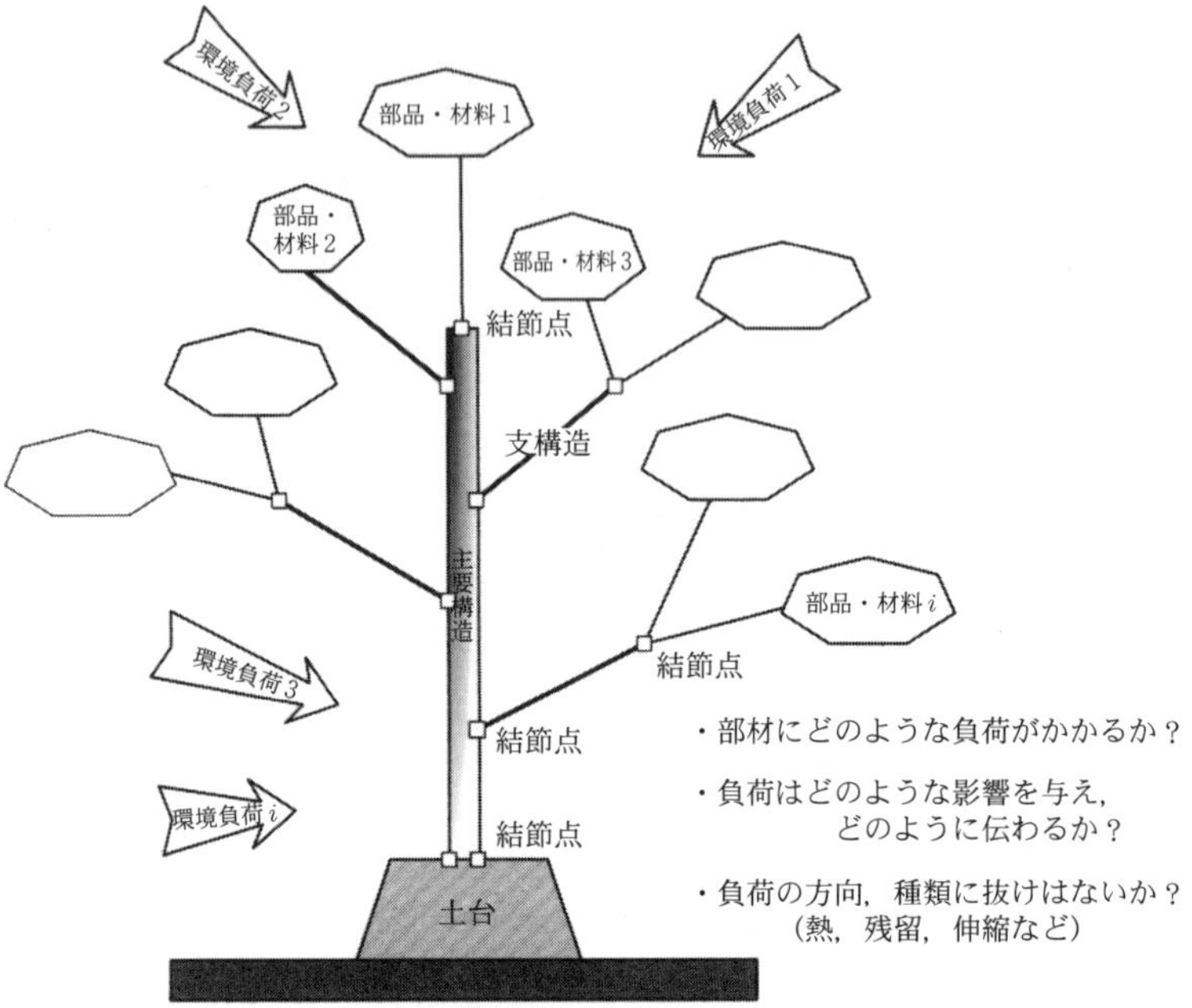

図 4-6　構造レビューの基本

難しいといえるでしょう。逆に、設計の分担が確立されている世界は技術がある程度完成された世界であるともいえます。

もちろん、通常の構造体は構想段階でも構造技術者が過去の経験をもとに成立性を判断しますから、問題は専門技術者がレビューするうえで忘れがちな点はどこか、過去の経験でフォローできないところは何か、となります。

マクロなレビューの観点からいうと、環境負荷の方向や種類に見落としはないか、見逃している結節点はないか、化学物質の影響はないか、使用材料独特の特性または弱点による問題点はないか、等が重要な視点でしょう。特に、流れの乱れによる弾性体の加振には慎重な検討が必要です。

なお、負荷の正確性については十分な注意が必要です。負荷を正確に評価する作業は、ある意味では構造計算をすること以上に重要ですが、技術分野としては橋渡し的位置付けにおかれることがあるためか、責任分担が不明確なまま設計が進んでしまうことが時々あります。要注意です。

また、未経験の材料を使用するときの材料特性をよく考えることも必要です。

以上述べたことは、構造を扱う世界においてはごく当たり前に行われるべきです。構造を専門とする技術者から見ると初歩的なレビューといえましょうが、まったく新しい開発においては他の問題点に目が移ってしまい、これらの基本的なレビューが疎かになりがちですし、使用後しばらく時間が経過してから問題が発生することもありますので、あえて記述しました。開発の途中では極めて単純な強度不足によってまわり道をすることがよくあります。

開発提案に際して構造構想を曖昧にしたまま検討を進めている例をよく見かけますが、実体化という観点からも厳に慎むべきです。

■機能シーケンスの設計レビュー

機能システムは、構造系とはまったく別の働きをもっています。

機能システムは二つの方法により記述できます。一つは、インプットに対するアウトプットの関係が数学的に記述できる場合です。他の一つは、インプットに対するアウトプットを言葉で記述するほうがはるかに容易な場合です。例えば、インプットが押すことで、アウトプットがはずれるような場合には後者に相当します。このような機能要素が並列または直列に配置されることで、全体としての機能を発揮するシーケンシャルなシステムが存在します。

前者の場合には、運動を扱うケースが多いので解析ツールが整っているかどうかがレビューの第一関門になります。いずれにしても、インプットに対してアウトプットが想定されたものであるかどうか、また環境によってインプットやアウトプットが悪影響を受けないかどうかのチェックがレビューの要点になります。

後者の代表例であるシーケンシャルなシステムの場合には、ある機能要素が何らかの環境要因によって機能を

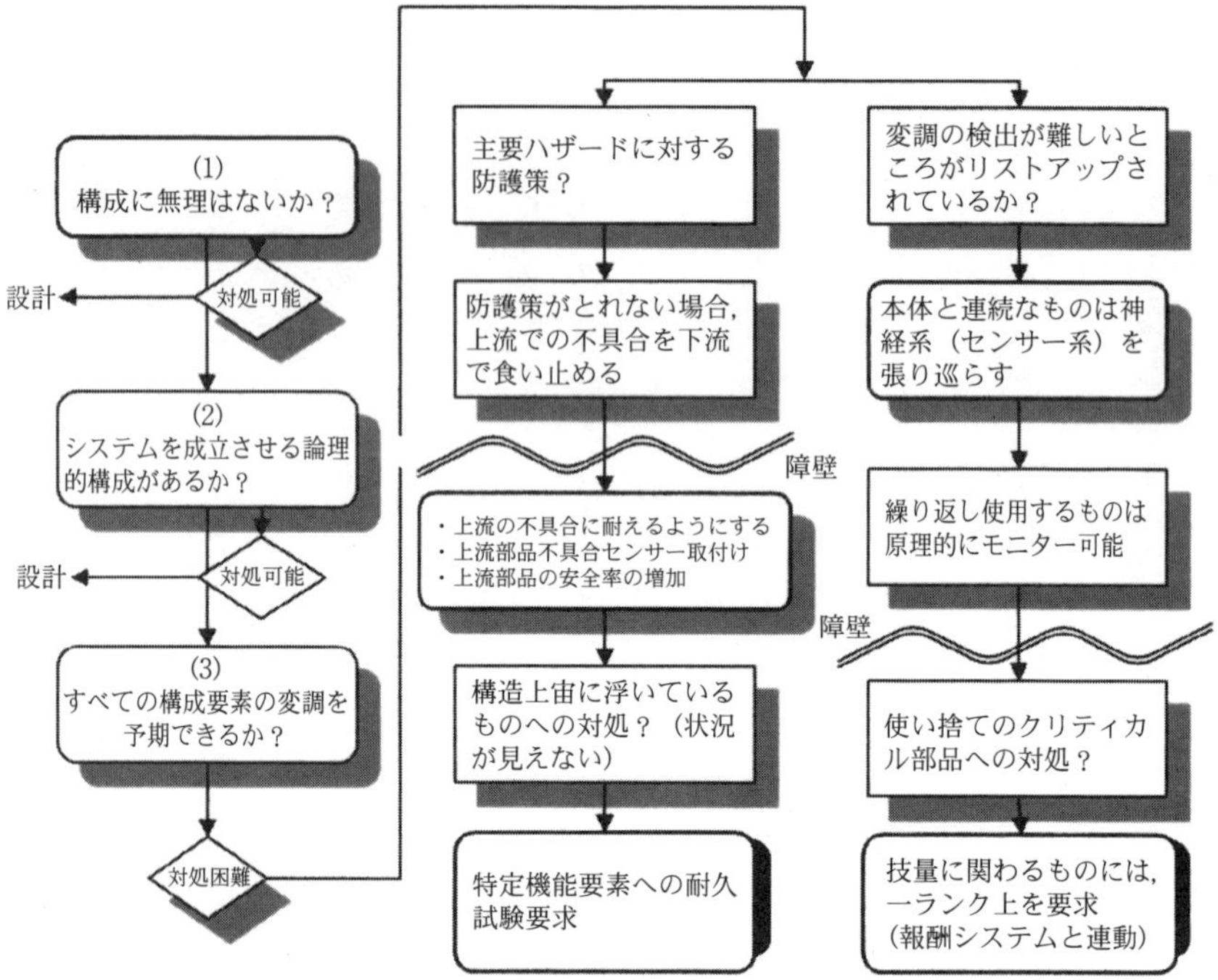

図 4-7　機能シーケンス・システムのレビュー
（構成要素の不具合発生を最少化する条件の考察）

阻害されても、それが他の機能要素に致命的な悪影響を与えないかどうかがレビューの要点になります。

具体的な手法については別途次項でとりあげますが、機能ハザードを最小に抑えるためのマクロな設計レビュー項目を図4-7に示しました。これらはいずれも機能が高い信頼性をもって発揮できるよう設計されていなければなりませんので、システムが高い信頼性を示し得る条件を図中に考察として記しました。原理的にモニター不可能な機能要素の信頼性を確保するにはどうしたらよいか、が最終的な問題として浮上します。

このような問題に対して、とるべき策は二つあります。

第一は、継続的でかつ広域の耐久試験や環境試験を徹底的に行い、製造工程の科学的な検査を行うことにより、設計品質を確保することです。第二は、当該機

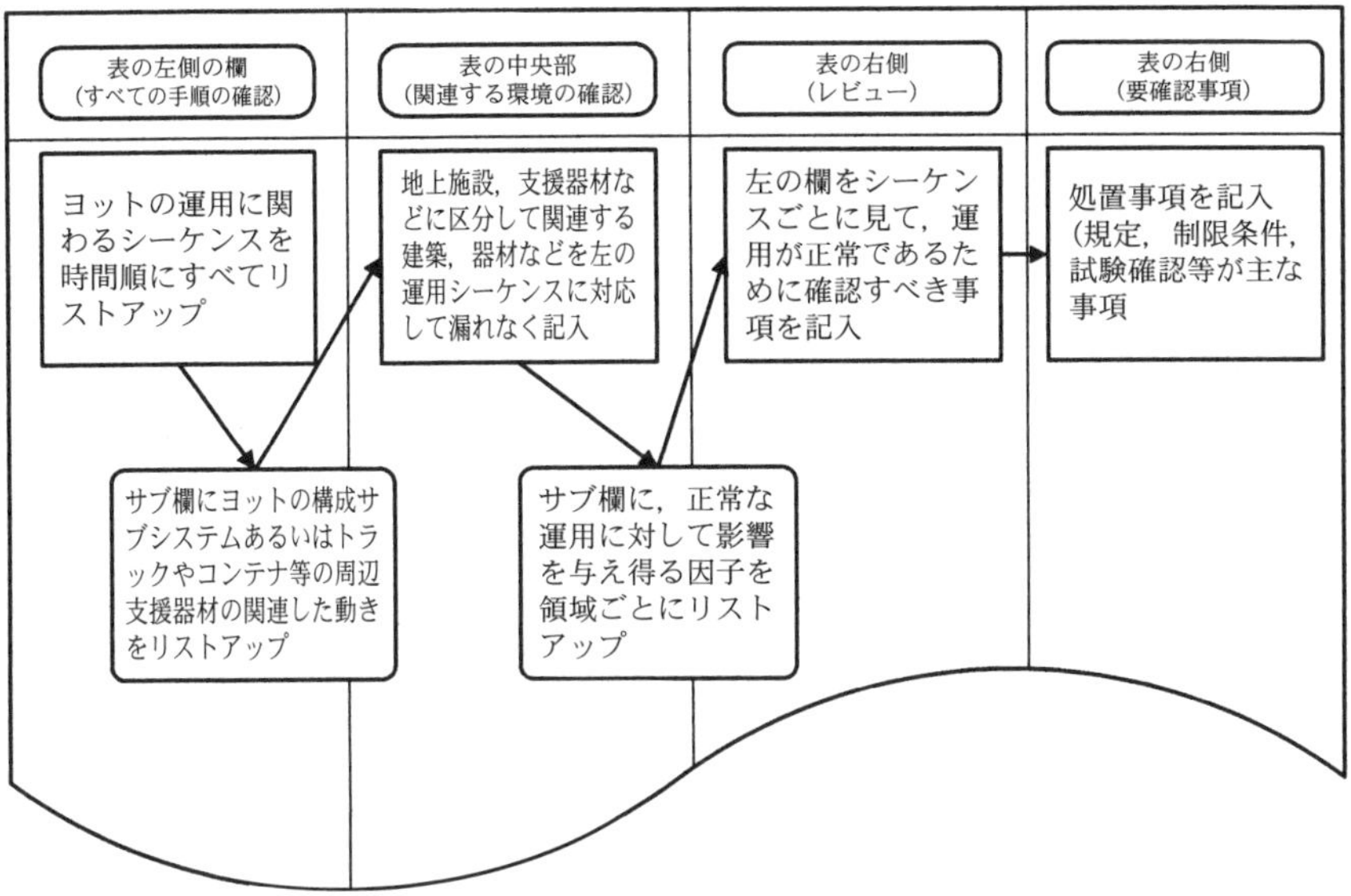

図 4-8　運用の時系列レビュー（競技用ヨットの例）

能品を加工する人たちの技量とモラルを高い状態に維持することです。第一の策は、高度な信頼性を要求するシステムではすでに取り入れられていますが、第二の策の具体化についてはほとんど議論されていないようです。高度な経験と技術をもった加工あるいは検査担当者は極めて優れた能力を発揮します。その技術がクリティカルなところに適用される場合には、実質的な責任の大きさからいって然るべき報酬が確保されるべきでしょう。

■運用の時系列レビュー

ここでは、時系列レビューについての必要性と適用上の注意事項を記します。

開発品が運用される場合にはいろいろなケースが考えられますが、動くものであれば当然運用によって大きく環境が異なってきます。しかし、与えられるすべての環境で所要機能が発揮されなくてはなりません。RDは初期構想に対して、Q、C、Dに関するレビューを順不同に行いました。ここではレビュアーの自由な発想が期待できますが、定まった順序でレビューを行うと別のメリットが考えられます。定まった順序で最も一般性のあるのが、時系列順にものごとを整理することです。

特に、開発対象が運用に手続きと人手を要する場合には、運用の観点からの別途のレビューが必要になります。このような場合には、時間経過に従って整理すると運用の姿を体系的に捉えることができ、抜けのない開発の管理が期待できます。

RDは構想に対するレビューでしたが、時系列レビューは時間変化に伴う対象品または関連するシステムに要求される機能に開発品が的確に対応しているかどうかの整合性をチェックするためのレビューです。両者は干渉することなく、互いに補完しあう関係にあります。

比較的大型の競技用自走ヨットの開発をイメージしたレビューの考え方を、図4-8に示しました。このケースでは、運用に関わる代表的フェーズとして運用、性能、旋回、風捉(風をいかにタイミングよく捉えるか)、耐波等が考えられるでしょう。

(3) シーケンシャル・メカニズムの連想的レビュー法

ここでは、シーケンシャルなメカニズムや特性をもつ特定の開発対象に関しては、RDよりもレビューの有効性が高いと考えられる技法を紹介しましょう。連想型シーケンス・レビュー法(ASR：Associated Sequence Review Method)と称することにします。

多くの開発対象は狙いどおりのシーケンスを確実に処理することで当初の機能を発揮します。しかし、開発ですからシーケンスは経験されたものではありません。そのようなケースでのレビューに適していると考えられる技法です。

まず、機能と不具合事象は紙一重だという認識がベースになります。例えば、ある部品にとっては「押す」という事象が必要な機能そのものである場合でも、それが他の部品、材料、機能品にとっては不具合に結びつくことが十分あります。ＡＳＲ法はこれを利用して、レビューを活性化できないかと編み出された手法です。

品質を生産工程の改善に遡って確保しようとする分野では、品質機能展開と呼ばれる手法が多用されます。生産すべき機能品各部の所要機能が記述され、そこから生産に関わる重要な管理ポイントに展開していく方法等は典型的です。しかし、そこに至るまでの思考経緯までは盛り込まれていないのが通常です。ＡＳＲ法は品質機能展開に、半強制的な連想を組み合せて、予想外の結果が起きないように予防措置を講ずるための手法といえます。

シーケンシャルなメカニズムをもった機能品は、日常の身のまわりではあまり見かけることがありません。煙草のライター等が思い当たる程度ですが、非常時用や使い捨てに近い工業用品には重量や信頼性のメリットもあってかなり多く存在します。作動のきっかけとなるアクションの後予備傘を開き、次いで本傘を開くパラシュートなどが該当するでしょう。

ＡＳＲ法の基本的な手順は以下のとおりです（図4-9）。

検討しているシステムあるいはサブ・システムはすべて部品に分けることができます。

表の左側の縦軸に、各部品に要求される機能を羅列します。必要十分にこだわってはいけません。必要以上にかつ十分以上に思いつく関連する機能を縦に書き並べます。そして、サブ・システムの各部品に要求される機能を表現できると思われるまで記入してゆきます。

次に、表の該当部品欄の一番左に、最初に機能すべき部品なり機能ユニット名を、すでに記入してある機能欄に沿って記入します。パラシュートの場合ならば「予備傘が本傘をひく」となるでしょう。これで、部品に対応する機能が定義されたことになります。そして、それを受けて、機能を発揮すべき部品名を該当する機能名の右に、最初の部品よりも右側に記入し、部品同士を矢印で結びます。これで、二つの部品の果たすべき機能と機能の流れが表中に記述されたことになります。

これだけだと、記入法がＰＥＲＴ（Program Evaluation Review Technique の略で、計画管理手法の一つ）に似て

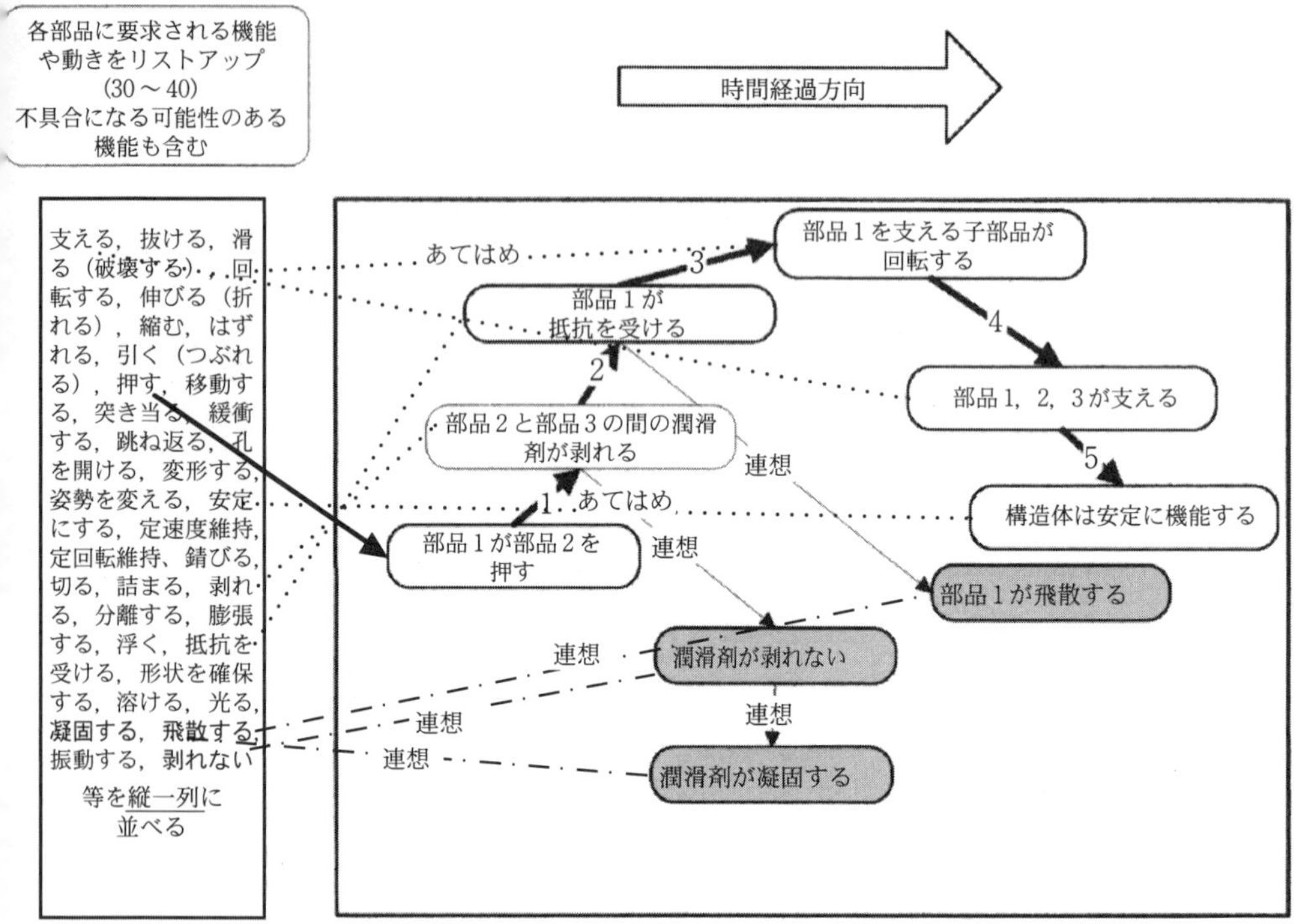
各部品に要求される機能
や動きをリストアップ
(30～40)
不具合になる可能性のある
機能も含む
時間経過方向
支える，抜ける，滑る（破壊する），回転する，伸びる（折れる），縮む，はずれる，引く（つぶれる），押す，移動する，突き当る，緩衝する，跳ね返る，孔を開ける，変形する，姿勢を変える，安定にする，定速度維持，定回転維持、錆びる，切る，詰まる，剥れる，分離する，膨張する，浮く，抵抗を受ける，形状を確保する，溶ける，光る，凝固する，飛散する，振動する，剥れない
等を縦一列に並べる
あてはめ
あてはめ
部品1を支える子部品が回転する
部品1が抵抗を受ける
部品2と部品3の間の潤滑剤が剥れる
部品1が部品2を押す
部品1，2，3が支える
構造体は安定に機能する
部品1が飛散する
潤滑剤が剥れない
潤滑剤が凝固する
連想
連想
連想
連想
連想
連想
1
2
3
4
5

機能の流れは太線に沿って達成（すべての部品を含む）．グレーの連想不具合に対策要

図 4-9　ASR の基本手順 1

通常の時系列記入法と異なりますが、内容的には部品を左の欄に記入し、機能を右に書いてつなげる方法と何ら変わりはありません。

本方法の特徴は以下のとおりです。

部品の機能を考えるとき、必ず左の一覧表のなかから選定することが第一です。ここで、機能と不具合事象は紙一重であることを思い出して下さい。左欄に記入した機能が部品によっては不具合になる可能性があります。白紙の状態に比べますと、機能を羅列した表から部品に応じた適切な機能を探すことは、その間に関連する不具合事象を想起できるという副産物を与えてくれます。

左欄の下側には、検討中に思いついた不具合事象を追加記入してい

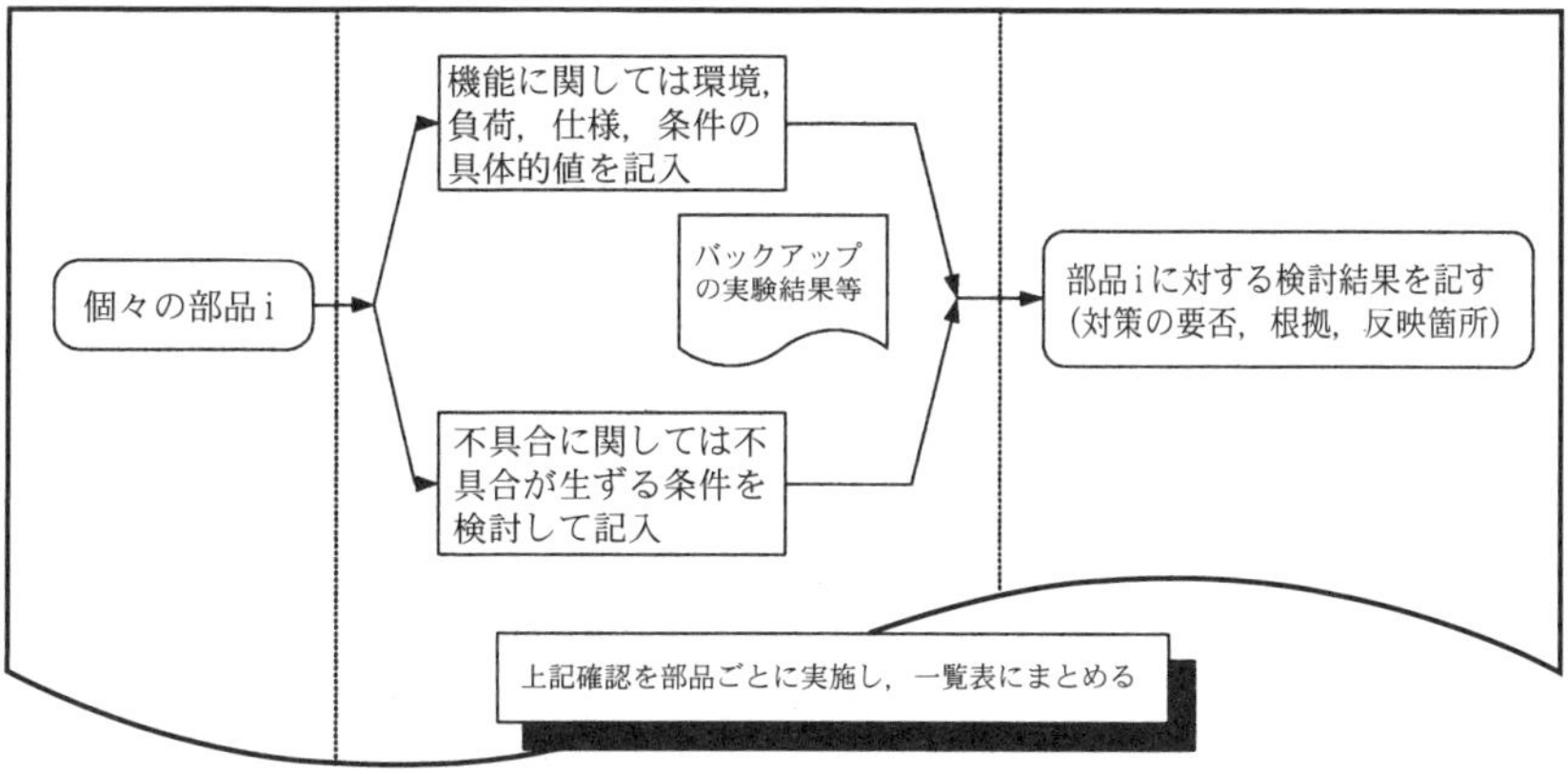
個々の部品 i
機能に関しては環境，負荷，仕様，条件の具体的値を記入
バックアップの実験結果等
不具合に関しては不具合が生ずる条件を検討して記入
部品 i に対する検討結果を記す（対策の要否，根拠，反映箇所）
上記確認を部品ごとに実施し，一覧表にまとめる

図 4-10　ASR の基本手順 2

くとともに、検討中の部品なり機能ユニットに生じ得る不具合を不具合機能の横に、部品と線でつなげて記入するのです。位置は必ずしも下である必要はなく、表の使いやすい範囲で、既述の機能中、不要なものを不具合事象に書き換えてもよいのです。

これで、空欄には必要とされる部品が左から機能順に並べられ、それぞれの機能とあり得るであろう不具合事象とが線で結ばれて記述されます。図の例では、不具合として潤滑油が異常な作動を引き起こす可能性が二つと、部品1が飛散する可能性が摘出されたことになります。

このようにして表の半分を使いますが、表の残り半分は以下のように使用します（図4-10）。

部品名の書かれた機能の右側に、一つ大きな欄を設け、部品にかかる負荷、環境、仕様、条件を具体的に記述します。これで、部品の耐えなくてはならない条件が明確にされます。そして、この欄の右側に、強度などの検討結果を記入し、設計上の条件を記入します。さらに、考えられる不具合事象に対する検討を同じように検討します。そして、検討結果と対策を同様に右の新しく設けた欄に記入します。

以上、言葉で表現すると面倒そうですが、添付した図を見ていただければ容易に理解できると思います。ほとんど、部品の一点一点にまでブレイク・ダウンしてシーケンスの検討がなされると、サブ・システムのレビューは終了です。設例では、この緩衝装置が機能をまっとうするために必要と考えられる条件が網羅され、検討結果として、実現性のあることが記述されています。

各サブ・システムについてレビューを達成すれば、システムのレビューは終わります。

このレビュー法では、不具合事象を想起する手段として不具合と表裏の関係にある機能を利用しています。本レビュー表には、各部品または、機能ユニットに必要とされる仕様が網羅・確定されることになりますから、それを設計者に渡すことで具体的に図面を起こすことが可能になります。レビュー・ドキュメントではありますが、同時に極めて詳細な設計構想書を兼ねるというメリットも考えられます。

RDの場合には設計全体の成立性に関する考え方の整理が主でしたから、かなり一般的に使用できますが、本方法は複雑なシーケンスをもつ機能品に適用が限定されます。一般的でない分、連想法的レビューが細部にわたって可能になりますし、作成されたものは設計の考え方と成立性の根拠を詳細に記述するドキュメントになるわけです。

参考までに、数えようによっては一〇〇以上の直列メカニカルシーケンスを誤りなく作動させないと、正常に機能を発揮しない開発品に本レビューを適用したことがあります。計画的な適用というよりも、度重なる不具合を根絶しようとして本レビュー法を考え適用したというほうが正しいのですが、不具合予防に関して表の細部の流れをチェックし検討し尽くしたと考えたときに初めて試作品全体のシーケンスがうまくいったこと、そして以降、本表をもとに具体的な設計条件に展開することで設計品質を確保できたことを付記します。

(4)　一般的な初期段階ハザード対策

■構想段階のハザード解析

ここでは、構想段階でのハザード解析のあり方について一つの考え方を述べます。

通常のハザード解析は、細部の設計が確定した段階で、あらゆる不具合事象について網羅的にレビューをかけることで実施されます。しかし、構想段階ではこのような徹底したハザード解析を行えません。

一方、細部の設計が確定していない段階でもシステムハザードを予測し適切な対処（設計改善、品質／信頼性保証、PL対策など）を施すことが必須の時代になりつつあります。

開発のなかには、部品として一部ブラックボックスに近い輸入品を採用せざるを得ないときもあります。このような場合には、開発チームといえども当該部品の設計に関する考え方や機能の詳細については知り得ません。

こう考えてみると、詳細な構造が確定していない段階でハザード解析をいかに実施すべきかが構想段階で大きな問題となるはずです。原理的に回答はあり得ないのでしょうか？

このような事態における一つの前向きな対処の方法を以下に示します。

構想がハザードを招かない基準を満たしているかどうかをレビューするという考え方です。基準といっても、開発品の対象とする世界は広大で、いちいちそれらを細部まで記述することは構想段階ではできません。

そこで、まず開発対象を機能分類し、分類に応じた基準を設けることにします。

分類の考え方は図4-11に示すとおりです。

ハザードに対しては、分野によって多少の差はあるでしょうが、通常は経験者が徹底的にレビューを加えるステップをとって対処しているようです。以下に示すレビューの考え方は、専門家から見るとごく基本的で初歩的なものですが、先端技術領域の開発であるほど既存技術とのインターフェースが難しく、抜けのあるまま先に進んでしまう可能性があるようです。初めてのケースでは、かなり多岐にわたるレビューが必要になることを知っ

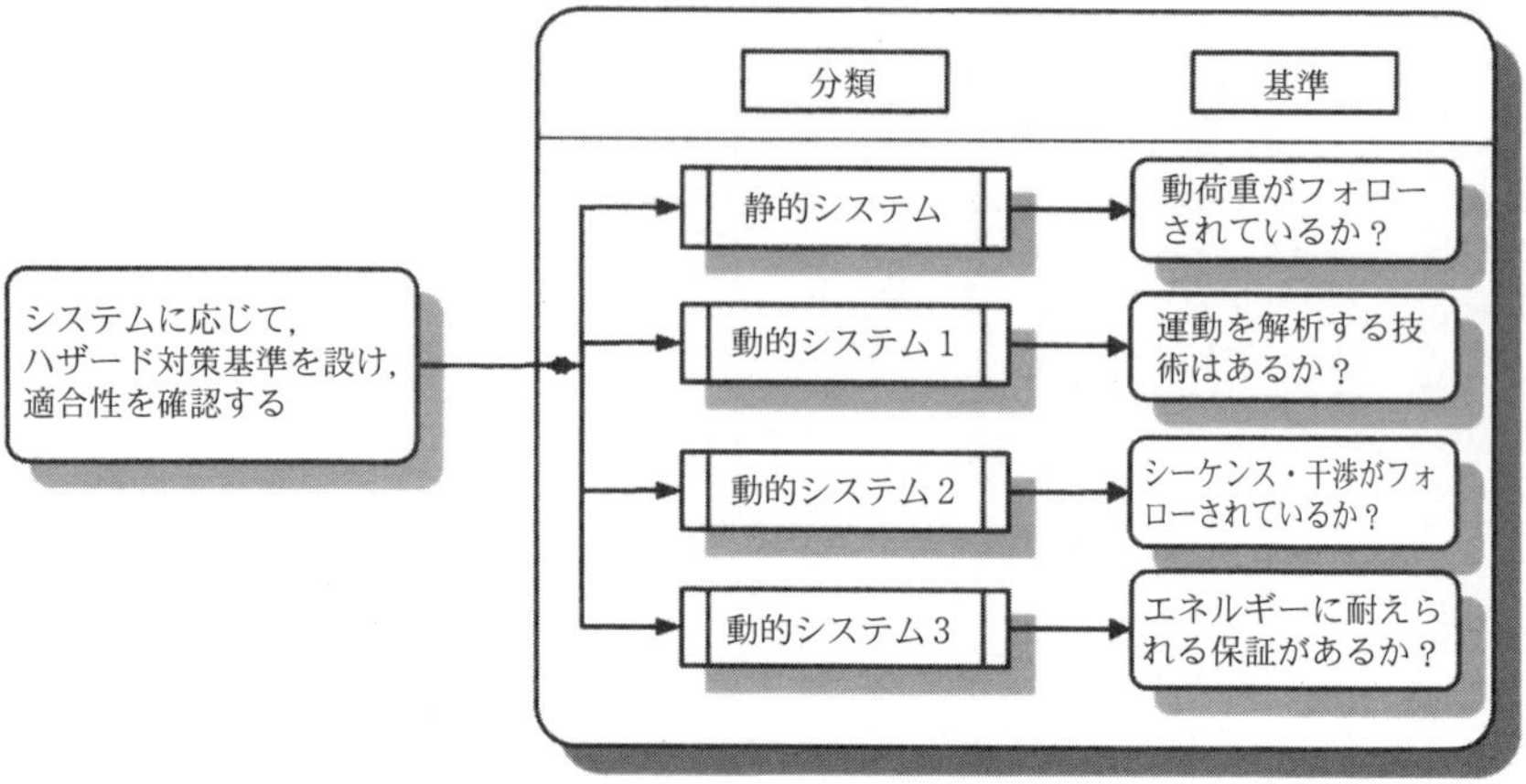
分類
基準
システムに応じて，
ハザード対策基準を設け，
適合性を確認する
静的システム
動的システム1
動的システム2
動的システム3
動荷重がフォロー
されているか？
運動を解析する技
術はあるか？
シーケンス・干渉がフォ
ローされているか？
エネルギーに耐えら
れる保証があるか？

図 4-11　初期構想段階のハザード対策

ていただく意味であえて記しました。

レビューの場合には創造と違って、筋のよい「流れ」を見つけることが主旨ではありません。あらゆるハザードの「流れ」あるいは「系統」を想定して、それらが適切に食い止められていることを確認する必要があるのです。

まず、開発対象が静的な機能を旨とするのか、あるいは動的な機能を旨とするのかを区分し、それぞれの特徴に対応したチェックリストをクリアーできるかどうかを判定します（図4-12）。

静的な機能品ですが、負荷と強度が機能上最も重視されるところです。

もちろん、環境の評価とその影響、例えば強度を劣化させる腐食やユーザーの使用エラー、取扱いエラーに対する配慮は常に行われるべきものとして、図中の表現からは削除しています。

さて、新しい開発において、静的な機能を旨とする対象品に生じやすい問題点は、動的な重要機能部分があるにもかかわらず、その存在を意識しなかった、あるいはできなかった場合です。これらについて考えられる範囲でのレビューを行い、ハザードの摘出と対策を検討することが必要になります。

この場合のハザードに関わる基準は、静的な環境下での動的な部分に考察が加えられているかどうか、そのような検討がなされ

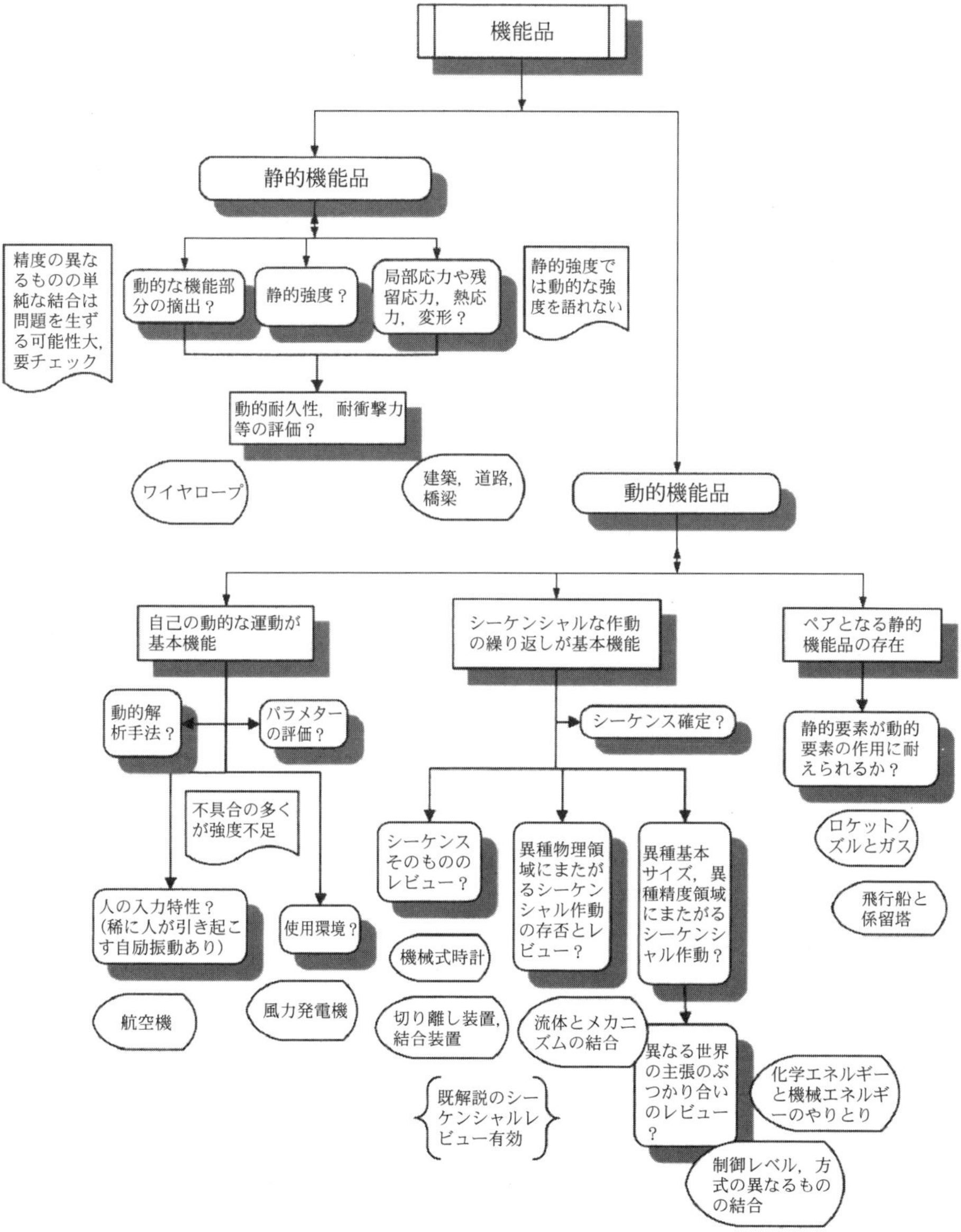

図 4-12　機能区分と基本レビュー項目

ている証拠があるかどうか、になります。例えば静的負荷であっても、熱応力、残留応力、変形等の静的な構造に現れる準動的な現象には留意すべきです。

次いで、動的な機能品の場合ですが、これは以下の三種類に分類されます。

①自己の動的な運動が基本機能であるケース

②シーケンシャルな作動が基本機能であるケース

③動的機能要素と静的機能要素がペアをなすケース

最初の①項の「自己の動的な運動が基本機能である」例は、主に輸送用機器として扱われている航空機や自動車、それにロケットなどが考えられます。

②項の「シーケンシャルな作動が基本機能である」ものとは、自己の外部形状は変化しませんが、内部で動的な作動をすることで、機能を発揮する場合です。内部シーケンス的な機能を人体に例えれば、消化器系統の機能のようなものです。さらにハザード解析をする場合には、以下の二つに区分する必要があると考えられます。

・単一物理空間内でのシーケンシャル作動

・異種物理領域にまたがるシーケンシャル作動

③項の「動的機能要素と静的機能要素がペアをなす」ものとは、動的機能がメインにはなるが、動的機能を発揮するために、その陰でそれを支える静的な機能がペアとなっているケースを意味します。人体でいえば腕の動きと関節の潤滑部の関係で、工学上の典型例としては、ロケットの噴射ガスとそれをガイドするノズルの組合せが考えられます。

以上の動的な開発対象品のレビューにおいて、問題なしと判定すべき基準の考え方を以下に記します。

最初の、自己の動的な運動が基本機能である場合には、動的な運動解析がハザード評価の基準になります。解析が十分なものであるかどうか、ない場合には徹底した試験が行われているかどうかが判定基準です。

また、動解析には、特性パラメターの正確な評価（同定、第二章**3**(1)「設計パラメターを正確に評価する」の項参照）も必須になりますから、これらの評価が試験によって正確に評価されていることも基準となります。

動的な開発対象品といえども、開発途中で起きる不具合の多くは静的な強度不足ですから、ある不具合の対策をとるときには、各部強度の再検討を行うことで開発のロスを防げることに注意が必要です。

なお、開発品の運動が人の操縦で行われる場合には、人の入力特性に配慮する必要もあります。限界状態で高度な運動を要求される場合には、人の高揚した心理状態が振動を発散させる方向に導く場合があります。

次いで、シーケンスハザード判定基準については以下のように考えます。

単一物理空間内でのシーケンシャルな作動、すなわちメカニズム系で統一されているような機能品の場合には、既述のＡＳＲ法が適用できます。これらについては、別途シーケンシャル・ハザード解析を実施する必要があると考えます。

一連の異種空間シーケンスに関わるチェックの考え方を図４-13に示します。

極端な異種サイズ、または異種精度領域にまたがるシーケンシャル作動については、詳細レビューの前にチェックすることが必要でしょう。また、システム・シーケンスが異種物理領域にまたがる場合も事前にある程度チェックすることが可能です。例えば、電波、電気、流体、燃焼などで構成されている場合です。シーケンス間で生ずる問題は、往々にして各シーケンスでのエネルギー・ギャップあるいは物理ギャップが大きいところを通過するときに発生します。この場合には、シーケンス・ギャップ分析に移行します。

ここでの判定基準は、ギャップの大きいところに、原則として次のシーケンス作動に移る判定をするモニター装置が備えられているかどうかです。エネルギー・ギャップのある箇所を中心に不具合分析を行い、不具合を検知するモニター装置がないことがわかったら、現実性のある範囲でモニター装置の取付けを勧告することになります。

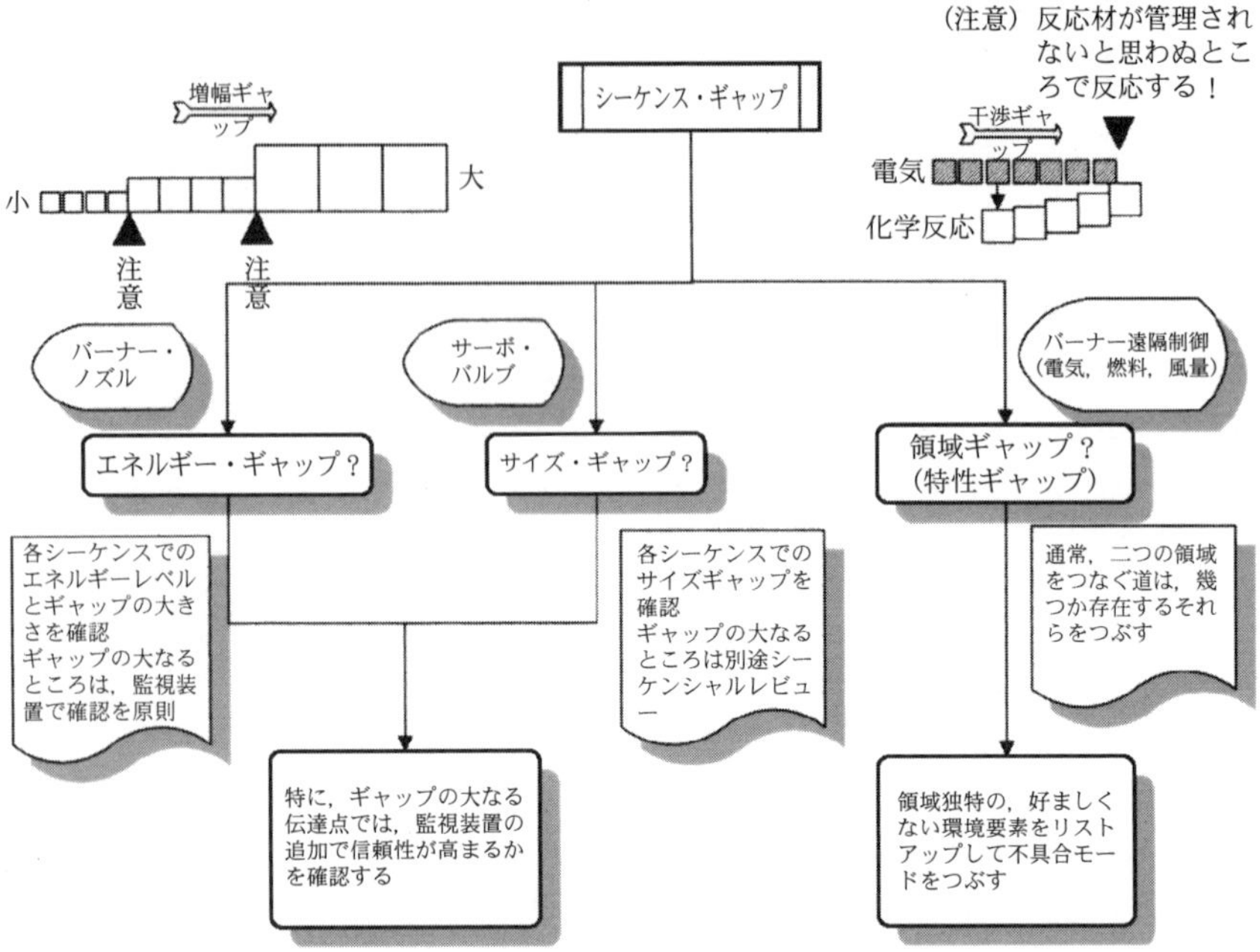

(注意) 反応材が管理されないと思わぬところで反応する!
シーケンス・ギャップ
増幅ギャップ
小
大
注意
注意
干渉ギャップ
電気
化学反応
バーナー・ノズル
サーボ・バルブ
バーナー遠隔制御(電気，燃料，風量)
エネルギー・ギャップ?
サイズ・ギャップ?
領域ギャップ?(特性ギャップ)
各シーケンスでのエネルギーレベルとギャップの大きさを確認
ギャップの大なるところは，監視装置で確認を原則
各シーケンスでのサイズギャップを確認
ギャップの大なるところは別途シーケンシャルレビュー
通常，二つの領域をつなぐ道は，幾つか存在するそれらをつぶす
特に，ギャップの大なる伝達点では，監視装置の追加で信頼性が高まるかを確認する
領域独特の，好ましくない環境要素をリストアップして不具合モードをつぶす

図 4-13　シーケンス・ハザード基準

さて、物理領域が異なる世界のシーケンスにおいては、ある物理領域の異常が他の物理領域でのシーケンスに与える影響を読みにくいことに注意する必要があります。

ある世界ではそれほどの問題でない不具合が、他の物理領域では致命的な不具合を誘発する可能性があります。例えば電気の世界における電気火花が、想定外の時点で噴霧ガスに引火するなどです。前述のＡＳＲ法がレビューに適用できそうです。

ここで、最後の、動的機能と静的機能の組合せによって本来の機能を発揮するシステムの判定基準に移ります（図4-14）。

図にあるように、相互の悪影響を分析することが必要です。これを作用、反作用分析と呼びます。ロケットのように、運用中の不具合は基本的に回復不能であり、信頼性を高めるしか手の打ちようのない開発対象も存在します。

この場合には、設計上の対策がいかになされているか、または信頼性の条件がいかに設定さ

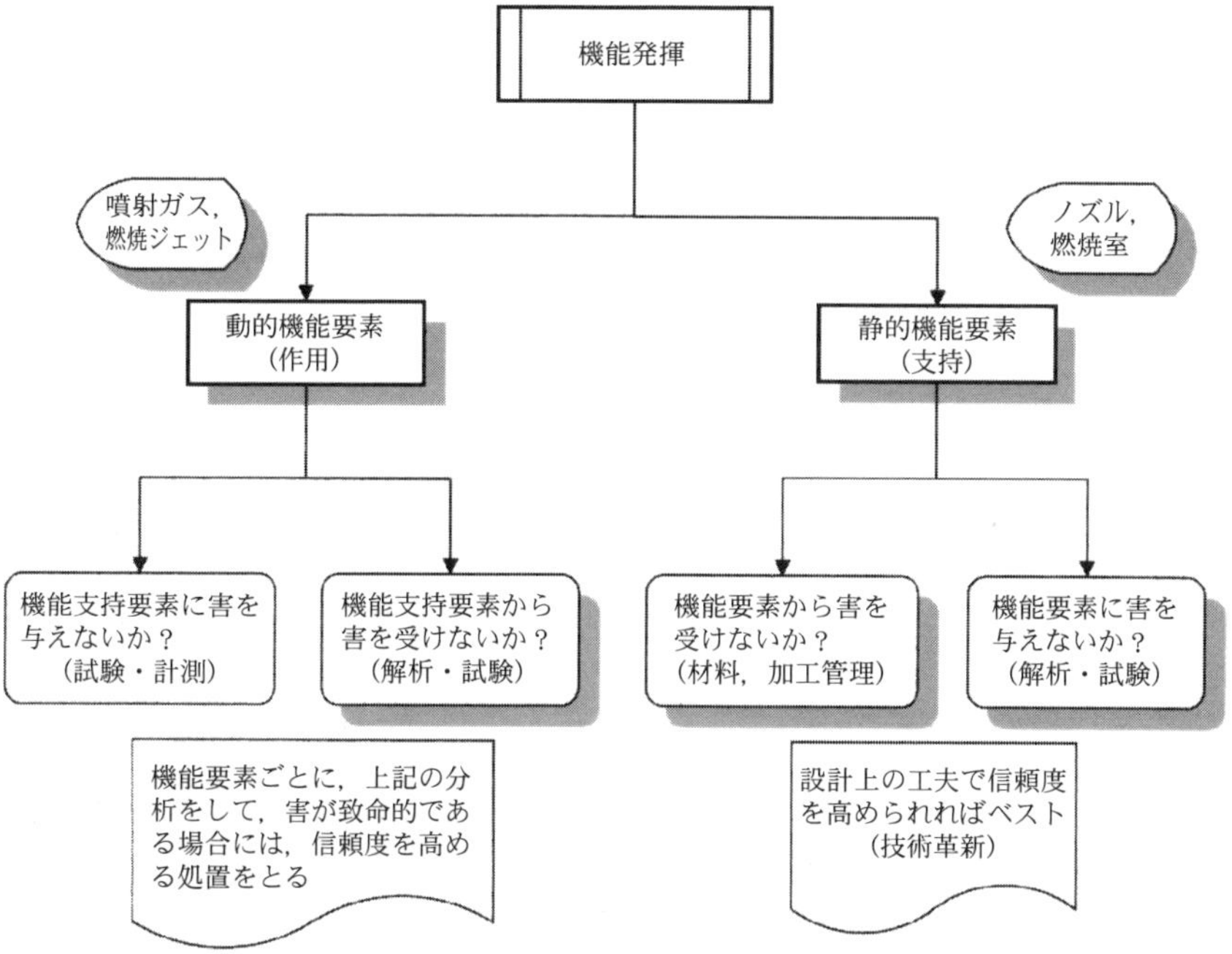

図 4-14　動・静ペアシステムのハザード基準

れ、いかに確保されているかが判定基準となります。

ここに紹介した手法については、応用力が要求されます。機械的な検討ですべてが埋められるわけではありません。

過去に経験がないからリスクを予測できないとして諦めるわけにはいきません。リスクを想定する技術の確立が求められている時代への対応努力を続ける必要があるでしょう。

最後に、ここに紹介した予備的ハザード解析法と類似の思考法で、流体力学に素養のある試験技術者が問題点を指摘した例をあげておきます（図4-15）。図は双胴船を正面から見た断面です。水力的な干渉を避けるためには胴の間隔を広げたいところですが、胴間を広げると、仕様にもよりましょうが、一般には喫水が深くなって胴に支えられた上部構造物である船体部底面に波が衝突する可能性が出てきます。そこで、この波の衝撃を逃がすために、三角形状の断面の整流部を設けたのが

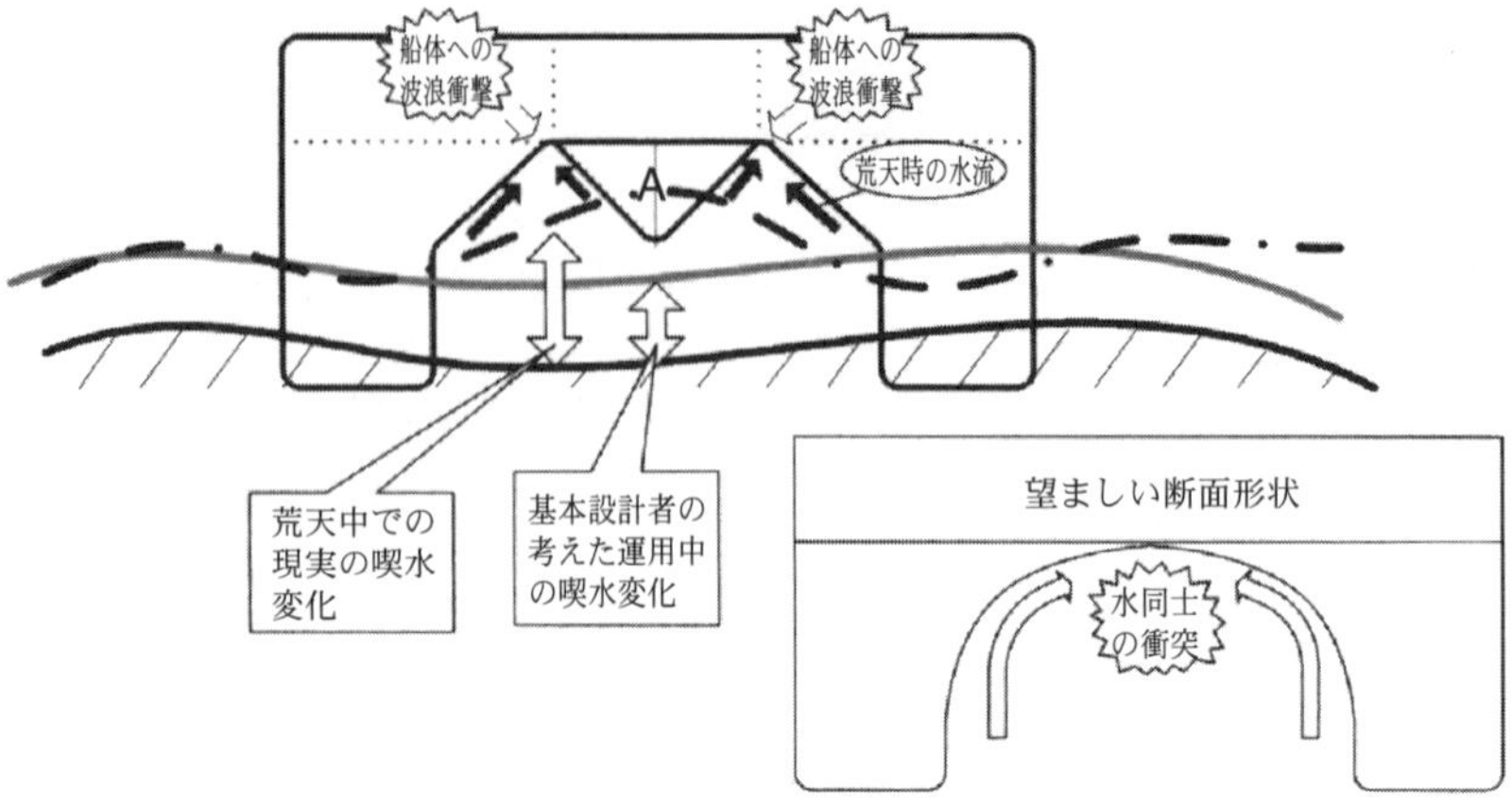

図 4-15　双胴船に対する波浪衝撃ハザード

Aです。

この場合には、作用部が船首にあたる波そのものであり、反作用部すなわち静的機能部が整流部にあたります。

基本設計者は荒天時の喫水変化を楽観的に見て、A部に波浪があたるのは万が一のケースであり、そのときは先を尖らせた三角形断面にしておけばよいと考えたようです。

一見この考えは成立するようですが、波の垂直方向の大きな動きに対して整流部は機能するようには考えられません。船体の平らなところと三角形の整形部のつなぎ部分は、進行と垂直な水の流れのエネルギーを受け止めるだけの強度を保持することが困難と思われます。特に、双胴の存在によって、現実の波は太い一点鎖線で示されるように中央で浮き上がってくるはずです。波浪の挙動そのものを正確に予測できない場合には、万が一のハザードに対して対策を打っておくことが必要です。

本例のような場合、船体には張力の負荷のみが作用し、波の力を正面から受け止めるように設計されていてはいけません。波と波を衝突させて、お互いに減殺させ合うのが妥当と思われます。

残念ながら、試験技術者によって指摘されたこの問題は、整流部が一流の設計家により設計されたもので、何の問題も起き得ないとして関係者に否定されてしまいました。原型のまま、対策を施すことなく外洋に出かけましたが、風波の強いところで技術者の予想どおり整形部と船体部に致命的な損傷を受けたという話を聞きます。

レビューを適切に運用することも開発のマネジメントの一つですが、開発ディレクターに技術知識がないとなかなかうまくいかないときもあります。現実の開発の難しいところです。

■極限性能で生ずる内部干渉ハザード

ここでは、開発が極限技術を狙うときに生じやすい、極限性能で生ずる内部干渉ハザードについて考えたいと思います。

不具合発生を未然に抑えるためには品質管理の適用が考えられますが、いうまでもなくこれは必須です。次いで、信頼性工学の適用が考えられます。これは、数値で信頼度を表し管理する考え方がベースになっています（日本機械学会編『機械・構造物の安全性　信頼性工学の実際的応用』丸善、一九八八年）。意図どおりに機能するシステムでは極めて強力な開発・設計ツールで、航空機や鉄道車両その他機械の設計データや整備間隔を定める基礎となっています。

しかし、これらの張り巡らされた技術の網をすり抜けて時々予想外の不具合を生ずることがあります。それらは特に、製品の内部に組み込まれていて、機能の詳細を観察することが困難な機器で、なおかつ高性能を狙ったときに発生しやすいと考えられます。現代は設計技術が進歩し、単一の理由では致命不具合はほとんど生じません。致命不具合は連鎖的反応あるいは干渉によって生ずるもの、と考えたほうがよさそうです。

そこで、予想外の現象はほとんど複合干渉不具合によるという観点から不具合を排除する条件を考えると、以下のようになります。

①周辺にある機能品に悪影響を与える要因を機能品が発生しないこと
②機能品同士が干渉を受けずに機能を発揮しえること

システムは機能品で成立していますし、それぞれ単体では性能・機能が確認されているわけですから、機能品相互が悪影響を起こさなければよいわけです。しかし、ことは簡単ではありません。例えば、流れを扱う箇所に流体力学上の配慮が不足した部品を取り付けたため、そこからわずかな周期渦が発生して、それが局部的な共振源になり、近傍の流れのなかに設置された部材に想像以上の変形を与えることなどは、典型的な内部干渉不具合といえます。常識的な範囲の設計ではほとんど問題にならない程度の渦が、高性能を追求すると顔を出してくる場合もあります。これを設計段階で予見することはかなり困難です。領域によっては世界がしのぎを削って競争をしているところでもあり、ノウハウでもありますから、オープンにはなりません。

干渉不具合を未然に防ぐ技術では体系的な議論が困難で、対応も簡単にはできないことになります。現代技術の課題の一つといってよいと思いますし、機能品同士あるいは部材同士の干渉をなくしつつシステム全体として高い性能を実現することこそ、開発の最も技術的に高度な部分であるといえましょう。

ですから、ここでは基礎的なレベルでこの問題を分析し、開発をマネジメントする立場として、極限を追求する開発での干渉不具合にどのような注意をすべきか考察するにとどめます。

図4-16に、機能品に限界性能を求めるときに生じやすい一般的な傾向を示します。通常、システムは幾つかの機能サブ・システムが並存または共存しながら、それぞれの機能を果たし、全体としての機能を発揮しています。図は、サブ・システムや機能品の性能が極限を追求するようになると、個々の機能品の性能向上に伴い雑音のような本来の目的以外の副産物を出しやすくなり、微妙な環境変化の影響も受けやすくなるという傾向を模式的に示したものです。ある限界を越すと他への影響を与えやすくなり、他からの影響も受けやすくなるのです。

このような干渉が生じやすいのは流体や熱に関わる部分が多く、結果としての不具合は振動や疲労が起点となることが多いようです。

さて、全般的に見てシステムの機能を万全に発揮させるための最も簡単な方法は、実績のあるシステム構成を

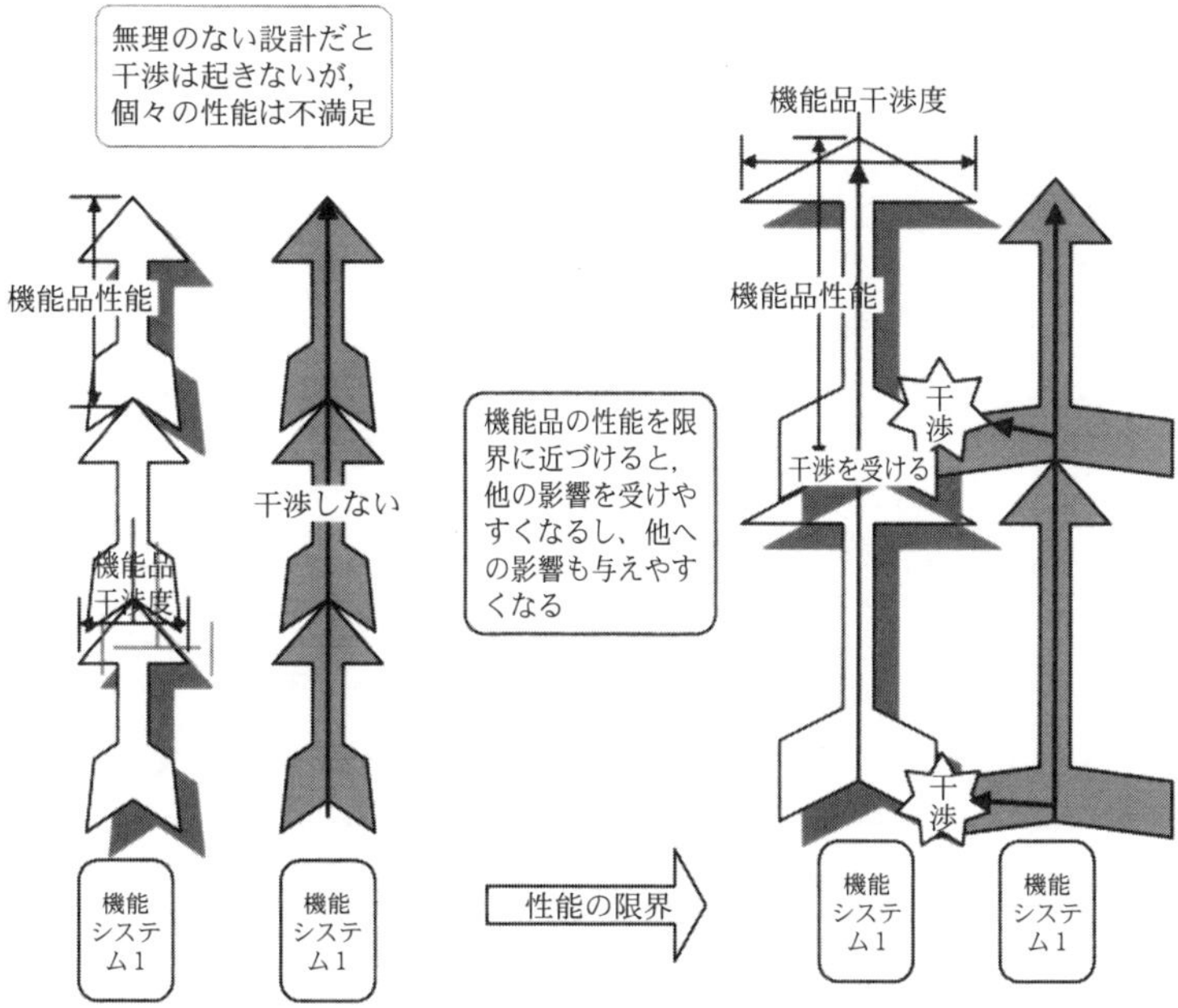

図 4-16　性能向上と干渉に関する一般的考察
（極限性能向上の宿命）

そのまま真似ることだと思います。次に考えられる方法は、それらに少数のよりすぐれた機能品を統制のきく範囲で追加して、干渉の様子を確認しつつ全体の性能をアップすることです。未知の領域で、しかも干渉が生ずる可能性があるときにあらゆる箇所で最新の技術を採用するのは、基本的に危険な試みであることをマネージャーおよび関連する技術者が理解する必要があります。いろいろな開発の世界がありますが、多くの領域でステップ・バイ・ステップの開発方式がとられているのは、単に失敗を恐れているからではなく、干渉不具合を事前に予測・予防することが困難だからなのです。

　マネージャーとして把握すべきは、個々の機能システムが組合せにおいて実績があるかどうか、それらがどの程度の性能を追求したものなのか、そしてバランスのとれた目標の設定であるか否かであると思われます。

　これらの干渉連鎖不具合は、異なる技術領

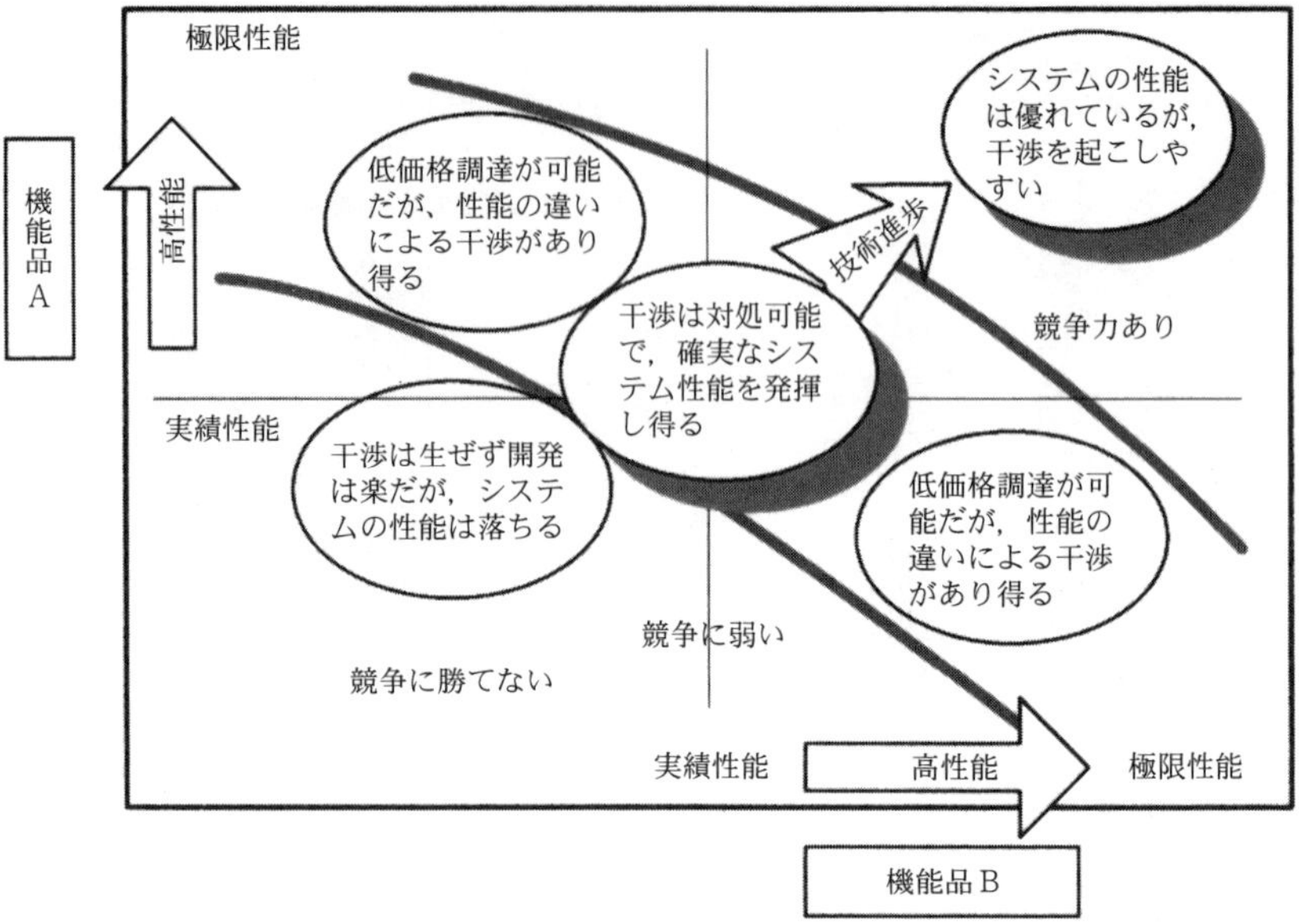

図 4-17　機能品の干渉と目標性能

域における不健全共鳴、パイロットと制御則の干渉、検査と技術のシステム干渉、技術と製造のシステム干渉等々、場合によっては人の心理が作用する複雑系に及ぶかなり広範な領域のものと考えられます。

もう少し考察を進めましょう。各機能品の単独での限界性能がわかっているとすると、システムの構成要素として機能品を用いる場合には、一様に限界性能の七五～八〇％を基準にしてシステムの構成を狙うのが無難な選択であるように思われます。それより低いレベルでは競争に勝てませんし、あまり高すぎると干渉が起きて不具合を発生する可能性があります。ある機能品が当該領域の常識では性能的には五〇％以下で、かつ実績があって安価に入手できる場合、その分他の機能品の性能向上に力を注ぐメリットが考えられますが、この場合には世界が違うことが干渉要因として現れることがありますから、必ずしも当初の目論見どおりにはいかない可能性があります。ここで掲げた数値そのものは絶対ではありませんが、これらの関係を概念的に示したのが図4-17です。競争の厳しい世界では、限界に挑戦せざるを得ません。限界性能を高めることは常に重要な開発目標になります。マネージャーはこれらを認識することが必要です。

4　経済性の確認

基本構想が固まった段階で、開発の経済性の成立を確認する必要があります。この段階ではある程度の作業のブレイク・ダウンが可能ですから、かなり精度の高い見積もりが可能になってきます。経済価値を生み出すことができるかどうかが最終的な判断基準となります。

初期構想を丁寧に、抜けなく検討していれば、この段階で費用が大幅に違ってくることはありません。

(1)　官公庁・企業向けの開発

この段階での見積もりによって、初期構想段階と大幅に違ってきたら、開発ディレクターは決心を要求されます。

顧客に、追加予算を確保してもらうか、製造原価を大幅に下げる抜本的検討をするか、開発費を大幅に削減するか、いずれかの選択が必要になります。ずるずると開発を続けてはいけません。

(2)　一般消費者向けの開発

基本的には、マーケットをいかに捉えるかの世界です。それでも、初期構想段階と基本構想段階で開発費ならびに製品費が大きく違ってくれば、開発計画全体の見直しをする必要があります。

トップも認める、損を覚悟の戦略的位置付けをもった製品以外で、赤字は許容されません。コストを抜本的に下げるための新しい創造活動が要求されることになります。

5　開発プロセスのドキュメンテーション

(1)　プロセスの整理が技術的財産である

現代の技術水準は、ISO-9001シリーズにおける要求で代表されるように、すでに生産活動における文書化（内容的には電子文書化も含みます）までは完全にフォローしていると思われます。しかし、開発経緯のドキュメンテーションについては、直接の製品品質に関わらないので、ISOの要求にはありません。

一方、企業や組織の内側から見ると、これらを整理しておくことが大きな技術的財産になることは疑いありません。しかし、ノウハウも含まれており、それが組織外に出ることがないため、意外に標準化が遅れている可能性もあります。

戦後日本では、YS-11というターボ・プロップ機に引き続いて、C-1という初の国産ジェット輸送機の開発を行いました。このとき、C-1の設計を実質的に指導したのは戦時中有名な戦闘機の設計を担当された方ですが、その下の実務設計者はほとんどが設計経験のない若手ばかりでした。若手技術者はC-1の開発の終了に際し、前記指導者が伝えてくれた航空機の設計哲学のようなものを全員で記憶に基づいて書き募り持ち寄り、設計ノートのような形にまとめあげ、コピーを設計に関与した人に配布したという話を聞きます。図面もさることながら、この設計ノートこそ、高いレベルに達した戦時中の日本の航空機設計技術を次世代に伝える根幹をなしたものと筆者は考えます。その後現代の技術水準は大きく向上していますが、設計の考え方を体系的に伝えるドキュメントの意義は薄れるどころか、ますます重要性を増していると思います。日常的にこのようなドキュメントを作成するシステムが望まれるところです。

(2) 開発のドキュメンテーション

開発のプロセスを明らかにすることには二つの意味があります。

一つはそれ自体が開発構想そのものの成立性を保証する意味があり、他の一つは開発の経緯を次代に伝える意味があります。

図面とスペックは、開発品そのものを生産するためには必須のものですが、それだけでは描かれた背景を知ることができませんし、価値を理解することもできません。

開発の経緯と結果がいかにして生み出されたかを後世に伝えるためのドキュメンテーションは、従来それほど重視されていなかったように思います。

開発中に生ずる人間ドラマには人の胸を打つものがあり、読み物としてのドキュメントの例も多いようです。それはそれで読む人の人生を豊かにするのですが、開発技術力の維持・向上というドライな立場に立つと、開発の経緯を技術的観点から整理したドキュメントが現在以上に重視されるべきだと思います。

本書で述べた技法を従来の技法と組み合せることで、開発の経緯をドキュメント化できます。

参考までに、これらのドキュメントに必要とされる条件を以下に記します。

①開発にあたっての基本的考え方が記されていること
②開発の狙いが明記されていること
③基本構想・仕様およびそれを定めた根拠が網羅されていること
④特にノウハウとして扱われやすいところが技術的に記述されていること
⑤機能・性能が記述されていること
⑥ライバル製品との相対関係が記述されていること
⑦採用された新技術について、確立までの技術的経緯が記されていること

⑧開発日程と費用見積もりがあること

⑨開発当時、ガード・システムとして何を考えたかを記してあること

このほか、コンパクトで読みやすいことも条件になるのでしょうが、項目としてはおおむね以上のようでしょう。

これらを網羅する必要があるのですが、表現は開発対象の性格によって、おのずから異なってくると思われます。

開発のマネージャーは、開発経緯書をつくって初めて開発の構想段階を卒業できるのです。念のため申し添えますが、開発のドキュメントをつくることが開発の目的ではありません。経済性を損なうものであってはなりません。要領よく工夫を加えながらも、ときには一気にドキュメントをまとめる必要がありましょう。

第五章●開発の運営

1　全般

(1)　はじめに

本章では、小さくとも開発体制といえる程度の組織をもった企業あるいは機関を対象に、創造的開発を生かすための運営の仕方を論じます。

開発の一部を在来組織が分担する通常の開発体制の場合、多くの人が組織の壁を痛感するといいます。組織の壁には二種類考えられます。一つは組織ごとの責任の違いに基づいて醸し出される意識の壁で、他の一つは地位や資格に関わる責任の違いに基づいて発生する上下の壁でしょう。

開発の最前線にいる人は、日夜見えざる敵と戦いつつ関連する組織に対して開発の進捗に適合した協同・支援活動を要請しますが、後続組は現業を優先し必ずしも十分な対応をしてくれない、というのが前者の例で、同じ職位レベルの者同士でないと話が通じないというのは後者の例でしょう。

壁の存在は開発の推進効率を落としますが、逆に現業部門の人たちが枠をはずれて柔軟な対応をしてしまうと現業部分の組織責任が曖昧になるわけですから、どちらが正しいともいえません。

これらの問題に対処するには、依頼（開発）側と被依頼（現業）側の間に公正なギブ・アンド・テイクの関係を築きあげる以外にありません。組織としては現業と開発という二つの大義をもつわけですから、どちらに軍配をあげるわけにもいかないのです。

このケースにおいて、開発に的確に対処する責任は組織所属者全員にあると考えられます。開発業務側と在来業務側のタイミングの合った協働は、優れた開発文化をもつ組織の証といえるでしょう。開発側が成果を出し続け、現業側が積極的な支援を継続することによってのみ、この文化は育まれます。

なお、現業を滞りなく処理し開発にも協力して成果をあげるためには、相当量の努力と気遣いが必要になります。開発に協力する現業者に対して相当量のプロモーション（昇進）への優位性を認めることは、組織にとってマイナスとなる要因が少なく、現実的な開発活性化策の一つです。

ここで、組織が全力投入しなければならないような大きな開発を考えてみます。この場合には、当然トップがリーダーシップをふるう必要があります。しかし、開発は本質的に成否の行方が判然としません。すなわちリスクを伴います。開発で価値を創出し実りを得ようとするならば、リスクにチャレンジする勇気とリスク分散策の双方が必要であることはすでに述べました。組織内においても同様で、リスクに勇気をもって臨まねばならないのは、開発担当者だけでなくトップも同様ですし、組織の上下がリスクを責任の大きさに応じて分散負担することが必須と考えられます。

第一章で明らかにしたように、開発は経済性と創造性と実用性が重なったところで成立するものです。開発を適切に運営するためには、それぞれに対して責任と権限が明確になっていなければなりません。

結局、開発に前向きに取り組むには、

・開発における方向性と経済の成立性に関する見通しは、組織のトップが専門職の協力を得て自らの責任で明らかにすること

・開発における創造活動には、組織に所属するすべての人に参加のチャンスが与えられること

・具体的開発対象の創造以降の実体化プロセスまでは専門の開発技術者が中心となって担当すること

という仕組みが組織内に確立されるべきだということです。

もちろん、開発の方向を定めるのは容易でありませんが、開発実行段階で担当者が注ぐ努力・労力と同等以上のエネルギーが策定に際しても注がれなくてはなりません。

トップ自らが採用した方針の合理性を明らかにし、そのうえで開発グループと一体となって開発を推進するも

のであれば、組織内の合意と支持の取得はもちろん、担当の意気込みもまったく異なってきます。

(2) 開発が先か、管理が先か

開発は通常、大きな組織の管理下で実施されます。大きな組織としては国家から、小さな組織としては個人の連合した形態まで考えられます。この遂行にあたり必ずといっていいほど生ずるのが、組織管理下での開発なのか、あるいは目的あっての開発と組織か、という問題です。これを突き詰めていくと深刻な議論に発展します。開発の基本的な位置付けを決める本質的な問題といえるでしょう。

つまり「開発といえども組織の指示・管理下になくてはならないし、組織の権限を越える開発は許されない」という意見と「開発のために組織があるので、組織のために開発があるわけではない。一般に組織重視はリスクを排除するゆえに創造性の芽を摘み、活性化を阻害する」という意見の衝突です。これだけならよいのでしょうが、通常は、ここに上部組織との関係が複雑に入り込んできます。

「それは時と場合によって使い分けるべきである」ということだと思います。しかし、正しく使い分けるためには、その本質をわきまえる必要があります。開発は組織の管理・指示のもとに行われるべきなのでしょうか、それとも組織の負託を受けてある程度自由に行われるべきなのでしょうか。原則くらいは明らかにしたいところです。筆者の結論は以下のとおりです。すでに述べた創造開発と革新開発を区分するところに特徴をもつでしょう。

「原則として、創造開発においては組織の負託を受けるという自主的な姿勢が重視されるべきで、革新開発は組織の管理下にあって遂行され、計画どおりの成果の達成を重視すべきである」

本論に従うと、「日本の宇宙開発は二本立てであり無駄である。一本化すべきである」というのは短絡的で、「宇宙科学研究所は創造開発への指向を明確化し、宇宙開発事業団はより開かれた開発管理組織として革新開発を指向するのであれば、国としての経済効果は一本化するよりも大きくなるであろう」という考え方も俎上《そじょう》に乗せるべきとなりますし、創造開発を担うベンチャーは国民の負託を受けた自主的な活動に位置付けるべきであろう、ということにもなります。

研究を、本書でいう創造開発に位置付けているところもあるようですが、研究と開発の区分・役割を明確にしておかないと、研究が開発と独立して歩くようになり、開発成果において他者に大きく先んじられる恐れがあります。

(3) 開発のディレクターとマネージャー

本書では、随所に開発のディレクターとマネージャーという言葉を使っています。

ここで改めて定義してから、役割を論ずることにしましょう。

ディレクターとは、組織のトップから権限を委任され、開発全体をとり仕切る人です。全権を委任されている場合には、実質的な開発のトップといってよいでしょう。開発チームを編成し、開発の方向を示し経済性の成立に責任をもちます。

「マネージャー」は、通常の意味合いとは若干異なるかもしれません。ここでは、管理の仕事よりも、チームとしての創造性を発揮しチーム活動を一つにまとめてゆく役割を負います。開発の基本構想はここでまとめられますし、レビューにも責任を負います。

予算、日程、労務等の管理は開発チームと別のラインで行われるか、開発マネージャーの下の管理担当が実施するのが現実的と思われます。

両者がなすべきことを考えてみます。

ディレクターは、開発対象を創造しやすい環境をつくり、対象領域の方向を常に考え、対象が生み出されたら、それに対して最善と見なされる方向性を与えつつ育てあげ、本書でいう経済性を伴う「開発」をとりまとめなければなりません。マクロな情勢を観察、判断し、方針をもとに組織に方向性を与えるだけの権限と責任をもつ立場の人ともいえます。

一方、マネージャーはディレクターを補佐し、開発チームというよりも開発作業を経済性、創造性、実用性の観点からとりまとめなければなりません。

日常的には、ディレクターのもとに数名のマネージャー候補が随時集まり、開発の方向付けと開発対象の創成に関する意見交換が行われること、そしてマネージャーの影響下にあって、通常はライン作業(営業、計画、設計、試験、研究)に従事している実務者も随時議論に参画できる開発活性化システムが構築されていることが、開発が動き始めてからの効率には大きな影響をもちます。

ディレクター以下の編成は全体が小さいほど作業をしやすいのですが、情報や能力に限界があります。組織が大きくなってくると、組織の原則に基づくアドミニストレーションの影響により、責任論・権限論のウェイトが増し、自由な発想を阻害し活性力の低下を招く可能性があります。慎重な配慮が必要でしょう。

これらの課題を克服し、小グループのスピードと大組織の強さを共有する仕組みをつくりあげたものが、開発の効率とスピード向上で優位に立つと思われます。

なお、前記の意味合いでのマネージャーはあくまで基本構想確定までの段階をイメージしたものです。詳細設計段階に入ってからマネージャーに要求される専門知識や条件と一致するとは限りませんし、次の開発にアサインする場合との優劣を比較する必要もあります。

(4) 効率的な運営条件

開発は組織全体が一体となって推進して初めて成功するものであり、一体感を醸成する条件は、開発の真の意味を理解したうえでトップあるいはディレクターと担当の責任がそれぞれ明確にされていることです。

もちろん、部門の独善は排除されなければなりません。先行する部門の独善が開発の可能性を狭めるようであってはなりませんし、後続すべき部門の独善が開発の進捗を遅らせるようであってもなりません。

生産部門等、後工程に位置する部門の当初からの開発参画が、いまや開発の必須の条件とされつつあります。開発プロセスの確立された世界では、コンカレント・エンジニアリング（図面を描いてからそれをもとに生産計画を行う、という直列の作業でなく、図面を描くと同時に生産計画がスタートするというように並列同時に作業を行うことで開発の効率を上げる方法。コンピューターとＩＴの進歩で、いまや開発形態の一つの常識となりつつある）採用必須の時代であることを忘れてはなりません。

もう一つの重要な条件は、正鵠を得た開発方針の設定です。

方針については、さらに詳しく検討します。

2　方針

(1)　開発における方針の重要性

開発方針はあらゆる段階で重要です。経営方針に近い場合もあるでしょうし、局所的な問題を解決するためにとられる方針もあるでしょう。経営方針に近いレベルの開発方針は企業の存続を賭けることになります。

方針あるところには必ずそのフォローがなされますから、方針を誤ると成果が出ないだけでなく、現実に間接費の無駄遣いという機会損失を伴います。

小さな開発における方針についても、レベルの違いこそあれ、位置付けは同様です。

ここで、重要な方針を策定するうえで考慮すべきことを明らかにする必要が生じます。

適切で、成果を得やすい方針とはいかなるものでしょうか。

(2) 優れた方針の条件

筆者の考える優れた方針の条件を二つ記します。

①進むべき方向に筋（光明）が見えていること

②進むべき方向の物理・文化次元が手持ち技術の物理・文化次元と共通性があること

本書のこれまでの議論からすれば、優れた方針は自己と環境を徹底的に分析した結果、初めて生み出されるものだということになります。優れた洞察力は、単なる直感ではありません。アブダクションとレビューを積み重ねる修練を経た結果得られる能力であると思うべきです。

(3) 方針のあり方と効果

方針のあり方と効果の関係をわかりやすくするために、図5-1で「通行料金最少問題」を考えます。開発を「どの道をどのように歩めば最も効率よく遂行できるか」に置き換えるわけですが、一種の最適問題ですから、実に多くの選択肢があることになります。

ここで、方針を出す人は全貌を把握することはできるが手を出せず、調査にあたる担当者は自ら確認はできるが周辺状況しか見えない、という条件を付加します。

担当者が手分けして調べてよい経路を見つけることになりますが、彼らに与える探索方針によって、結果はかなり異なりそうです。

これに似たケースは、開発の場でも、競争の場でも、経営の場でも往々にして生じます。この問題に考察を加えることで、一般的にあるべき開発方針を探ろうというものです。

いま、このような問題に対しては次の四つの方針案を考えたとします。

①現在使っている経路に比較して所要料金を半分以下にせよ

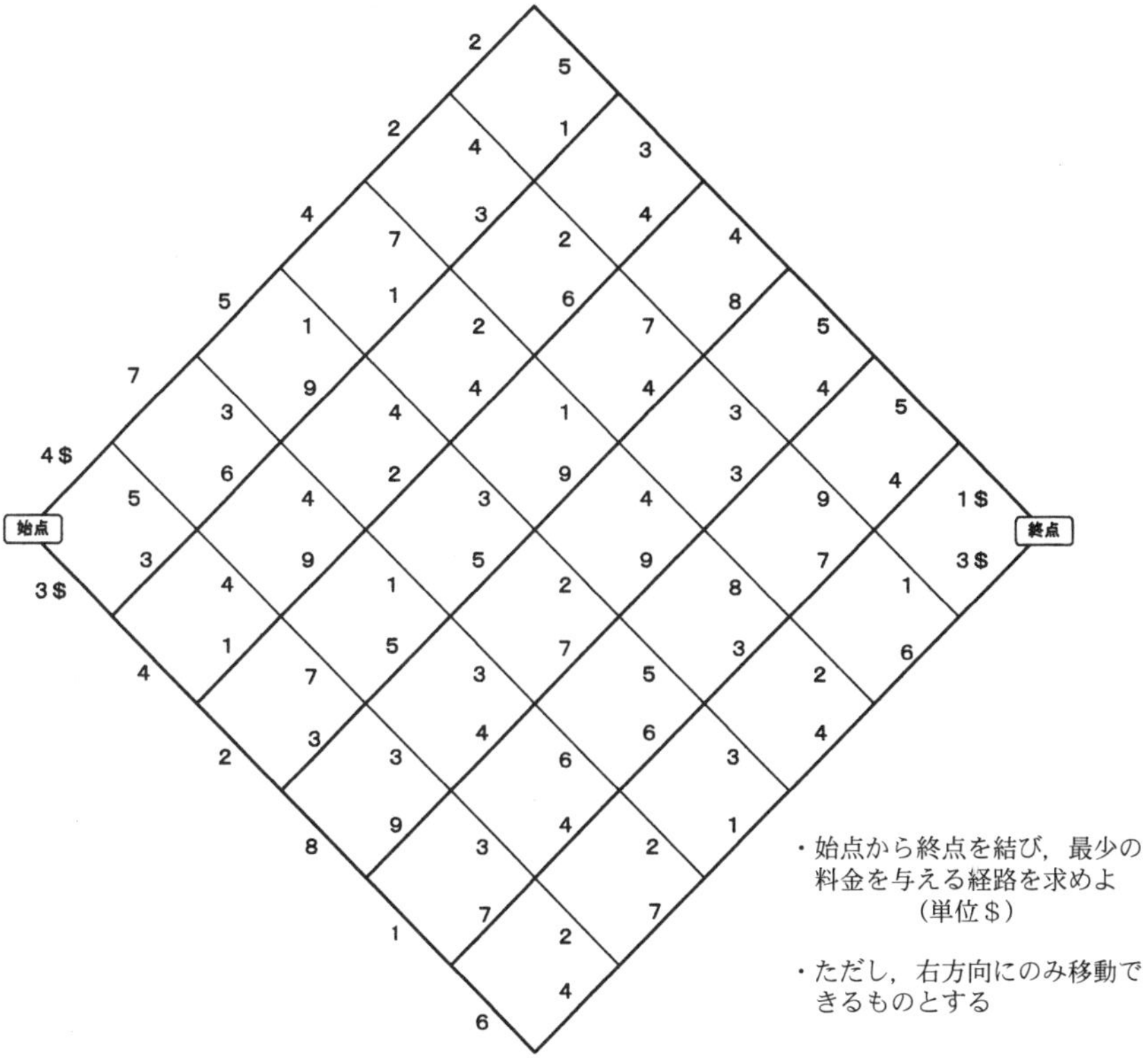
始点
終点
4 $
3 $
1 $
3 $
・始点から終点を結び，最少の料金を与える経路を求めよ
（単位 $）
・ただし，右方向にのみ移動できるものとする

図 5-1　区間最少料金問題例

②現在使っている経路を少しずつ修正して、限界まで料金を減らせ

③七区間中三区間は一ドルの料金の区間を通過して、よい解を求めよ

④すべてのチョイスを検討し比較して最適な選択をせよ

そして、このなかから方針を出さねばならなくなったとします。どれを選ぶべきでしょうか？

開発の初期には、常にこのような方針に絡む問題が潜んでいます。

①の方針は、これが最適経路よりも若干よい姿であるとすれば、極めて優れた方針になり得ます。しかし、これが実現不可能な数字であるとすると、解を探索するチームは永久に「不可能です」とい

う回答を出し続けるでしょう。目標管理を意味のない活動に追いやる可能性をもっています。方針とともに料金を半分にできる根拠を示す必要があります。

②は最も常識的な変分的アプローチです。しかし、局所最適解しか得られないという原理的制約から、現在使っている経路によっては真の最適経路よりも大幅に悪い経路で満足してしまう場合があります。

一方、③にまで踏み込んだ方針は、対象に相当に肉薄しないと出てきません。この方針は、解を求めるチームとしては極めて扱いが容易であるというメリットがあります。方針が具体的なので、担当は迷わず仕事ができます。しかし、比較指示が与えられていないという問題がありますから、あと一息のところでより優れた解の追求を諦めてしまう可能性もあります。

④の方針は理論的には正しいのですが、現実的ではありません。われわれの環境は刻々と変化しますので、現実に厳密な最適解を求めることは不可能だと思うべきです。一見正論ですが、大いなるロスの発生を避けられません。いつになっても「計算中」という回答しか戻ってこない可能性が高いと思うべきでしょう。

以上の①~④のなかで、どれが最も優れた方針でしょうか?

列挙された案のなかでは、③が優れているようですが、「付録」で説明する「AP（Abductive Programming法）」による、①と③を組み合せる方針のほうが、担当に自ら考える余地を与えている点でより優れています。方針と実行の整合性の高い最も優れた方針といえそうです。

この場合のあるべき方針は「一ドル、あるいは二ドルの経路から出発し、平均三ドル以下になるように経路を開拓し、そのなかで最少の料金を与えるものを選択せよ」となります。

参考までに、このような方針で得られる最適経路を図5-2に示します。矢印で示した経路が探索のため実際に調べたものです。無駄な探索作業が少ないことが読み取れるでしょう（拡大図を図A-3に示してあります）。

この方針を出すためには、問題をよく見て一ドルや三ドルという数値を具体的に示さなければなりません。対

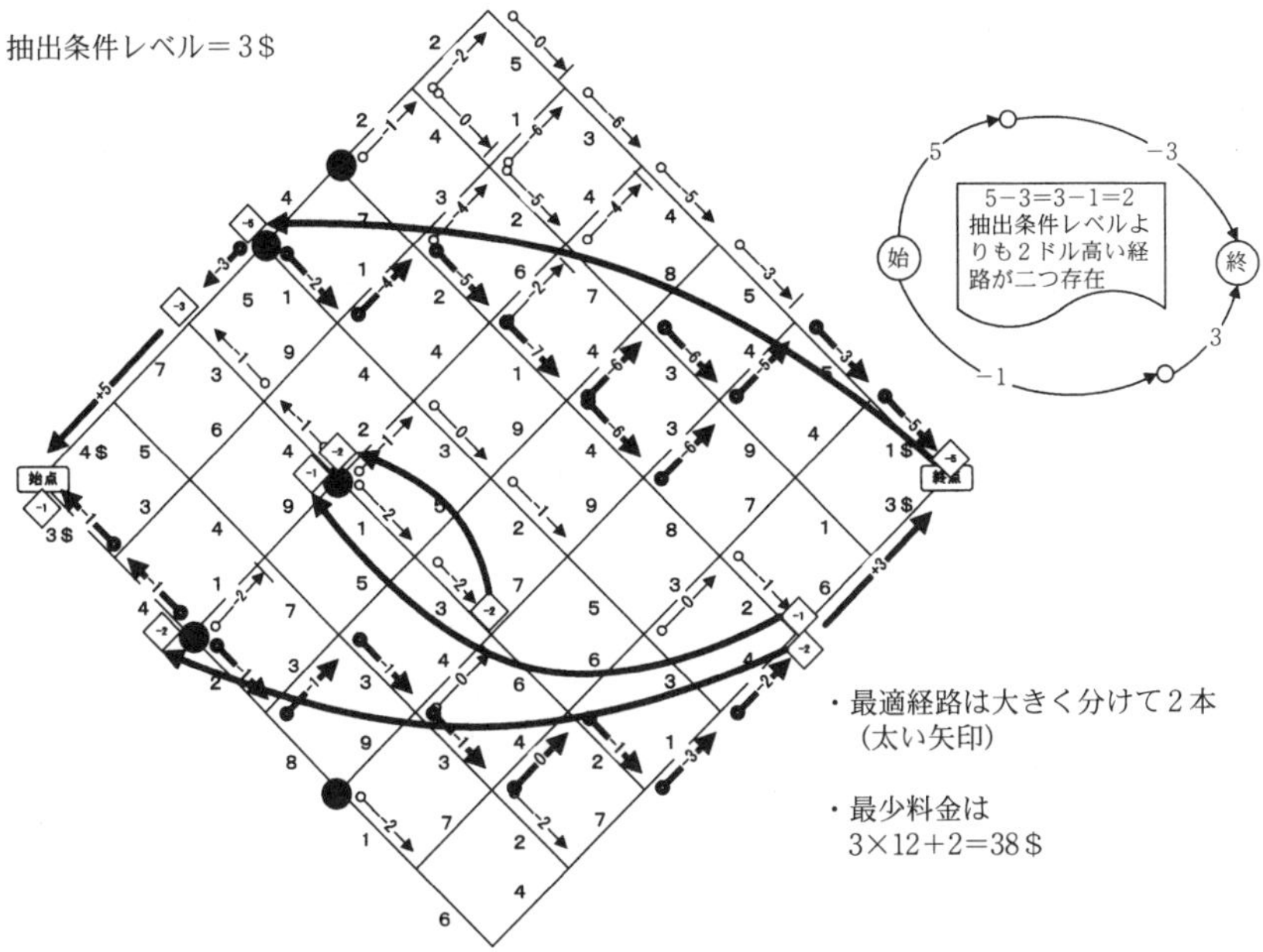
抽出条件レベル＝3＄
始点
終点
4＄
3＄
1＄
3＄
始
終
5−3=3−1=2
抽出条件レベルよりも2ドル高い経路が二つ存在
・最適経路は大きく分けて2本（太い矢印）
・最少料金は
3×12+2=38＄

図 5-2　AP 法による最適ルート探索例（目標レベル 3.0＄）

象の本質に迫り、かつ最適選択に関する知識をもっている必要があるということです。

優れた方針を出すことで得られる成果が大きいことと、それを出すためには深い考察が必要であることが理解できると思います。

これらを開発方針にあてはめると、

・技術（付加価値）マップを作成する

・手持ちあるいは利用可能技術のなかから付加価値の高いものを幾つかピックアップする

・それらを連結させる道を探させる（連結によって、平均の付加価値が落ちることを計算に入れる）

・連結にあたっては連結による付加価値の低減を考慮に入れた実現可能な目標値を与える

となります。

なお、積極性に欠けるように思われるため、常時出せる方針ではありませんが、

・解決不能の泥沼からは抜け出せ

は記憶するにふさわしい教訓的判断基準と考えられます。

これは、与えられた経路問題では、仮に最適解でも経済的に成立しないことが見えてきたときに、考慮すべき方針だと思います。

現時点では最善をつくしながらも、早期に転針を図ることのほうが賢明な場合があり得ます。

3　開発のディレクターが留意すべき点

(1)　マネジメント・スタイルの切替え

第一章で開発におけるマネジメントの重要性を述べました。そして、そこでのキーワードの一つが「最適選択」であることにも触れました。本節では、効率的な運営に欠くことのできない技術である「最適選択」と関係付けて、マネジメント・スタイルについて少し説明しておきます。詳細な最適選択論を紹介するのでなく、組織活動である開発においてはどのようなケースで最適論が適用可能であるかを考察し、対応するマネジメント・スタイルを理解しようというものです。

開発の初期段階は計算の立たない、いわゆる創造活動の領域ですから、あらゆる問題の定式化が困難であり、最適選択は必ずしも文字どおりには運びません。しかし、開発がある程度形をなしてくると、見通しも立って計算ができるようになります。この段階では細かい管理も必要ですが、合理的かつ効率的な運営が求められます。計算ができるようになると、最適化が現実味をおびてきますので、可能ならば合理的運営に最適論を採用すべきである、となります。

以下に、開発において最適化はどのようにして応用されるべきか、あるいは応用可能であるかについて考察を加えます。

最適化の理論は一九五〇年代から研究され始め、以降急速な進歩を遂げました。コンピューターの進歩と相まって手法としての進歩も著しく、現在極めて高度な計算までできるようになっています。月に向けて打ち上げられた宇宙船を、最小の燃料噴射量で月着陸させるには、どのような軌道をとらせ、どのような燃料噴射を行えばよいか、等が典型的な適用可能な問題です。これが実現できれば、燃料を節約できた分、機器等の搭載にまわせるわけですから、効果は大きなものになります。

しかし、計算が高度になる一方で、理論は難しさを加え、解析の素人ではとても扱えない専門技術になっています。開発のように、かなりの曖昧性をもって日々刻々変化する環境下で素早く最適な人材配置、機構配置、最適経路等を追求する世界では、厳密な記述や計算はなじみません。

ここで、現実の開発マネジメントにおいて最適論が適用可能なのか、あるいは適用の限界はどのあたりなのかを考えてみたいと思います。

開発の目標が具体的になると、マネジメントの目標も具体性をおびてきます。第二章では、創造活動のゆえに異なる種類の世界が混在する開発では、それらをうまくまとめることが重要であると述べましたが、もう少し開発が進捗したケースを考えてみましょう。そこでは、ある程度の組織ができ、そのなかに開発を担当する組織ももちろん組み込まれることになります。

最適化に要求される厳密性を念頭において、それと対比して、開発における組織のあり方と目標設定のあり方を区分して考えてみます。

柔軟な組織から上下関係の確立された組織まで様々ですし、担当組織に与えられた権限も、かなり自由度の高いものからマニュアルどおりにしかアクションが許されない組織もあります。また、担当組織の目標も、価値のあるものさえ創造できればよいとするところから、具体的な数値の達成が要求されているところまで各様です。

これらを、柔軟な順に上から並べたものが図5-3です。

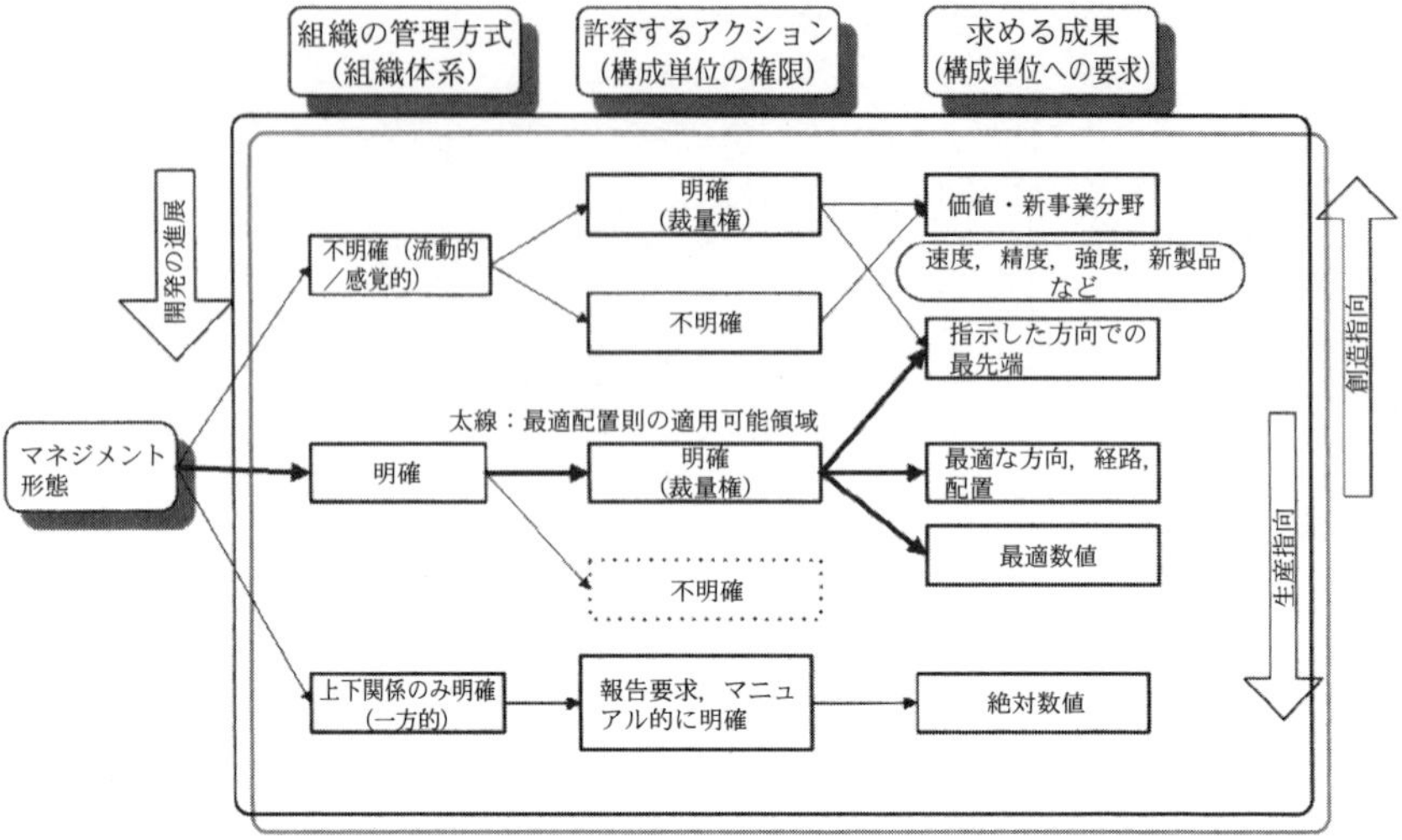

図 5-3　マネジメントのスタイル

上方にいくに従い創造指向が高く、下方にいくに従い生産指向が高くなっています。一番下の例はかなり極端ですが、開発の最終段階のものつくりではこのようなケースもあり得ますから、一般に開発の諸作業は時間の経緯とともに、上から下に移ってくると考えてよいでしょう。というよりも開発の成果を上げるためには、創造活動をまとめ、最適な選択で効率を上げ、詳細なチェックで目的が達成されていることを確認する必要がありますから、マネジメント・スタイルは開発のフェーズに応じて切り替えられるべきであるという段階になります。

これら各段階で組織体系の設定はかなり違いがあります。開発の性質を考えると、このなかのどれか一つに固執して全期間一貫させようとすることは、開発そのものの否定を意味します。

図の中段の太線で結ばれたシーケンスは、それぞれの役割が明確にされていますから、原則的には最適理論の適用が可能なところです。簡便に応用が可能な最適手法があるならば、常に採用すべきだといえるでしょう。「最適化」という言葉はあらゆるものを凌駕するという意味をもつので、非現実的で難解すぎると捉えられがちですが、創造の世界よりはるかに現実的で、手法として適用する意義は十分にあると考えます。

参考までに、基本的なマネジメントのスタイルを整理すると以下の三種類になります。

①自由度をもった柔軟な組織体系のなかで、創造を旨とするマネジメント

②合理的に最適な判断・選択をすべきマネジメント

③そしてマニュアルどおりに作業を遂行しているかどうかのチェックを最優先するマネジメント

(2) 開発の備え（独創技術の蓄積、教育、人材発掘）

開発における技術の重要性はすでに何度も述べました。その意味を理解したうえで、独創的な技術開発を蓄積させることに常に留意しなければなりません。また、開発を実行するのは人ですから、人の教育も極めて重要です。これはという人材には、自己組織内外を問わず最適な教育の機会を与えるべきでしょう。

教育が及ばぬところは、組織内外から人材を集める以外に方法はありません。

常日頃、開発に適する人材の発掘を心がける必要があります。

(3) 開発対象創造作業の活性化

開発は、押し付けられた環境のなかでは花を咲かせません。開発チーム内部に責任感と誇りに裏打ちされた活性力が必要です。

ディレクターおよびマネージャーは開発における創造作業の本質を理解し、開発チームに誇りを与え、士気を高め、成果を求める姿勢が重要です。

ディレクターまたはマネージャーが直接開発対象を創造することは稀なケースでしょうが、関連する情報の取得に努め、それらを前向きに評価し合えるようなシステムの確立が必要でしょう。

(4) 合理的なリスク概念に基づく経済性の追求

開発はリスクなくしてあり得ません。リスクに立ち向かいながら合理的なリスク低減法を探索・採用しつつ経済性を追求するのが、開発をリードする人の責務です。

リスクを少なくすることは、できるだけ多くの選択肢をもち、そのなかで最適の選択をすることだということを理解して、日頃から開発に適用するよう努力する必要があります。

(5) 開発の実行と効率化（可視化とコンカレンシーの確認）

事前の十分な検討により、開発のプロセスを開発関係者に明示することが第一です。

開発は、細部まで含めると極めて複雑なプロセスを経ます。個々の担当者の判断が後に取返しのつかない結果を生み出すことや、良かれと思ってやっていることが非効率に結びついていることもあります。

担当者は状況を上司に説明し、判断について相談する時間的余裕がない場合が往々にしてあります。その場合の唯一のガイドは、基本構想のあるべき姿とそこへの道筋を描いたものです。

可視化の徹底と基本構想を関係者に周知させることが重要な所以です。

開発の実行段階においては、手戻りのないことが技術的に確認されたなら、開発速度を上げるため可能な限りコンカレンシー、すなわち各部門の並行作業を確保すべきです。ＩＴまたはコンピューター技術の応用による作業遂行計画への挑戦も、開発効率向上に極めて有用になりましょう。

(6) 開発（創造）担当マネージャーの選定

開発ディレクターの大きな仕事の一つは、構想をまとめあげる段階でのマネージャーの選定です。

詳細設計以降の開発作業は、方向も具体的に定まり、内容的にも組織で通常行っているライン作業に近いとこ

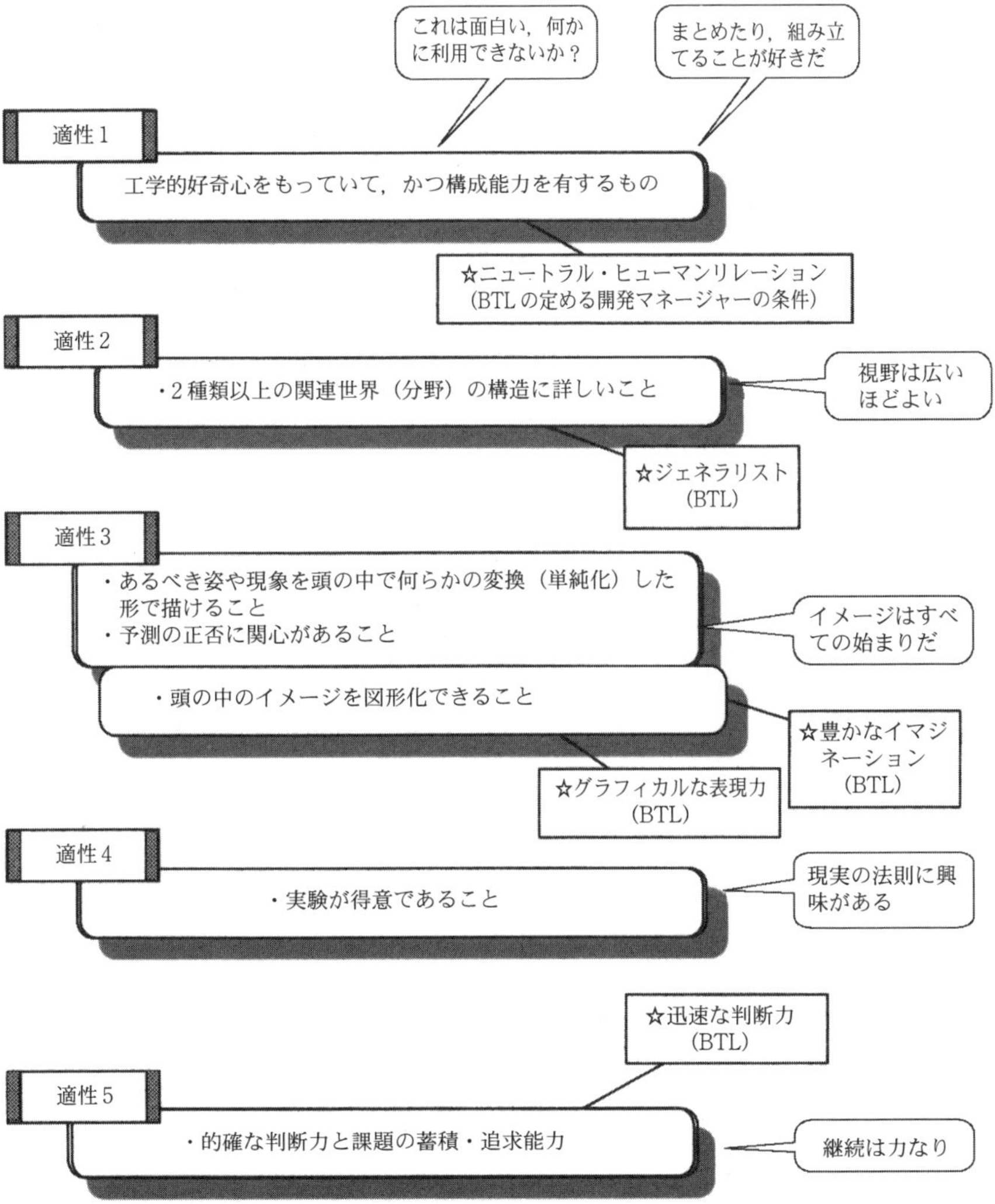

これは面白い，何かに利用できないか？
まとめたり，組み立てることが好きだ
適性 1
工学的好奇心をもっていて，かつ構成能力を有するもの
☆ニュートラル・ヒューマンリレーション（BTL の定める開発マネージャーの条件）
適性 2
・2 種類以上の関連世界（分野）の構造に詳しいこと
視野は広いほどよい
☆ジェネラリスト（BTL）
適性 3
・あるべき姿や現象を頭の中で何らかの変換（単純化）した形で描けること
・予測の正否に関心があること
イメージはすべての始まりだ
・頭の中のイメージを図形化できること
☆豊かなイマジネーション（BTL）
☆グラフィカルな表現力（BTL）
適性 4
・実験が得意であること
現実の法則に興味がある
☆迅速な判断力（BTL）
適性 5
・的確な判断力と課題の蓄積・追求能力
継続は力なり

（注）　BTL：Bell Telephone Laboratory

図 5-4　開発適性

ろもありますから、組織内の相応の職位にあるものが担当することで、それほどの問題は生じません。

しかし、構想段階における開発のマネージャー選定は、職位にこだわるべきではありません。

開発担当マネージャーに要求される資質の第一は、育てられた人でなく、あらゆることへの好奇心の強さと客観性を併せ持つ、自ら育った人、ということだと思います。

このほか、人をまとめるために誠意や柔軟な考え方、さらには粘り強い性格も必要になりましょう。

筆者の開発適性に関する考え方を図5-4に示しました。これらの適性をもって、なおかつ精神的に成熟し、速やかな判断力とリーダーシップをもつ人が開発マネージャーに適していることになります。

参考までに、ベル・テレフォン研究所（BTL）があげたという「新製品開発のプロジェクト・マネージャーの五条件」を図中に併記しました（糸川英夫・菊池誠・牧野昇『新製品　その創造と開発』三菱総研新書、一九七九年）。なお、この書のなかで糸川英夫氏は「開発における独自のコミュニケーション・システムの重要性」を力説しています。二〇～三〇年前の話であることを考え、当時のITのレベルを思うと、先見性の高さに驚きすら感じます。

さて、ここでは開発マネージャーは予算管理等の管理マネージャーでなく、創造活動を総括するマネージャーという意味を与えます。

創造担当マネージャーとは、必ずしもハードウェアまでの責任をもつ人ではありません。概念の世界と現実の世界をつなぐ人とでもいうべきでしょう。目に見えない世界のつながりや構造に興味のある人は、それらの仕事に適合性をもっているような気がします。数学的素養に近いものがあることが感じられます。

開発が構想設計を経て計画が確定され、一定期間内に一定の出力を要求される段階になったら、新たに開発推進マネージャーをアサインすべきでしょう。構想レビューがしっかりしていれば、ライン業務に経験をもち、より現実的で着実な作業処理に価値と誇りを感ずる人物のほうが無難に仕事を進めることができるでしょう。

第六章● 開発と社会とのかかわり

1　開発の社会適合性

本章では、開発と社会が関わるところを整理します。社会とのつながりは開発の原点ですが、また終着点ともいえるので最後に配しました。社会との関わりが最終的に開発の成否を決めますから、開発と関係をもつ部分については、社会が開発をどのように受け止めるのかを知っておく必要があります。技術者は得てして専門の領域にこだわり、社会との関係を軽視しがちです。ここでは、社会が開発を受け入れる条件、あるいは受け入れてもらうために配慮しなければならない条件などについて、主に開発技術者を対象に説明したいと思います。成書を参考にしたというよりも開発という観点に立ってゼロから考えたものですから、用語や区分等には一般的な使い方と異なる点があるかもしれません。

(1)　開発が社会に適合する条件

■財貨としての社会とのつながり

開発を社会に適合させるための根拠を明確にしておくことは大切です。本書では、第一章で述べたように「経済価値の創出」を社会との適合性の原点に据えています。

「経済」の世界では「価値」を現実に与えるものを「財貨」と称し、その「価値」を手に入れるための「貨幣」を同じく「財貨」としています（R・A・マンデル著、武村健一訳『マンデルの経済学入門』ダイヤモンド社、二〇〇〇年）。このような考え方ができるのは、人の欲求と現実に存在する資源の重なり合うところにのみ「財貨」を定義しているからでしょう。

第二章で開発を、社会的成立性と技術的成立性が重なるところである、と定義しましたが、社会的成立性を社会のニーズに置き換え、技術的成立性を現実に存在する資源と考えると、成立し得る開発は経済における財貨とほとんど同じ位置付けになります。経済と財貨と開発という三つの言葉は、経済は財貨を扱う学問で、開発は新しい財貨を創出する活動である、ということで関係づけられます。これらを図6-1に模式的に示します。

経済における財貨は貨幣との交換可能性を有するものを意味するのに対し、開発の産物たる財貨は貨幣に交換されなくてはならない点、単なる財貨よりも積極的な意味をもつべきものということができます。この積極性の源が創造性です。

新しい財貨の創出により経済を活発化し人の生活を豊かにすることは、社会への適合性の第一条件と考えてよいでしょう。本書では、開発を経済的価値の向上、すなわち新しい財貨の提供を目的とする総合的な創造活動であると考えることにします。これは、国境を越えたグローバルな社会にも適合すると考えられます。もちろん、真に社会に適合させかつ流通させるためには経済以外の項目を考える必要がありますが、それは制約条件として扱うことにします。

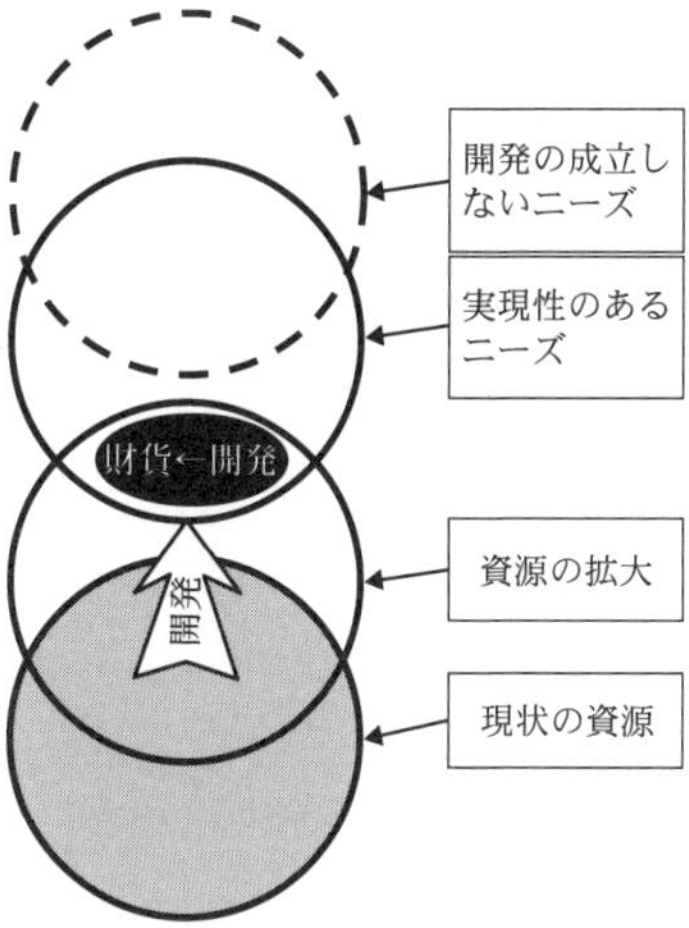

図 6-1　財貨と開発

開発の核は一般に技術の裏付けをもって新しい形をつくりあげるという、経済とは異なったものですが、経済とリンクさせるためには、顧客の考え方を知ったうえで、各種の制約条件を満たしつつ財貨としての価値を生み出す必要があるのです。

■環境破壊・資源浪費

さて、人類の効率追求の結果、二〇世紀は資源浪費・破壊の世紀であり、二一世紀は資源節約の世紀であるべきだ、という論（正村公宏著『日本をどう変えるのか?』ＮＨＫブックス、一九九九年）があります。

地上のあらゆるところで効率の向上のみを追求すると、資源浪費・環境破壊を起こすことは否めません。豊かで快適な社会を生み出すつもりが、行きすぎると悲惨な結果を招く恐れがあります。開発を社会に適合させるために考えておくべき大きな課題であり、開発を論ずるにあたってはしっかりとしたスタンスが求められます。

本書では、開発の目的として経済価値の創出に焦点を定め、資源枯渇対策や環境破壊対策は制約条件として扱いますが、法律で決められたもの以外の項目に対しても、社会環境を考慮して一定の基準に従って自らが課すべきものとする立場をとります。環境保護に対する考え方はヨーロッパが先進的です。ドイツやスイスでは、法令で義務を定めて環境保護を積極的に推進しています。OECD（経済協力機構）でも検討を進めています。日本においては、従来、環境を保護することは自治体の仕事という考え方だったようですが、経済効率の面からも、業者すなわちメーカーに回収責任や資源サイクル責任を負わせるほうが好ましいとの考え方に切り替わりつつあります。特に包装材料、電気・電子製品、モーターオイル、古紙、電池などの開発に際しては、このような背景を十分考慮する必要があります。

■開発品を社会システムにのせる条件

開発された製品を商品として社会に提供するにあたって、既成の社会システムにのせるかまたは新たに構築する必要がありますが、システムに無駄があってはならないということです。このシステムを「提供システム」ということにします。

提供システムは複雑です。簡単にいえば、顧客、営業、技術、品質保証、生産計画、製造、資材、輸送、販売、金融機関、従業員、周辺環境、監督官庁等々が一つの体系をなし、独自の情報とルールで結ばれた一連の生産・消費活動ということになります。事業そのものといってもよいでしょう。

さて、提供システムのどこかに無駄があると、どこかにひずみが出ます。ひずみは最終的にユーザーへの付けとしてまわされますから、当初は成功したとしても、いずれ、より効率的なシステムの構築に成功したものにその果実を奪われることになるでしょう。

提供システムに関する一般論として重要なのは、「最適な提供システムは時代とともに変化する」という認識だと思われます。

(2)　顧客が認める価格と社会的制約

■仮定

開発により達成される経済価値と、顧客および開発者の出費を関係づけるために、本書では、完成した開発品は徐々にしか価値が変わらないことを一つの条件にします。この条件は、開発品に独自の性能や機能または特性をもたせ最適性を確保させることで達成が可能です。

この準静的な制約を加えることで、価値の釣合い状態は急激には変化しないことになり、時間変化を常に考える必要がなくなります。なお、開発にあたっては独自の性能や機能等を与えることが目的になりますから、矛盾は生じません。

■顧客がつける価格

開発によってもたらされる製品やシステムが売れるためには、顧客の許容する価格よりも提示された価格が下まわる必要があります。

許容価格－開発品価格≧0　　（1）

一方、サプライヤー、すなわち開発者は、

開発品価格－製造原価－販売・管理費－開発償却費≧0　　（2）

が成立すれば経済価値（販売利益）が正になり、販売が成立することになります。

ここで「販売・管理費」には、必要な流通費用を含むものとします。

式(1)と式(2)の双方が成立すると、経済のバランスが成立し、開発は経済活動の一環に組み込まれることになります。

以下に、顧客がイメージする許容価格をできるだけ単純に表現することを試みます。これらは、消費者の心の内は極めて複雑であるにもかかわらず、最終判断にあたっては割り切った判断をせざるを得ないはずだという現実的な見方に基づいています。

開発対象を実用品、嗜好品・娯楽品、公共用品の三つに区分します。もちろん、これらの組合せもあり得ます。なお、宗教・信仰に関わる対象については本書の範囲外とします。

実用品の許容価格仮説

〈仮説〉実用品の場合には、許容価格を決めるのは代替手段を含む代替品の価格である。

同じ機能・性能を示す代替品の価格よりも安ければ、満足するのが基本的な顧客満足のあり方といってよいでしょう。代替品の典型例が競合製品ということになります。

実用品およびそれに近い製品は、これらの判断が基準になると思われます。

嗜好・娯楽品の許容価格仮説

同等品が存在するときには、実用品と同じ判断基準になるでしょう。問題はまったく新しい製品を世に問うときです。これに対しては以下の仮説を立てます。

〈仮説〉嗜好品の許容価格は、特定の組織・階層に個人的に所属するための入会《いりあい》料の位置付けで設定される。その上限は自己の経済に影響を与えない範囲にとどまる。

高級であるか否かにかかわらず、趣味をもつ人は時間とポケットマネーの許す限り、興味あるいは美しさを感ずる世界に入り込み、その世界の妙味に浸るであろうと考えたことが仮説の原点です。明確に組織だった階層でなくとも、存在を認められていて間接的にコミュニケーションを図れるグループあるいは階層も対象になります。

一方、ゲーム機に代表される娯楽品の場合はどうなるでしょうか。有史以来、ギャンブルが人を魅了し続ける娯楽であることは疑いありません（ピーター・バーンスタイン著、青山　護訳『リスク　神々への反逆』日本経済新聞社、一九九八年）。しかし、ギャンブルに没頭すると全財産を失う恐れがあります。ギャンブルの横行する社会が健全な社会・経済を破壊することは誰にも理解できますから、ギャンブル性をもつ娯楽には暗黙のうちに、時にははっきりとした形で制約が加えられます。最もわかりやすい制約は、ある程度自制心をもち健全な娯楽を楽しむ人々の経済に悪影響を与えないこと、となるでしょう。これを娯楽提供者の側から逆に考えると、娯楽品への顧客の投入資金の上限はポケットマネー程度とせざるを得ないだろう、すなわち嗜好品と同じ論理で許容価格が定められるであろうということになります。

以上、単純な仮説ですが、平均的な顧客（消費者）の考え方を代表するものといえるのではないでしょうか。婦人用の化粧品などは実用品とも嗜好品とも解釈できますが、嗜好品とすると豊かな人ほど高いものを買い得るという構図が見えてきます。

開発者として留意すべきは、嗜好品や娯楽品を与えるべき階層の特定とそれに所属し得る顧客の総数ということになりましょう。

公共用品の許容価格仮説

〈仮説〉公共用品の場合、業者に対して「良いものを納めればいくらでも利益を出してよい」というわけにもいきません。必然的に、開発に要する原価に管理費と適正な利益を認めた金額および過去の類似品の価格が許容価格となります。

しかし、製造者の原価が適正かどうかを判断するのは困難ですから、一般には競争入札によって提示原価の実質的透明性を確保することになります。

顧客の利益を生む製品・システムの許容価格

さて、いままでの議論では、購入者が開発品を自らの商いに用いるケースを度外視していました。このケースでは、購入者は購入品によって得られるであろう商いに基づく利益の相応分を、許容価格に対して追加して支払ってもよいと考えるはずですから、若干様子が違ってきます。

この場合の顧客は、導入によって利益の創出ができないものには手を出しません。逆にいえば、顧客は購入にあたっての上限価格をかなり明確に提示してくることになります。

そのような開発品を納められるか否かが、開発の成否を決めることになります。

製品価格≧製品が生み出す購入者利益の総額　（3）

利益について

以上、式(1)で表される基本の購入条件式は以下の四つの条件式およびその組合せに置き換えられます。

製品価格≧代替手段または過去例による機能・能力習得費　（4）

製品価格≧顧客の経済状態に悪影響を与えない金額の上限（ポケットマネー）　（5）

製品価格≧製造原価（含む開発償却費）＋販売管理費＋適正利益　（6）

これら式(3)～式(6)から、消費者向けの製品の場合、公共用品以外は利益に関する制約がないことがわかります。式の不等号が成立しさえすればよいわけです。

この利益を追求することが、企業あるいは経済活性化の根本ともいえましょう。開発に関する価格関係式は、顧客の評価と競合相手（代替品）が価格を決めることを示唆しています。

開発のディレクターは、顧客重視の観点から開発の基本構想が確定した段階で開発対象が上の式のどれに相当するのか、顧客に何を評価してもらうのか、競合相手の存在の影響等々を確認し、なおかつ利益を確保して、開発対象に「経済価値」を創出させる必要があります。

■その他利益への影響因子

顧客の設定する許容価格の目処が立ちますと、後は利益を設定すれば価格が自動的に設定されます。開発者は開発に要した金額や製造原価に関係なく、「許容価格」を基準として「開発品価格」を設定できますから、「許容価格」の高いものだけが、大きな利益を享受できることになります。市場に類似の品が存在しないこと、競合相手が存在しないことが、利益創出にあたって重要な条件であることは明らかです。

もっとも、新しい分野を切り開いた開発者は当分の間十分な利益を確保した価格設定が可能ですが、利益の大きな市場には必ず競合者が参入してきますから、いつまでも利益を独占し続けることはできません。

なお、第三章**7**に記したように、一般消費者に関する流通費用は販売価格の大きな部分を占めます。開発者が独自の販売チャンネルをもつ場合にはその算定も困難ではないでしょうが、開発者がメーカーである場合には正確な算定が極めて困難になります。官公庁・企業が開発者の原価を評価する方法と同じく、入札によって流通業者を選定する方法が考えられますが、顧客情報の的確な入手程度からいって望ましいのは、開発当初から流通をマネージできる組織と協同で開発を進めることでしょう。

価格設定は極めて難しい問題です。価格を高めに設定するほうが顧客をひきつける場合もありますし、低めに設定して販売総数を増やすことで、次に売り出す関連システムの営業に有利にする方法も考えられるでしょう。戦略は状況によって大きく異なってきます。

これ以上はマーケティングの領分（フィリップ・コトラー著、村田昭治監訳『マーケティング・マネジメント　第七版』プレジデント社、一九九六年等）になりますので、本書では立ち入りません。

次に、開発者が最低限理解しておくべき、利益を圧迫する要因とその対策の方向について記します。

実用品の価格は直接的にグローバリゼーションの影響を受けています。アジア諸国の技術力は向上し続けていますから、安定した品質のものを生産できますし、人件費が安い分、日本国内でよりも安価にものを生産できます。

加工技術が複雑でないものや重要部分の加工が設備により自動化できた業種では、すでにアジア諸国は強烈なライバルとして日本の前に立ち塞がっています。

日本としては、グローバルな部品調達システムを構築することと、他国のインフラ整備の弱点に注目しつつ製品に新たな価値をつける以外に、よい対抗策は見当たりません。グローバリズムにおける開発品のあるべき姿は、次のようにいわざるを得ません。

「コストを下げるだけでは手の届かない、顧客が見て魅力を感ずる開発品を提案する以外に道はない」

次に、内部的な利益圧迫要因となり得る開発費の高騰に触れておきます。

開発費が高騰し利益を圧迫する原因の大半は、見積もりの甘さにあります。初めての経験領域にチャレンジするときに見積もりが正確性を欠くのはやむを得ないのですが、それでも可能な限り正確性を心がけることと、各種の見方を併用してできるだけ早期に正確な見積もりに修正する必要があります。

以下に、関連する問題点と留意点を列挙します。

開発の意味を理解させないまま担当に機械的に書類を下ろして見積もらせることは危険です。部門内の過去の経験だけからの判断基準で見積もりを実施することになるからです。開発に関わる人は、開発の全貌を知ったうえで見積もりを実施しなければなりませんし、そのように指導しなければなりません。安易な取組みは、結果的に顧客および開発者双方にとっての損失につながります。

開発のディレクターは、開発の構想を策定する段階から構想実現にとって必要な作業項目を漏れなくリストアップさせ、これらに関係する開発各費目を把握する必要があります。

さらに、開発構想の進展・充実に伴い、開発費と製造原価の見積もりを適宜見直すことはもちろん、コストすなわち製造原価と諸経費をいかに下げるかにも意を払う必要があります。

よほどドライに割り切って計画を進めないと、初期構想の段階から基本構想が固まるまでに見積もり開発費は高騰を続けます。これは、開発すべきものの実体がよく見えていないがゆえに仕様を安易に捉えたことと、仕様の追加・変更が主な原因です。

開発ディレクターと開発マネージャーは協力して初期構想段階から開発費と製品費の見積もりを行い、常にコスト・ダウンを心がけ、増加分については仕様の変更によるものと、技術的な知識が不足であったがゆえのものとを区分しておく必要があります。

開発費高騰問題は必ずしもすっきりと管理できるものではありません。複雑な要因が絡み合い、最終的に開発費の高騰として現れてくるからです。着実に開発管理能力をつけて改善を図る以外に、根本的な対策はないと考えます。

■社会的制約としての環境破壊対策と資源枯渇対策

前節で資源浪費と環境破壊の問題とそれに対する基本的なスタンスを概説しましたが、自ら定めるべき判断基準についてもう少し詳しく考えてみます。

開発に関わる副産物あるいは開発品の機能に伴う廃棄物で毒性のあるもの、または環境に悪影響を与えるものの存在は、あるレベルを超えると後代の人々はそれらによって直接被害を受けるだけでなく、その処理にも理不尽といえるほど大きな代償を払わされることになります。

健全に機能しているときは問題がなくても、不具合が致命的な環境汚染を導くこともあり得ます。原子炉からの放射能の漏洩等は極めてクリティカルで不具合が環境を汚染する例にあてはまりましょう。このほか、廃棄物がいつまでも分解せず放置せざるを得ない状況も環境汚染に数えられます。

環境汚染は国を越えて伝播するものであり、媒介は水や空気という自由財になります。自由財にも領空、領海という国に所属した権利範囲があるので、問題はかなり厄介です。

原則的解決法は、以下のものが考えられます。
①企業が環境汚染に自ら留意し、管理レベルを維持向上させること。
②行政が、罰則あるいは課税を含む環境保全に関わるルールを制定すること。
③すべての開発品に自然還元性をもたせること。自然還元が不可能なものは安全な保管義務を負わせること。
④自由財に含まれる汚染物質に関する世界的な監視システムを完成させること。
⑤グローバルな環境保護機構を構築し機能させること。
⑥環境汚染対策の開発を奨励すること。

環境汚染に対して企業がしかるべき管理をしていることを認証する世界的なシステムがあります。製品だけでなく、生産過程で環境に関わるものを取り扱っている業者は、一九九七年に発効したＩＳＯ-１４００１の認証を得ることが必須になりつつあります。一九九五年からはＥＵ（欧州連合）がほぼ同様の内容をもつ「環境管理・監査要綱」（ＥＭＡＳ）を発効させているので、製品生産の過程で環境負荷にどのような配慮がされているかを明らかにできないと、少なくとも欧州への輸出は実質的に不可能といわれています（日本経済新聞社編『ゼミナール現代企業入門』日本経済新聞社、一九九五年）。

さて、地球環境の保護は、あらゆる生産物を自然に還元させることにより実現されます。望むらくは、一定期間内にあらゆる開発による製品または関連する副産物が自然に還元されることですが、現在の技術基準で完璧に処理することは無理でしょう。

原則は、開発による製品とその副産物は一定期間内に自然に還元できることとし、それがかなわないときには、しかるべきところでリサイクル可能とするか、もしくは厳密に管理保管できるようなシステムを考えるのが現実的な解決案だと思います。

基本的には、われわれ世代における便利さや都合だけを考えるのでなく、後代に付けをまわさない配慮をあらゆるレベルで展開するのが開発者側の責務であろうとの認識になります。

国レベルでも消費者、市民団体、開発者（企業）、業界団体、大学、研究機関、自治体、国すべてが整合された動きをすることが必要です。世界的にもすべての国の意見が整合される必要があります。

なお、近年「循環型社会形成推進法案」の国会提案が閣議決定されたことを付記しておきます（「日経新聞」二〇〇〇年四月一五日付〈循環型社会関連法案出揃う〉）。これによれば、部品・資材の再使用や環境汚染に対する現状復帰等が罰則を伴って義務付けられ、業種によっては製品寿命の長期化も義務付けられます。

さて、無制限に近い経済活動のもとで、いずれ資源の枯渇を招くことは明らかです。資源の枯渇や環境の破壊は、個別の開発において致命的になることは少ないと思います。どちらかといえば、多くの開発が経済効率ばかりを考えて、資源枯渇に思いをはせない場合の集積した結果として現れてくるものです。消費者は、商品による資源の枯渇について開発者よりも知識・関心がないわけですから、規制によって制限を加えざるを得ません。

本問題を根本的に解決するためには、「超」のつく技術のブレーク・スルーが必要です。この開発は私的企業では困難です。経済性だけでは論じられない問題ですから、国が主導権をもって代替案の研究を推進すべきでしょう。

最後に、最近進められている興味深い研究を紹介しておきます。環境経済学では自然環境がもたらす経済効果の算定に挑戦しているそうです（ジャネット・アブラモビッツ「ネイチャー」一九九七年五月一五日）。この研究が進み、個別に自然環境のもつ価格価値が算定できるようになり、かつ社会経済システムにそれが組み込まれるようになると、環境を改善することが経済価値をもちますから、資源保護や環境保護は開発の制約条件でなく価値創出の対象になる可能性があります。

■寿命と安全対策

寿命や安全性は自らに直接関係するため、消費者にとって良否の判断はある程度可能です。

一方、消費者は製品の取扱いを熟知していないという制約がありますから、判断が正当でない場合もあり得ます。製品を提供する側にとっては、消費者がどんな突飛な使い方をするかまで想像困難な場合があります。製品またはシステムの特性上、安全性と寿命は顧客と開発者あるいは提供者の責任・判断が相半ばするところに落ち着く性格をもっていると思われます。

寿命にせよ安全性にせよ、その設定は完全に価格と連動します。安全性については訴訟と密接に関連するので別途考えることにして、まず寿命に関する考察を加えます。

長い寿命をもつものは高価格にせざるを得ませんから消費者は手を出しにくく、一方寿命の短いものは仮に安くても、肝心なときに使えなくなることを恐れて消費者は手を出しにくいと思われます。中庸がよいのでしょうが、それを定量化することは簡単ではありません。例外的な製品は別にして、消費者は限られた予算のなかで寿命と優れた機能・性能の両立を求めます。

適切な寿命とは、市場活動の積み重ねのなかで社会環境も関係しながら製品の特徴に応じて自然に定まってきて、徐々に変化すべきものでしょう。

家電製品の寿命は七年程度に設定されているようです。しかし、これが長年の市場環境のなかで自然に定まったものなのか、あるいは意図的に設計されたものなのかは判然としません。寿命の設定に関しては、企業ノウハウにも関係するため技術的な根拠は明らかにされていないように思われます。

一般に変化の少ない時代または社会環境においては長い寿命を、そして変化の激しい業界や時代または社会環境においては短い寿命を設定することが適切だと思います。この考え方は、本項では触れなかった製品のライフ・サイクルに関係して表れてきます。ライフ・サイクルの設定は製品戦略上の重要な要素となります。消費者またはユーザーがスクラップ・アンド・ビルドの環境にあるときは寿命を短くして、新しい技術を盛り込んだ新製品を誕生させるサイクルを短くしたほうが利益を出すうえで好ましいでしょうし、消費者またはユーザーが腰を据えた環境を好むときには長寿命の製品を市場に出すほうがよい結果を生むでしょう。もっとも、新製品サイクルの短縮には注意が必要です。サイクル短縮が目的となってしまっては、製品の本来の目的である顧客志向と乖離《かいり》する方向に企業を導く可能性があるためです。

さて、安全に関する制約ですが、これも寿命同様安全性を高めれば高めるほど、製品は高価格になります。後述のように、公共使用品の場合には安全性に関しても細かい仕様が定められますから、開発者はフェアな競争が可能になりますが、一般消費者相手の場合には様相が異なってきます。

一定の安全性をもつ製品なら比較的安い価格で提供できるでしょうが、消費者に対して製品の安全性に関わる取扱い知識を要求することになります。一方、常識を欠いた使用による事故に対しても、メーカーが莫大な補償金を支払うことになると、保険費や弁護士費用を負担しなければならないため製品価格は跳ね上がってくるでしょう。これらに折合いをつけるためには、行司すなわち法律が必要です。

日本においては、安全性を欠いた製品に対して消費者がどのように対応すべきか、また製造者がどのように責任をとるべきか等に関して、長らく法的な整備が不十分で、消費者に不利な状況が続きました。しかし、米国での先進的な活動の影響を受けて、一九九五年に日本でもＰＬ（Product Liability の略。「製造物責任」の意）法が制定・施行されました。製造責任に関する制約・基準が初めてできたわけです。

開発を試みる製造者にとってＰＬ法に対する的確な対処は、開発に際しての大きな制約条件となります。ＰＬ法に関わるレビューにおいては、最新の世界動向を習得している法務の専門家を参加させるべきです。

米国の軽飛行機産業は、第二次世界大戦後一時期隆盛を極めましたが、ＰＬ法の施行により壊滅状態になったといわれています。当初は無期限の安全責任を負わされていたことと、訴訟の性格上、致命的な事故のほとんどがディープポケットの持ち主、すなわち支払い能力の大きいメーカーの責任として追求されたため、それを防衛するためのコストがかさみ、安価な製品の提供が不可能になったのです。

米国においてはその後見直しがされて、製造者と消費者の関係が一方的にならぬよう、法改正やクレーム処理を標準化することなどが行われていて、当初ほどの理想論に走った運営にはなっていないようです（林田学『PL法新時代』中央公論新書、一九九五年）。

いずれにせよ、大量に販売される消費者向け製品の安全対策については、製品に安全対策を施すだけでは処理できません。消費者に対して安全上の問題や取扱い上の注意を十分に告知することが必要です。特に海外へ進出を試みる業者は、十分な傾向分析と対策が必要です。

本書においてはPL対策を、第三章において記述したように開発をガードするシステム中の一項目として位置付けています。いずれにしても、PL法制定前よりは消費者の安全確保を図るための費用は確実に増加しているので、開発初期において経済性の成立を論ずる際にはそれを見込む必要があります。

以上、安全性や寿命といった社会と関わる部分を考えてきましたが、他の案件同様、本質的に開発者の責任に帰せられる部分もありますので、安全性や信頼性・確実性は実用化に向けてのレビューで万全を期すべきです。もちろん、本書の取り扱う範囲である構想段階においても、その姿勢は貫かれなければなりません。

■その他社会性に関わる重要なこと

開発のサポーター

極めて魅力的ながら本当に機能するかどうか判別のつかないアイディアは、開発に移行する前にフィジビリティ・スタディが必要です。エンジェル等に依存するにはあまりにも先進的なアイディアである場合が相当するでしょう。このようなケースにおける研究財源を提供する人をサポーターということにします。発想力豊かな開発土壌を育てるうえで、サポーターの果たす役割は極めて大きいといえます。

企業内においては研究開発を総括する人がサポーターの代表ですし、国の場合には内外に開かれた開発機関が代表的なサポーターの役割を負うべきでしょう。

米国では、必要と判断された研究に対して軍やNASAもサポートしています。ベンチャー事業に投資するエンジェルは、サポーターの次の段階におけるパートナーと考えるべきだということになります。

もちろん、開発者は製品が売れるようになったら、サポーターに対して利益の一部を返済にまわす必要があります。研究開発費のように現基盤事業からの利益の一部を開発に投資するというワン・クッションおいた還元再活用のケースもありますが、主旨は同じです。

ベンチャー的な開発に対しても、ベンチャー・キャピタリストとエンジェルさえいればよいわけでなく、優れたサポーターの存在が開発を活性化する土壌育成の必要条件といえましょう。

タイミング

開発に関わる市場的問題として、以上のほかに開発品提供のタイミングとマーケット・サイズがあります。

開発品提供のタイミングは重要です。時代に先行しすぎても、インフラの整備が不十分なため成功しません。我慢して技術を蓄積している間に新しい技術の時代に入ってしまい、機を逸する可能性もあります。また、開発提供品のマーケット・サイズについても正確な見通しが必要です。

マーケット、特にコンシューマ・マーケットは極めて流動的かつ複雑で、特に革新的技術からなる製品で市場を伝播する速度の速いものは、加速度的にシェアを増やす収穫逓増の法則（M・ミッチェル・ワールドロップ、田中三彦・遠山峻征訳『複雑系』新潮社、一九九六年）が成立する場合がありますから、時には急激な市場の拡大傾向を示すこともあります。

マーケットの分析およびマーケティングは本書の範疇外ですが、少なくとも開発者はマーケット分析結果を理解しレビューしたうえでマーケティング（市場開発）を専門部門に依頼する必要があります。マーケット・サイズの時間変化の推定は戦略策定に関わる重要な判断材料になります。成熟した産業界ではサイクル変動がありますし、成長初期の産業では、限界効用逓減原理が作用しますから、時間とともに急激な伸び率の低下を見込む必要があります。

供給能力の確保

開発の最終段階で生産計画が必要になりますが、現時点および将来推定マーケットに応じた生産設備、輸送システム、生産担当者のスキルの検討をし、その取得を図らなければなりません。それぞれがかなりの作業になりますが、本書の主題とはずれてきますので、詳細は省きます。

開発技術者に要求されること

現代では、専門技術者、研究者に技術の掘り下げがより強く要求されるため、一般には分業が進み、彼らの経済・市場動向への関心は薄れがちです。

分業が進みすぎて世の中が見えにくくなれば、いかに高度な技術をもつ技術者といえども、開発をリードすることはできません。経済・社会に関わる最新の情報を身につけることが必要です。ベストは大学で学び直すことでしょう。新聞やニュースの情報を知るだけでなく、前向きに自分の仕事と関係をつける努力が最低限必要です。

(3) 顧客による選択

■二種類の顧客市場

ここでは、顧客が満足すべき商品のなかから最終的にどのようにして開発品を選択するのかを考えてみます。顧客の選択法をユーザー分類で整理することにしましょう。ユーザーを官公庁・企業と一般消費者に分けます。開発品は、官公庁・企業向けのものと、一般消費者向けのもの、そしてその中間的な存在、ということにします。

官公庁・企業のみを対象とする開発は、内容的には世の中に簡単に代替品を求められない場合にとられる方策とも考えられますから、かなり大きくかつ複雑なシステムの構築までが含まれます。

この開発では、ユーザーの要求が直接開発者に伝えられるところに大きな特徴があります。それらは仕様書という形でユーザーから示されるのが通例ですから、開発者に基本的に求められるのはシステムのとりまとめ能力と低価格での提供能力となります。また、一度購入すると簡単には買い換えられないものが多いですから、発注者と開発者の間には信頼関係が求められますが、それは一般消費者との関係ほどドライではありません。

一方、一般消費者向けの開発に要求されるのはユーザーの潜在要望に応え得る最良の性能・機能・品質で、開発に際しては優位性確保の意味から独自性が強く求められます。顧客の気をひかなくなったら、売上げは即減少しますし、気に入られればいくらでも市場が拡大するという、勝負の速さと結果の明確さ、ドライさが、一般消費者向け開発の大きな特徴といえるでしょう。

市場を獲得するためには、二種類の異なる要求をもつユーザーいずれかに製品やシステムを選択・購入してもらわなくてはなりません。以下に、ユーザーの具体的な選択基準に関する考察を加えます。

■官公庁・企業の選択基準

選択基準

技術志向の強い開発品に対する官公庁・企業の選択基準は、以下のように表現できます。

〈官公庁・企業の選択基準〉官公庁・企業は要求仕様を満足するもののなかから、最少の価格で入手できるものを選択する。

本基準は、後述のように一般消費者の一般的な選択基準における特殊例に相当しますが、発注者が発注理由の開示を求められるときには、定量表現の可能な価格を基準にせざるを得ないケースが多く、この選択基準は代表的な考え方としてよいでしょう。

官公庁・企業向け開発の問題点と標準化戦略

ここでは、最初に前記の選択基準に沿って開発活動を行う際生ずる諸問題を論じます。

一般に官公庁・企業向け開発は複雑精緻かつ大規模な製品・システムが多く、総合技術力がないとまとめられないという問題があります。官公庁・企業に対応できるのは、商社、金融機関、さらには重工、電機などのメーカー、そしてゼネコン等の総合力をもつ企業または機関に限定されてしまいます。総合技術力は、官公庁・企業向けの開発を主力とする企業の生命線となります。

もっとも、総合力をもっているからといって開発が容易なわけではありません。開発独特の技術的な難しい問題があります。

システムが複雑なために開発仕様の設定が難しいという問題がまず考えられます。開発の進捗に応じて発生する解決困難な問題への対処法や仕様書のなかに潜在するバグを発見する方法、開発時間経過に伴う仕様の陳腐化対策等々について、それぞれ方法論が定められているわけではありません。

また、仕様に対する開発者側の選択の余地が少なく、コストは発注者の予算状態の制約を受けるという経済に直接関わる問題も往々にして発生します。発注者側の仕様決定権限が一本でないことが多いのも、大きな組織の必然とはいえ問題です。

さらに、専門技術をもたないカスタマーの場合には、開発者側が実質的に仕様を決めざるを得ないことです。開発者にとっては都合がよいようですが、必ずしもそうではありません。発注者と開発者の立場は基本的に異なりますから、開発者の意向が部分的に取り込まれることは、必ずしも仕様細部までの整合がとれることを意味しないのです。開発は未経験領域が必ずあるわけですから、わずかな齟齬《そご》が致命的な不具合につながることも十分あり得ます。

これらに対しては、総合的な開発能力の向上を企図して努力する以外、よい方法がありません。

一方、低賃金でかつ技術指向の強い国が技術を習得すると、コスト面で簡単に優位に立てることは自明です。情報・通信技術の発展と産業のグローバル化を勘案すると、彼らに適した産業部門での追走は高賃金国の企業にとって大きな脅威となります。官公庁・企業向けの開発を対象とする企業には、これらに対抗する新しい発想が求められます。

以下、対抗手段について考察を加えます。

本項で定義した官公庁・企業の購入基準が、真にユーザーの希望を体現したものかどうかに戻って考える必要があります。官公庁・企業の最終目標は、仕様を決めることでも、価格を最小にすることでもありません。ユーザーの真の目的は、開発品を使用することでユーザーが満足を得ることにあるはずです。ここで、ユーザーの真の目的と開発提案との関係を掘り下げてみましょう。

現状で最も優れていると思う製品なりシステムをとりあげ、これに新しい機能を追加することを考えます。文化性の高い公共施設などを開発する場合には、該当文化を象徴するような整い、あるいは美しさをもつことも付加機能の一つとすべきでしょう。

仮に、この機能追加によって顧客が得る価値が価格の増分を上まわるならば、ここで得られる解は最適解以上に顧客に満足感を与えることになります。つまり、顧客の選択・購入を促すうえで最もまぎれのない方法として、「既存の最良システムに対して安価に新しい性能・機能を追加して、ユーザーの新しい魅力的な使用法を開拓する」策が考えられます。これは、官公庁・企業へのアプローチに関わる一つの方針を示唆します。

もちろん、仕様を増やすことによって、各機能間に干渉が生じないようにしておく必要があります。

仕様間の干渉をなくす最善の方法は標準化を推し進めることでしょう。システムが標準のゲージをもっていれば、そのゲージ規格に合致する製品はそのシステムに適合性をもちますから、簡単に付加したりはずしたりすることができます。

別の意味での標準化のメリットも考えられます。

ユーザーは開発するシステムあるいは製品に対して幾つかの用途を計画しているにしても、それを臨機に切り換えることができれば大きな魅力となります。用途先がすべて同じ標準ゲージでカバーされていれば、この切換えは簡単です。この意味からも、標準化あるいは共有性は重要な意味をもつと考えます。

開発者としては自社の製品の標準化だけでなく、顧客の世界の標準化を協調して推し進める必要があることになります。標準化の推進・拡大によって、仕様同士の干渉を起こすことなく製品の新しい用法が可能になるからです。

これこそが、米国の標準化戦略のもたらす価値の源泉です。「組合せ型」製品が威力を発揮する根拠であると考えます。

市場確保戦略

官公庁・企業を前提とする開発において顧客を確保するために必要な条件を整理すると、以下のようになります。

①高度な技術の維持と構想のインテグレーション能力の維持

②低価格生産技術の確立

③標準化の推進と新しい機能・性能を付加することによる、新しい用途開発

特に標準化戦略は後述のように、一般消費者対象の開発に対しても適用性のある有力な方策です。

■一般消費者の選択基準

一般消費者選択基準が官公庁・企業相手の購入基準とどう違うのか、官公庁・企業を対象とする開発と対比させて考察しましょう。

特徴

この世界では、顧客が（潜在的に）要求する条件に開発者は独自性をもって応え、かつ最良の性能・機能を提供しなくてはなりません。

一方で、最良の機能・性能を提供したとしても、利用者の快適感を損なっては購入にあたって大きな障害になります。消費者は官公庁・企業と異なり、自らこのようなものが欲しいと約束するわけではありませんから、よいものでも気に入らなければ購入しません。

この場合の顧客すなわち消費者が最終的に購入を決意するまでの手順は、以下のようになります。

消去基準

消費者は、欲しいものが決まるとまず関連するデータを集め、該当する候補をリストアップします。そして、候補を独自の尺度に基づいてふるいにかけます。さらに、残された候補のなかから、最良のものを選定します。ふるいにかけるとは消去法で選択候補を絞るということであり、最良のものを選ぶとは幾つかの残された候補のなかから最適のものを選ぶということです。

消去法の基準、すなわちふるいの尺度は、次のように大きく三つに区分できます。

①消費者の定める特定条件を満たしているか否かによって、購入するかどうかが決まる「有無基準」――これは「イエスかノーかで決まってしまう性格のものです。「できるか」「できないか」もこの基準に入りますから、技術のブレーク・スルーによって生み出された製品は基本的に強みをもちます。

②消費者の定める上限あるいは下限をクリアーしているかどうかで決まる「閾値《いきち》基準」――閾値で最も多いのは予算と納期だと考えられます。製品の操作に関わる快適性要求もこの範疇に入るでしょう。いかに技術的に優れていても、操作が面倒で利用者の快適感を損なうようだと、ライバルがいないときはともかく、快適性に優れるライバルが存在すると、消費者は性能よりも快適性にウェイトをおく商品に簡単に乗り換えてし

まいます。

③消費者のこだわる文化に製品が適合しているかどうかという「択一基準」――ここでの「択一基準」には、好みを選ぶという意味を与えます。ある意味では「文化性」に属しますが、どちらかというと「こだわり」の意味合いが強い意思決定要因といえます。この基準の存在は、従来認められていた基準と対比できるような新しいタイプの文化性（美感を含む好み）を創造できれば、それは立派な購入基準となり得るという開発方針設定上の一つの方向を示唆します。

さて、これら消去基準は官公庁・企業の示す仕様書に相当するものですが、基本的には個人、大きくても家族レベルで定められるだけの評価基準ですから、仮に明らかになったとしても、官公庁・企業の発行する仕様書よりもはるかに漠然とした表現しかできません。ここに、官公庁・企業向けの世界と一般消費者向けの世界の大きな違いがあります。

総合性能評価基準

消費者は、候補者を消去法によってふるいにかけた後に最終的な選定作業に入ります。ここでは、マンデル（前出）もいうように「最適化」が行われると考えてよいでしょう。

一応、消去基準を満たすものが残ったわけですから、これ以上選択範囲を絞るには最適化のプロセスが必要です。

人それぞれの判断基準を数学的に表現することは難しいのですが、あえて定式化するとすれば、以下のような考え方が標準的でしょう。

〈一般消費者の選択基準〉一般消費者は、それぞれが定める以下の消去基準、

①有無基準

②閾値基準

③文化基準

に基づきふるいにかけて残った商品に対して、評価指数P_i（Performance Index）を以下のように定義し、それを最大にするものを選択する。

$$P_i = a\times 性能評価 + b\times 機能評価 + c\times 品質評価 + d\times 保守耐久性評価 + e\times サービス評価 + f\times デザイン評価 + g\times その他評価 \quad (7)$$

ここに、a～gは消費者の定める評価項目に対するウェイトで、

$$a+b+\cdots\cdots+g=1.0 \quad (8)$$

とする。

ここで、消費者は直感的に、性能、機能、サービス、デザイン等の評価を数値で表せるものとします。a～fは消費者独自の評価ウェイトになります。

性能・機能等のP_iにおかれた評価要素をすべて閾値基準に移し、PIではその他評価の項に価格をおくだけにすると、官公庁・企業の購入基準と一致します。その意味で、本基準は一般的な選択基準といえます。

一般消費者の場合には、新しいサービスやデザイン、そして新しい機能に含まれる快適性や利便性を大きく評価します。さらに、その他の評価項目のなかに文化性という定量的な把握が困難な項目が含まれることが基準の把握を複雑にしています。消費者が属する固有の文化が独自の美しさをもつ場合には、その種の美しさはデザインの範疇でなく文化性基準に含まれると考えるべきでしょう。

評価関数の特性として興味深いのは、これらの評価項目が、商品の世界が成熟してくると、消去基準に組み込まれるようになるということです。これは、新商品が投入され、一般消費者の支持を集めるようになってくると、それがデファクト・スタンダード（実質上の標準）となって、それ以外のものは相手にされなくなることに対応します。

該当例として、フラット画面のテレビがあげられるでしょう。最初は見やすいという機能評価に基づいて購入しますが、その傾向が一定期間続くと消費者は曲面をもつディスプレイに違和感をもつようになり、フラット画面がデファクト・スタンダードに昇格して消去基準に組み込まれると考えます。

これは、開発品に対する消去基準の重要さと、そこに昇格させるための技術の重要性を物語っています。

なお、総合評価点が高い稀少品に対しては特殊なランク付けを認め、特別な価格を認めるという、消費者特有の心理にも留意する必要があると思います。

すなわち、高級稀少品に対しては、消費者は普及品とは別の目をもって、すなわち場合によっては予算を増やしてまで購入する可能性があるということです。

一般消費者を対象とする開発の問題点

当然ですが、一般消費者の要望は潜在的なので、開発者は顧客をひきつけるであろう魅力に賭けること、つまりリスクを負う必要があることが、この種の開発の大きな特徴と考えます。

ここで、標準化に関して前項と同様の考察を加えます。一般消費者の選択基準を満たす、すなわち最適な解があるものとします。これに新しい機能を追加することを考えます。

仮に、この機能追加によって顧客が得る価値が価格の増分を上まわるならば、得られる解は最適解以上に顧客に満足感を与えることになります。

ここでも、標準化戦略がこの考え方を成立させる鍵になります。同じゲージをもつ世界なら、新しく追加された機能は簡単に従来の世界に溶け込むことができるからです。

開発対象によっては、規格を定めることが業界の趨勢を決める場合が十分あり得ます。特に引用はしませんが、先陣争いにしのぎを削っている業界も多くあります。

さて、ここで発想を切り換え、既存品と協働できるリペアをなし得る性質を考えます。これは標準化とは区分できるので、親和性と呼ぶことにしましょう。

これも一般消費者の心を捉える一つの方向のようです。

標準化が米国の専売特許であるとするならば、調整を得意とする日本人の資質・能力からいって、日本の専売特許候補の一つとして親和性志向があげられそうです。

一般消費者対象の開発に際して、多くの既存製品あるいは物質との親和性は、一般消費者向け開発対象を定めるうえで大きな鍵になると思います。

市場確保戦略

これまでの考察で、一般消費者に対する顧客確保戦略を確定的に表現するのが難しいことがわかりました。それらは方針的に述べるしかできません。

現実問題として、コンシューマが（潜在的に）要求する条件を、独自性をもって満たし、かつ最良の性能・機能・品質を提供するためには、

「彼《てき》を知り、己を知らば百戦殆《あや》うからず」（『孫子』謀攻編）

という諺に従うほかないようです。どこまで、彼（顧客、競合相手）を知り、どこまで己（自己の特徴）を知るかが、開発戦略の出発点となることは、結果を見通すことの難しさは別にして、これまでの議論で明らかです。

ただし、ユーザーの使用法の拡大を目指し、それを実現するための標準化あるいはアフィニティの追求は、常に正しい方向であると思います。

2　配列の美

前節では、開発のもつ「経済価値の創出」という大目標を「顧客に財貨としての満足感を与えるもの」の創出

と言い換えて、それが顧客に受け入れられる条件や満足感を与える価格などを考察しました。最終的には開発のすべてを価格という定量的に評価できる尺度に変換する必要があり、開発を開発だけではクローズさせることができないからでした。

ここでは観点を変えて、定量化できないにもかかわらず開発に重要な意味をもつと思われる「整った美しさ」について考えてみましょう。建築を例にとり、整った美しさとはどういうものかを探ります。

新聞、ノート、本は一定の形をもっています。半分に折っても、元と相似形状になるように定められているのです。辺長の比を数字で表すと無理数になって割り切れませんが、形が割り切れるので、これも割り切れる部類に入れることにします。世界中で採用されているわけですから、便利さ以外にも人を納得させる何らかの特質をもっていると考えるべきでしょう。

長方形をN等分してできた長方形が分割前の形と相似である条件を求めると、長方形の辺の比はNの平方根で表されます。この場合、形はきれいに割り切れます。ノートの例ではNが二に相当しますから、辺長比は二の平方根、すなわち約一・四一になり、五等分の場合の辺長比は五の平方根、すなわち約二・二四になります。これらを平方根分割すると、分割または配列は何となく安定した感じを与えます。この平方根分割がノートだけでなく、多くのところで使われているならば、安定度の高い一つのバランス指標と考えることができそうです。

平方根分割はギリシャ時代から優れたバランスを示すものとして尊重されていました（小林盛太『建築美を科学する』彰国社、一九九一年）。ただ意外にも、形状の美を代表するといわれる黄金分割の実例は多いのですが、配列のバランス美として平方根分割の実例を論じた書を見つけることはできませんでしたので、以下に筆者が見つけた具体例を紹介します。

図6-2に配列数に対応させた平方根分割の例を示します。

パリの凱旋門は柱、空間、柱と縦に三分割された形になっています。台座と思しきところから上の柱部分の長

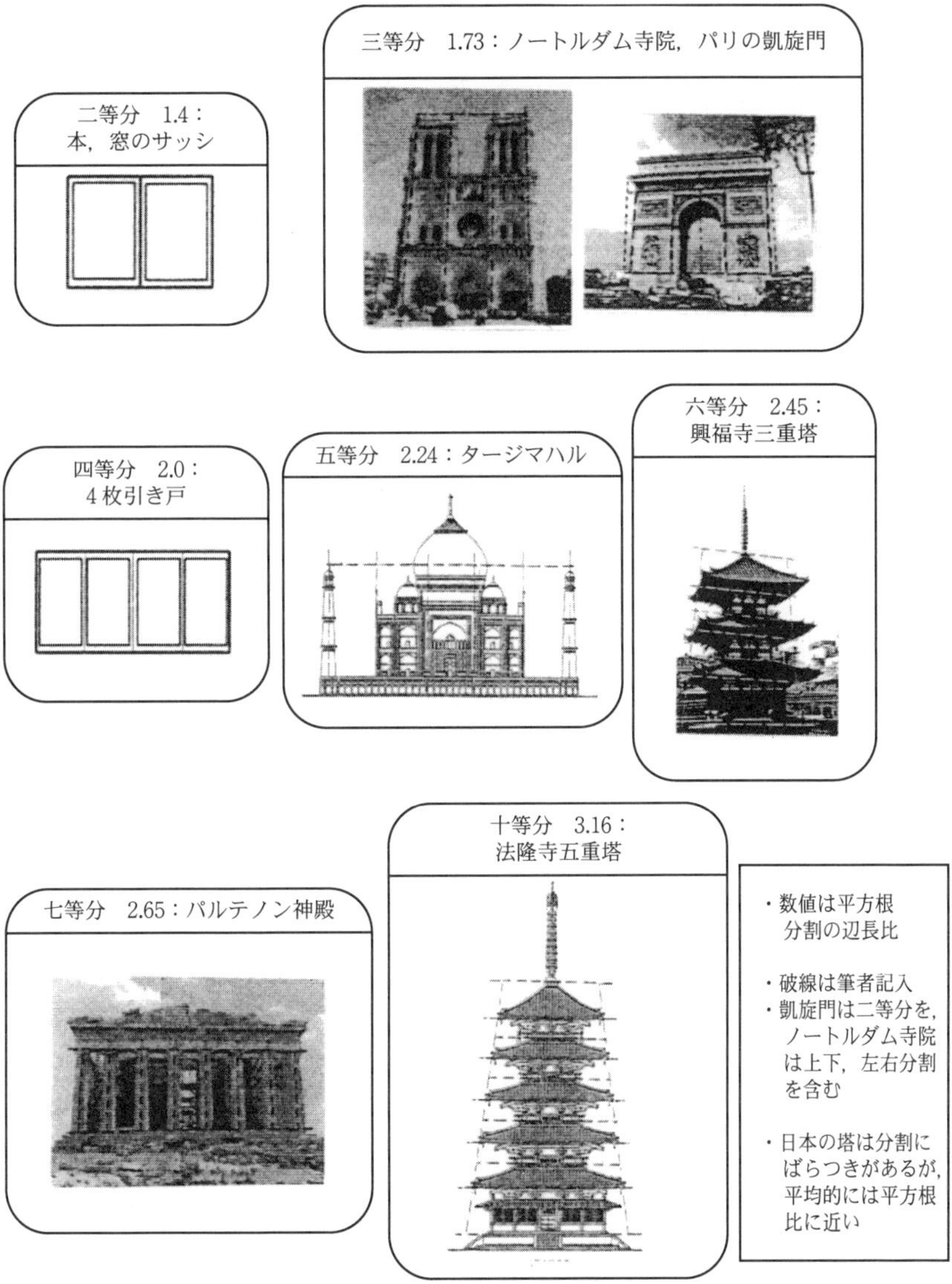
三等分　1.73：ノートルダム寺院，パリの凱旋門
二等分　1.4：
本，窓のサッシ
六等分　2.45：
興福寺三重塔
四等分　2.0：
4 枚引き戸
五等分　2.24：タージマハル
十等分　3.16：
法隆寺五重塔
七等分　2.65：パルテノン神殿
・数値は平方根
分割の辺長比
・破線は筆者記入
・凱旋門は二等分を，
ノートルダム寺院
は上下，左右分割
を含む
・日本の塔は分割に
ばらつきがあるが，
平均的には平方根
比に近い

図 6-2　平方根分割と該当例

方形は、おおむね1対$\sqrt{3}$の比になっています。台座の部分にもう少し存在感があればこの長方形が強調され、より安定感を増すと考えるのは筆者だけでしょうか。また、パリのノートルダム寺院は他の寺院と比べると装飾はシンプルですが、構成がかなりきっちりとした三分割をとっています。辺の比が三の平方根に近い区割りが数か所で見られます。

また、インドのタージマハルは両側の塔の先端部分が中央のドームの一番広いところに位置しています。これが、タージマハル廟の高さを代表していると考えて、塔とこの高さからなる長方形を描いてみると、おおむね1対$\sqrt{5}$の比をもつことがわかります。そこで、この長方形を五等分すると図のようになります。若干変形されていますが、空間を含めて見事に五等分されているといってよいでしょう。

次にパルテノン神殿です。これは、台から上の外接長方形が黄金比をもつから美しいという説で有名ですが、正面から見ると八本の柱で七等分されています。柱と梁と土台に囲まれた長方形はほぼ正確に1対$\sqrt{7}$になっています。黄金比もさることながら、柱を割り切れる形に整列していることが人に落着きと美観を与えるのでしょう。

日本の建築である五重塔は屋根が存在感をもっているので、視覚的には屋根と構造部で一〇等分されていると考えられます。法隆寺を調べてみると、屋根の下辺長と屋根間隔の比の平均値はおおむね一〇の平方根になっています。三重塔も、ばらつきはあるのですが、平均的にはこれらが六の平方根に近くなるといってよいでしょう。その他身近なところでも、書籍、窓枠、雨戸などにこの平方根分割を見ることができます。

対象とする世界をいくつかに区分けしたとき、区分けされたものが元の世界と同じ構造をもつと、何となく落ち着いた感じを醸し出し、かつ人を納得させる条件になるようです。

洋の東西を問わず、文化や思想の差異にかかわらず、文化の象徴であり人の共感を得ている代表的な建築が、形状の面で割り切れたものをもつことは注目に値します。

優れた建造物は文化あるいは思想とは別途の割り切れた形をもっているのです。

これを開発にあてはめると、文化や思想に相当するものが技術領域独特のルールや法則であり、割り切れた形に相当するものが割り切れたあるいは整った構成であり考え方であると置き換えられます。

過剰である必要はないですが、開発のあらゆるプロセスで割り切れた構成を追い求める心が、美しい開発成果を生み出すといってよいのではないでしょうか。

開発構想あるいは開発品そのものに整った構成を求めるだけでなく、開発におけるあらゆるプロセスでのアウトプットに対して「割り切れた姿」や「整い」を追い求める気持ちは、創造を成功させるエネルギー源となり、なおかつ見落としをなくす作用をもつと思います。このような意味で、開発は社会あるいは自然と深いところで美を介してつながっていると思えてなりません。

3　むすび

以上で、開発を最終的に受け入れるべき社会がどのような受入れ条件をもっているのか、また開発をどのように財貨として評価するのかということと、人間社会あるいは自然界の進化の歴史が教えていると考えられる「整った美しさ」の開発との親和性などに関する考察を終えます。

さて、創造を支援する発想法は数多く見受けますが、従来、開発専用に考え出されたものは極めて少ないようです。高度な開発を支える高度な研究や技術の前に影が薄かった、というのが正しいかもしれません。

大学や研究所は専門の学問体系や研究の方法を教え、企業では設計や製造の方法を教えます。もちろん教えるだけでなく、個々のノウハウの蓄積や組織内での周知・伝承の方法も考えています。プロジェクトの活動を管理する技術もすでに確立されているといってよいでしょう。

しかし、経験のない、あるいは初めて挑む技術領域に夢を持ち込もうとする場合には、専門知識があるとか管理技術があるというだけで成功は保証されません。前向きの心意気があったにしても構想の魅力とは無関係です し、構想の欠陥を取り除くことはできないでしょう。

正鵠を得た積極的な発想が必要ですし、夢または新しい発想を専門技術の裏付けによって設計や製造あるいはシステムとしての構築にまで結び付けること、すなわち体系的で論理的なレビューとリファインも必須です。

どこまで成功するかは別として、開発における創造性を才能の世界から技術あるいは技法の世界に少しでも変換できないだろうか、あるいは夢の実現の前に大きく立ちはだかる専門技術と設計の間の壁を少しでも打ち破れないだろうかという長年の思いもあり、筆者のつたない経験をもとにまとめたのが本書です。

筆者の経験によれば「対象世界を知り整えて、そのなかに夢あるいは目標にリンクした流れをつくり、流れの一部を切り換えたものが成立するかどうかを評価する」ことが、創造や的確なレビューに結びつく極めて有力な方策に思えます。「具象を抽象化し抽象の世界で夢とつないだうえで再び具象の世界に戻す」作業も伴います。

本書は、枠で囲って矢印でつなぐという単純な手法で開発に関わる構想の実体を的確に整えたり、夢や目標と現実をつなぐ流れをつくったりする方法を提案してきたわけですが、開発という複雑で、時に飛躍のある非線形な系を理解し、つなぎ止め、それらを現実のものとして成立させるための技術となると、いまのところ、筆者にはこれらの単純な手法を用いる以外によい方策が見当たりません。まぎれやすいところだからこそ、単純な方法が有用に思えます。

単純な手法を活かすのは美しいかどうかによるところが大きいと思います。本書に紹介した技法の適用に際しては、常に美的感覚をもって臨み、それが生きているかどうか、そして形式的なものでないかどうかをチェックしつつ作業を進められることを強く希望するものです。究極には、美しさあるいは整いの探求が開発に脈絡を与えると考えるからです。

付録

A-1　アブダクティブ・プログラミング（AP法）

(1)　最適化法の復習（動的計画法と変分法）

経路を最適にする方法は二種類あります。一つは動的計画法といわれる大域的な最適解を一挙に求める方法で、他の一つは変分法といわれる局所の最適性を保証する解を求める方法です。

動的計画法では、経路の始点または終点から、最適性を保持する経路を探してしらみ潰しに計算を実行します。つまり、端から最適解を構成していきます。

この種の問題の最適化法は、多くの先達により深い研究がなされています（茨木俊秀・福島雅夫『最適化の手法』共立出版、一九九三年）。

図A-1に、第五章で用いたのと同じ例題に「最適性の原理」に基づく「動的計画法」を適用した例を示します。最適解は太線矢印で示した二つです。

「最適性の原理」とは、「全体が最適であるためには、部分も最適でなくてはならない」という条件です。手順についての説明は省略しますが、簡単な例ですから図に記された数値を左の始点から丁寧に追えば、「最適性の原理」の意味を容易に理解できます。

「動的計画法」においては、すべての交差点でそこに至る最適候補経路を比較する必要があることがおわかりと思います。

一方、変分的な方法では、始点と終点を結ぶとりあえずの初期経路を設定して、それからの微小変化に対して、料金が少なくなる方向に継続的に修正を加えていき、その限界をもって最適解とする方法です。

変分法的なアプローチを、同じ問題に適用した結果を図A-2に示します。本例題の場合には、計算の手間は圧

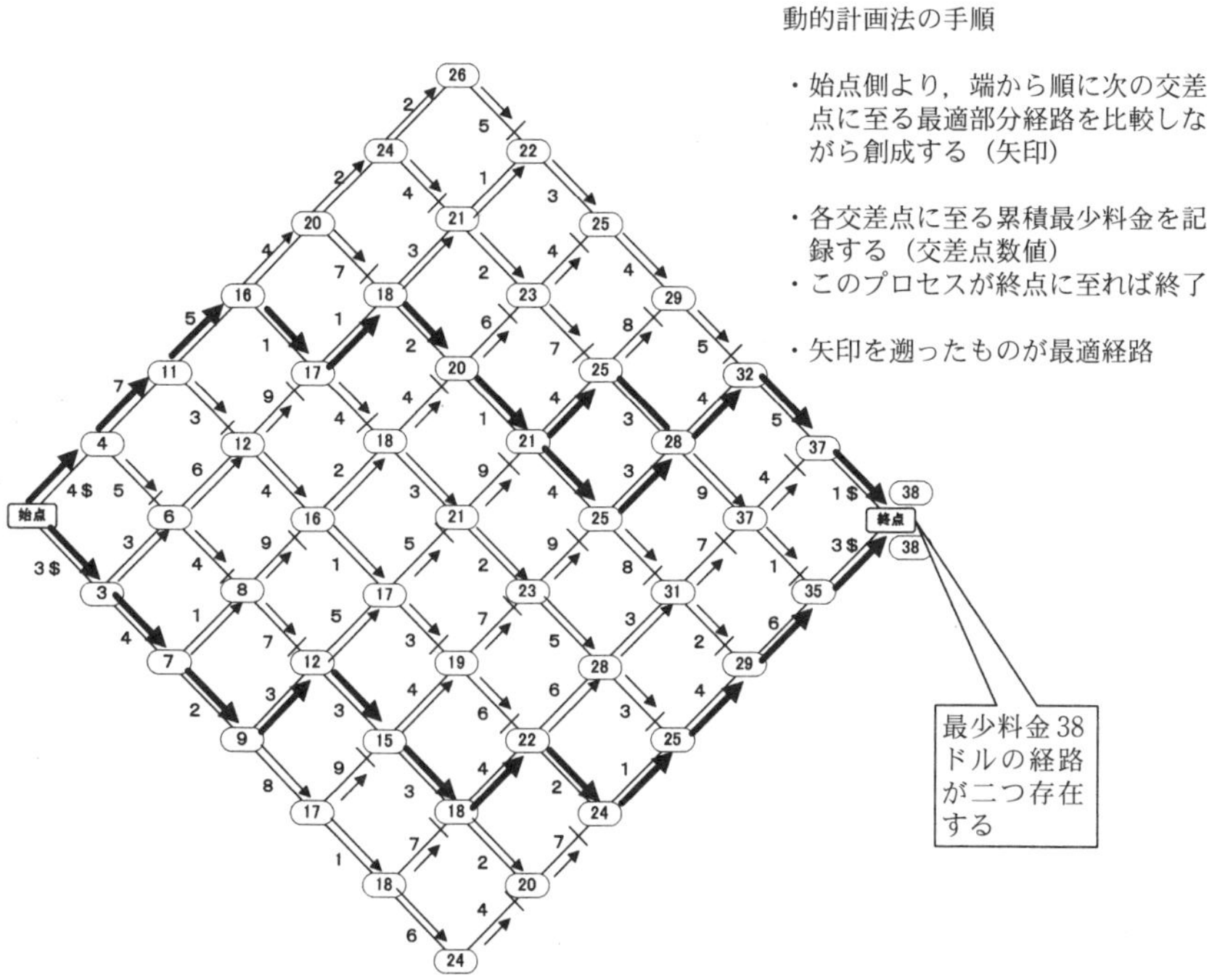
動的計画法の手順
・始点側より，端から順に次の交差点に至る最適部分経路を比較しながら創成する（矢印）
・各交差点に至る累積最少料金を記録する（交差点数値）
・このプロセスが終点に至れば終了
・矢印を遡ったものが最適経路
始点
終点
4 $
3 $
1 $
3 $
最少料金 38 ドルの経路が二つ存在する

図 A-1　動的計画法による区間最少料金問題の大域解

倒的に「動的計画法」よりも少ないことがわかります。また、得られた最適解は「動的計画法」で得られた二つの最適解の片方に一致しています。詳しい説明は省略しますが、変分候補のとり方には若干の工夫がされています。

　例題のように、区間で区切られ、かつ各区間の料金が脈絡もなく定められている場合には、初期候補からの変分のとり方に工夫が必要ですが、それよりもこの方法の根本的な問題は、得られた解が大域的に見て最適なのかどうか判断がつかないことにあります。

　得られた解からは、近くにそれ以上のよい値を示す経路は存在しないということしかわかりません。もっとよい解があるかもしれないのです。

　選定した解候補が最適でなくとも、真の最適解に比べてどの程度のレベルに達しているかの感触が得られることは、現場で常

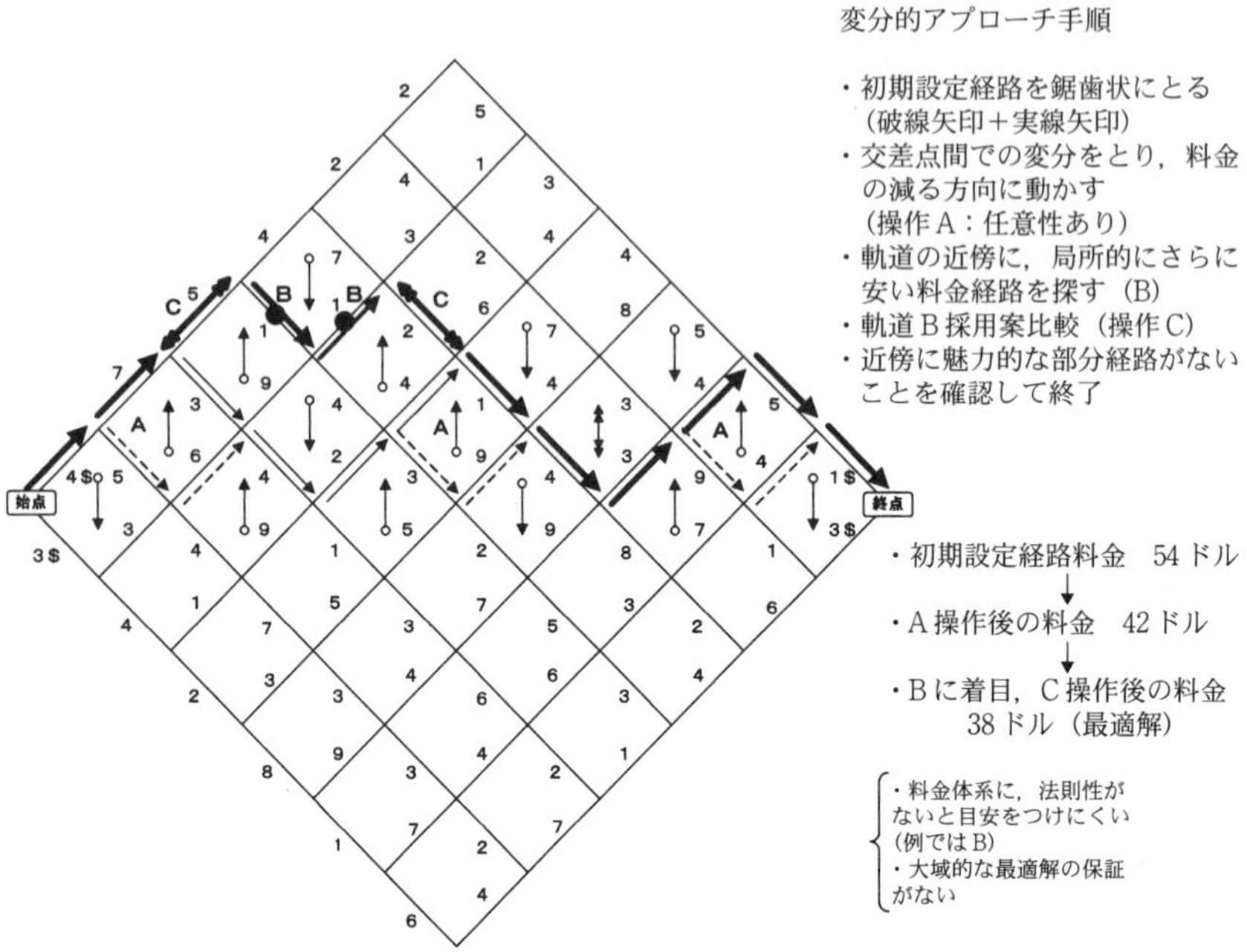
変分的アプローチ手順
・初期設定経路を鋸歯状にとる（破線矢印＋実線矢印）
・交差点間での変分をとり，料金の減る方向に動かす（操作A：任意性あり）
・軌道の近傍に，局所的にさらに安い料金経路を探す（B）
・軌道B採用案比較（操作C）
・近傍に魅力的な部分経路がないことを確認して終了
始点
終点
・初期設定経路料金　54ドル
・A操作後の料金　42ドル
・Bに着目，C操作後の料金　38ドル（最適解）
・料金体系に，法則性がないと目安をつけにくい（例ではB）
・大域的な最適解の保証がない

図 A-2　変分法の区間最少料金問題への応用

用すべき方法の必須条件といえます。変分法はこの条件を満たしていません。

ここに紹介するAP法は、後述のように全体のなかから徐々に最適解をあぶり出すような感じですから、従来の最適化法とはかなりニュアンスが違います。どのような問題に適用性があるのか十分調べてはいませんが、適用できる範囲では動的計画法よりも計算が楽で、変分法のもつ弱点がないように思えます。

特にAP法のベースとなっている「あぶり出し」の考え方は新しい方法と思えますので、以下にAP法の基本手順と若干の理論的考察を分けて記載します。

(2)「あぶり出し」の概念に基づくAP法

AP法とは筆者の造語で、アブダクティブ・プログラミング（Abductive Programming）の略です。動的計画法や変分法に比較すると、問題をよく観察した結果をもとに最適性に関する判定仮説をおくところに特徴があります。

問題をよく見て、部分的な最適解候補に関する一つの判定基準を設け、それに合致しているものを優先的にとりあげて解を構成してゆこうとするものです。アルゴリズムそのもののなかに判定基準をもつのでなく、アルゴリズムを適用するための判断基準を問題そのものの観察から得ようという点で、解法そのものに人が介入します。

動的計画法には端からしらみ潰しに最適解を構成してゆくイメージがありますし、変分法には始点と終点を結ぶ一つの候補解に焦点を絞り、中間部を少しずつ改善してゆくというイメージがあります。これに対してAP法は、全体のなかから筋のよいものをあぶり出し、浮彫りにしていくイメージになります。筋のよいものをあぶり出すための条件が判定基準ということになります。

このAP法を、これまでとりあげたのと同じ、左端の始点と右端の終点が決められた十字道路網の各区間で第五章の図5-1（内容は図A-1、図A-2と同じ）に示されるような料金（$）が徴収されるとき、逆戻りできないとして最少の料金を与える完結経路はどれか、という問題を用いて説明します。

まず、判定基準を設定するために料金マップをよく観察します。そして、経路をでたらめに選んだときの平均的な料金の目処を立てます。設例の場合には、区間料金が一ドルから九ドルまで散在していますので、おおむね平均五ドル程度であろうと想像がつきます。

区間平均五ドルは、でたらめな道を選んだときの想定平均値であり、最適とはほど遠い話ですから、最適解の候補となるべき区間または連結区間の満たすべき料金に関して、例えば三ドル以下という制約を各区間またはその連結したものに要求することとします。これを抽出条件設定値とします。

「あぶり出し」とは、この条件を満たすかなり優秀な部分的な最適経路候補を抽出するまでのプロセスをいいます。

これらの部分的な候補経路を浮彫りにして、周辺にある候補外で判定基準よりも高い料金を与える短い区間をつなぐことで完結した候補経路をつくり、それらを比較することで最終的に最適解を得るプロセスまでをAP法といいます。比較する時点では組合せの問題になりますから、効率を上げるために動的計画法を活用することになります。

当面の部分最適候補経路を抽出する目的のためには、最適解の区間平均料金よりもよい、すなわち少ない値を設定することが必要です。これがアブダクションにおける仮説に相当します。

とりあえず、三ドル以下を各区間の目標とします(これをレベル一とします)。見えない姿ですから、次善の案として各区間の目標値を三・五ドルとしたものをレベル二、そして四ドルとしたものをレベル三として目標値を切替えられる準備はしておきます。

すべての単区間をサーベイし、レベル一の三ドル以下の区間を与えるものをマーク(矢印線)します。そして、各区間の手持ちを三ドルとします。幾つかの単区間は連続してマークされるでしょうし、幾つかの単区間は孤立状態です。

次に、マークされた個々の区間を延ばす(伸長する)ことを考えます。レベル一以下の区間でも、小さい料金(例題では一ドルと二ドル)を与える区間で始点に近いところ(●印)から経路の伸長操作を始めます。

例えば、あるマーク区間が一ドル、そしてそれに隣接する区間が四ドルであったとします。この場合、両者を結合しても、合計で五ドルですから、両区間の手持ちの合計六ドルよりも小さく、この四ドル区間も合格としてマーク経路を伸長させるのです。三区間の連結を検討する場合には、三区間の部分経路の持ち分が九ドル以下ならば、三区間すべてがマークされることになります。

最初にマークされたすべての単区間について、連結伸長を上のようにして試みます。そして、連結された部分経路(適合経路。太い区間矢印で示す)には手持ちの余裕を記入するようにします。途中で行止まりになったら、残りの手持ち料金を使って、計算を開始した点から逆方向に区間を伸ばしていきます。

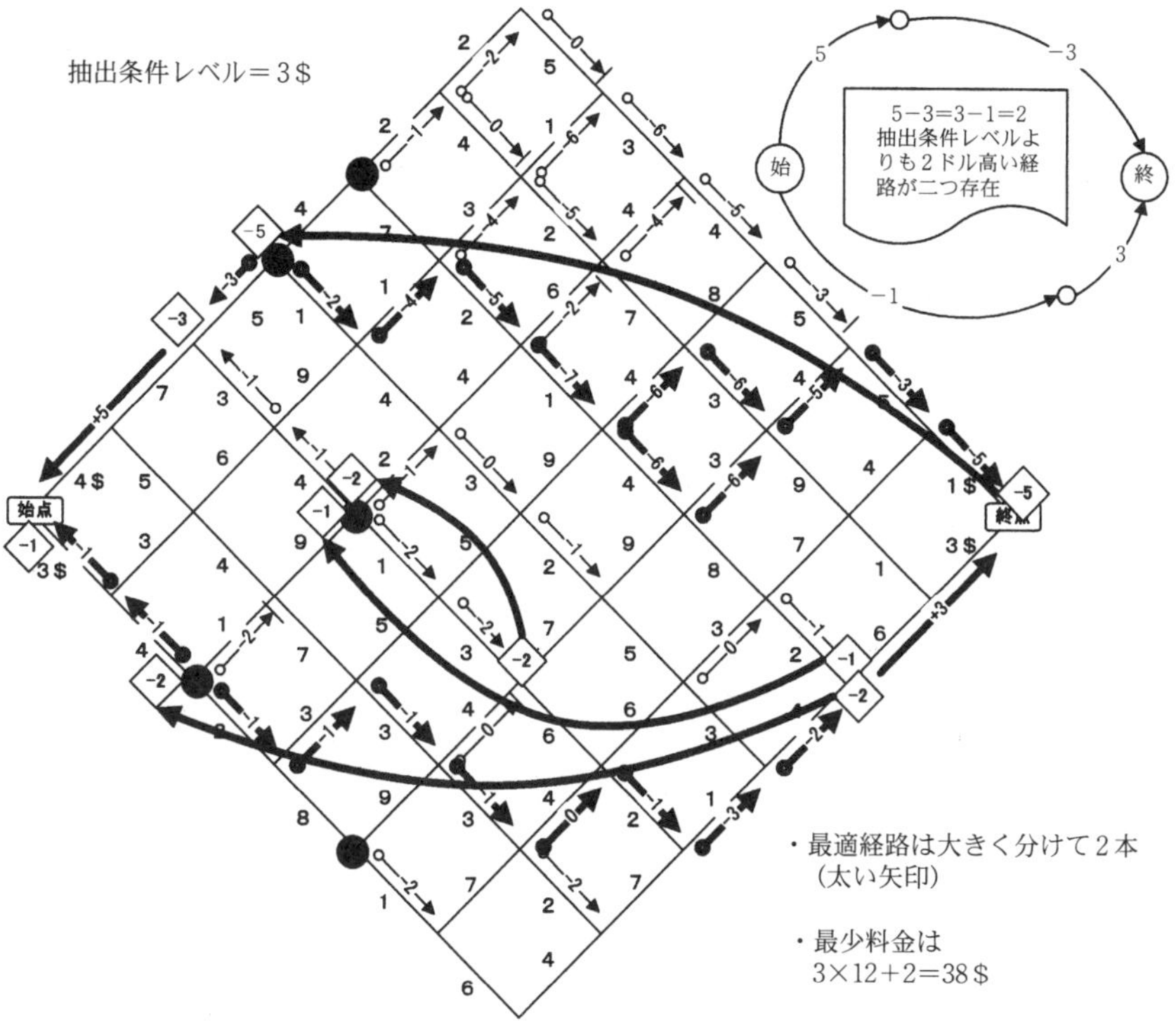

抽出条件レベル＝3＄
5−3＝3−1＝2
抽出条件レベルよりも2ドル高い経路が二つ存在
始
終
始点
終点
・最適経路は大きく分けて2本（太い矢印）
・最少料金は 3×12＋2＝38＄

図 A-3　AP 法の区間最少料金問題への応用（抽出レベル3＄）

場合によっては、連結を妨げる経路を両側の適合経路から手持ち料金を投入することでつなぐ操作も必要になります。手持ち料金がなくなったところで、区間の伸長は終わります。例題では、逆方向への伸長位置と手持ち料金の投入を長い矢印と菱形ボックス印で示してあります。

一通り計算をしますと、全体像が見えてきて、幾つかの最適解候補が浮き上がってきます。この最適解候補を用い、条件設定レベルを満たしていない区間と端末条件を満たすように組み合せ、そのなかから最良の解を求めれば、それが最適解になります。

設例では、設定目標（レベル）を切り替えることなく、図A-3の太線矢印に示されるように比較的容易に二つの最適解を得ることができました（右上の図参照）。結果は動的計画法から求めた

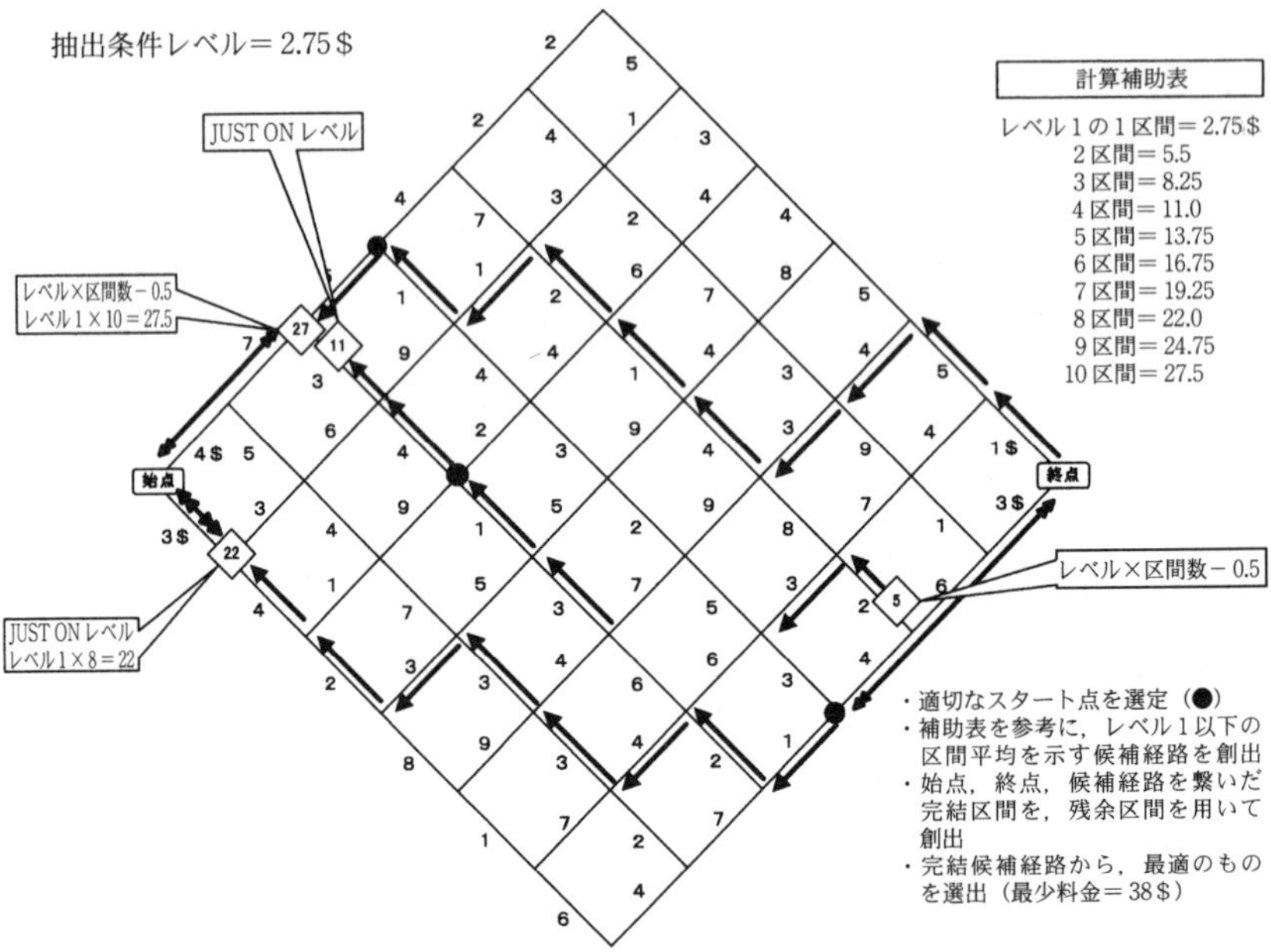

図 A-4　AP法適用例（抽出レベル2.75，少ない計算回数）

結果と一致しています。

動的計画法では、すべての交差路で料金の比較計算をしなければなりませんが、本方法では基準をクリアーして、伸びてきたもの同士だけを比較すればよいようになっていますので、動的計画法の適用は大幅に簡略化されます。設例では、図で結果だけを示してあります。設定レベルが高すぎると、つまり低すぎる料金を候補解抽出条件として設定すると、全体の見通しを得るほどの連結区間が得られません。その場合には、レベルを一つ下げて計算をやり直すことになります。

本文での設例問題について、抽出条件を二・七五、三・五と変えて計算した結果を図A-4〜A-5に示しました。二・七五を選定するとほとんど無駄な計算なしに最適解が得られますが、三・五ドルを選定した場合には計算の手間が動的計画法にかなり近づいていることがわかります。ちなみに、最適解の平均区間料金は三・一七ドルです。

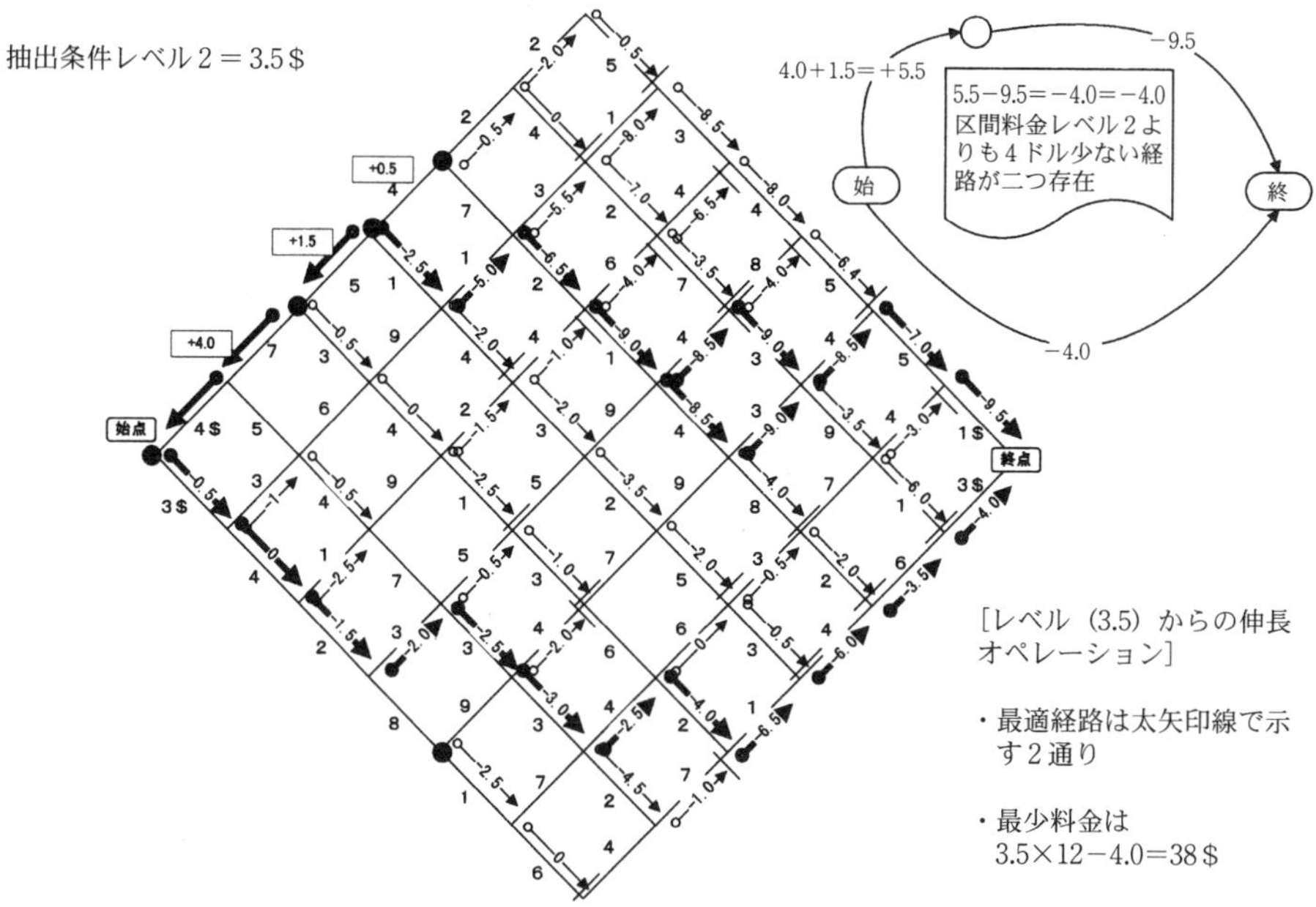

図 A-5　AP 法の適用例（抽出条件 3.5）

ＡＰ法の最大の特徴は、最適解の特性についてあらかじめそのイメージをもつところと、問題を解きながら課題領域の特徴を把握し改善をするところにあります。最適解の特性イメージといっても、経路イメージではなく求めている最少料金そのものの値となります。

人が問題解決にあたっている経過で課題に対する認識と一覧性を高めることができれば、選択肢の選定にあたってコンピューターに頼らず正しい判断を下せる可能性も高まることを示唆しているように思います。

各ルートの特徴を把握することが計算と同時に行われますから、部分経路の料金が変わっても、そこに意を払うだけで比較的容易に対応する最適解が得られるという特徴もあります。

最初に設定する「平均区間目標値（レベル）」のとり方によって、計算の手間がかなり違ってくることが指摘されます。アブダクションの原点は思い付きにありますから、これが妥当性を欠くときには、解決までに手間どることはある意味でやむを得ません。

以上、問題に対してある程度直感的な見通しがきく最適化には有効と思われる手法を紹介しました。開発に対しての直接的な適用には難しいところがありますが、問題をよく観察して適切な方針を選択することで、正しい解を得るスピードを大幅にアップできることの重要性を再認識させてくれます。

最初は抽出条件を低めに設定して、行き詰まったら目標値を変更することが効率的です。

A-2　開発管理技術

ここには、本文で記載した創造性に主眼をおいたレビューだけではカバーできない計画管理上のチェック・リストをいくつか示します。機械系の開発品を対象に考えたものです。

設計者あるいは開発マネージャーは、常に同様のチェック・リストを用意して開発計画を管理する必要があります。基本的にはうまくいくという前提のもとに計画を管理するためのチェックですから、本文で述べた構想をレビューしたりリファインしたりする技術とはかなり異なります。基本的には、達成すべき項目が計画どおり達成されているかを確認フォローするという管理の原則に基づき作成されるものですが、現実にはそれぞれの専門分野でより掘り下げられ、実際は実態に即したずっときめ細かい内容で開発に適用されています。一般に開発の管理といえば、ここで記した内容を意味しているようです。

(1)　開発プログラムによるチェック

ここでいう開発プログラムとは、構想段階からの技術的、システム的な要求事項を区分ごとに時系列的に示した計画表です。

表 A-1　開発管理の要点——開発プログラム管理テーブル（基本計画段階まで）

	レベル1	レベル2	構想段階	基本計画段階
1	プログラム 管理	1. プロジェクト管理	・品質保証　・外注　・仕様管理図 ・設計変更　・日程　・工数 ・提出文書　・官給品　・予算 ・作業ブレークダウン　・インターフェース ・組織　・情報　・技術審査 ・重量　・コスト	プロジェクト計画案の 社内整合
		2. エンジニアリング管理	・運用分析　・要求性能 ・システム立案　・システム干渉 ・課題技術　・配置図　・計算書 ・運用　・保全　・試験計画	システム基本計画 (実現性確認) (法規適合性確認)
		3. 統制／管理	・マイルストン設定　・ハザード予測管理 ・未経験作業分析対策　・コスト管理 ・契約管理	
2	設　計	1. 調査・研究，システム 2. 設計 3. デザイン・クライテリア	・概括　・不具合例　・運用要求　・環境 ・各種構想案評価検討	・構想無矛盾性 ・最適構想選定 ・先行技術要素
3	解　析	1. 流力，構造，機構 2. 電子，通信，制御 3. その他 4. 性能 5. 材料・強度・熱 6. 音響・振動・剛性	・データシート ・機構概念検討 ・基礎研究 ・基礎研究	・干渉チェック ・実現性確認 ・整備・安全・信頼性 ・性能概定 ・解析手法確立 ・解析手法確立
4	機能品開発	1. 制御特性 2. その他 3. 寸度・質量	・基礎研究 ・材料研究	・設計手法確立 ・仕様概定
5	試　験	1. 試験計画 2. コスト 3. 信頼性 4. その他 5. 試験計画 6. 材料試験	 ・ベンダー調査 ・材料基礎試験	・性能概定 ・仕様概定 ・目標値概定 ・ベンダー調整 ・要素開発計画
6	材料部品 調達管理	1. 機能品開発 2. 要素試験 3. 加工試験 4. プロトタイプ試験 5. 認定試験 6. 実大試験		・認定計画
7	生産計画／ 生産	1. 認定 2. 管理 3. 材料部品選定 4. 調達 5. システム、工程 6. エリア計画	・材料概定 ・加工方針検討	・生産準備指示
8	品質保証	1. 治工具・設備 2. 技量，組織 3. 外注／下請 4. 管理 5. 品質保証 6. 検査 7. 法規	・品質能力検討	・設備計画 ・公害防止計画 ・品質保証基本計画 ・輸出入管理法規
9	プロダクト サポート	1. 関連マニュアル 2. マニュアル 3. テスト 4. 顧客サポート		・TC 取得調査計画

開発進捗状況の漏れのないチェックに利用できます。

比較的大がかりな設計・試験作業を要する開発において、基本構想確定までに管理すべき項目の一例を表A-1に示しました。

基本的には項目とそれぞれのつながりが大切で、内容は大げさである必要はありません。

プロジェクト・マネージャーはこの表に進捗状況を簡単に記入して、ステータスの管理をすることが必要です。開発作業を大きな紙に書くものとして、横に開発の時間経過ごとの作業区分を記述し、縦に開発の業務区分を記述し、それぞれに枠のなかを必要な作業で埋めたものが、管理プログラムのベースとなります。プログラムの管理実行には専従者が必要ですが、開発マネージャーが兼ねることもできます。

プロジェクト・プログラム管理は業種によって差があるので、適宜作成管理する必要がありましょう。

(2) 構想レビューのチェック・リスト

構想をレビューするにあたっては、体系に沿った定型的な内容を常にクリアーする必要があります。つまり、本文で説明したRDを適用するに際しての基本的なレビュー項目ともいえます。

以下に、構想から提案までの活動においてチェックすべき基本項目を記します。

A 構想段階

1 使用目的は明確か?

a 目的を明確にしないと、アイディアが収束しない

b 運用にあたっての要求（後述）が明らかにされている必要がある

2 使用環境は明確か?

a　使用環境は、製品のコストや耐久性、位置付けを決める大きな要因である
b　使用目的、使用環境、耐用年数を明らかにしたものを運用要求という
3　目的を達成できそうな、幾つかの構想候補はあるか
a　これらを区分整理し、評価する
①最良のものを開発対象として提案する
4　仕様変遷の管理をしているか？（本文で既述）
a　開発の仕様調整が長期にわたる場合には、担当者が変わることも多い。これは顧客、開発提案者両者に起きる現象で、管理を難しくするものである。時折、仕様の変遷の管理を忘れ、前任者が苦労して微妙なところのバランスをとってきた仕様を気づかぬままに内部崩壊させる可能性が高い。担当者だけでなく担当組織まで変わり得る時代であるから、今後重要性を増すと思われる。
b　仕様変遷管理チャートの作成は必須であり、これは技術ノウハウの伝承にも有用である
c　トップに対する提案案件の開発規模、実現性、リスク、開発期間等々の説明に有効

（注記）最終的には、記入者の責任感と技術知識、掘り下げ能力に依存するわけで、提出されたものをレビューするときには、図面と同じくらいの管理上の位置付けを与える必要があります。内容のない、他人が見てもわからない仕様変遷記述シートは、作成するだけ時間の無駄です。しかし、管理者がこの重要性を認識し一貫した管理を志すときは、仕様変遷管理シートは開発プロセスを記述する有用な文書となり得ます。

5　構想案
省略

B　構想レビュー段階（動的システムの例）

1　開発担当側

a　構想の健全性評価

①何を約束しているのか？　その約束は現実的か？

②運動量理論等概算による検証あるいは相似則と組み合わせた検証手段の考察は？

b　動的保証

①以下のチェック

ⓐ力学＋運動モードの分析（安定、中立、発散）？

ⓑ疲労検討？

ⓒ安定理論による保証？

ⓓ寿命の設定？

ⓔ相似実験による保証？

2　開発要求側

a　生産数の保証（量産数のモニター）？

①開発に時間を要するときには、時代環境も変わり、量産数も大きく異なってきて、当初の目論見がすべて崩れることになる可能性がある。常に市場をモニターし、引くべきときには引く勇気が必要

b　環境データの提供？

c　構想レビューへの参画？

C　設計について

1　性能の保証？

2　機能の保証？

a　最も予測困難な負荷に関係する機能を最重要視すべし

①振動環境に精密機器がどのように耐えるかは常に重要

3　強度／重量の保証？

a　ライフ・サイクルでの全環境変化を想像し問題点をレビューすべし

①熱ショック、熱応力差の影響分析等が必要

b　航空機等のように、空気、重力、遠心力等が作用する複雑なシステムの場合には、直観的なバランス感覚を重視すべし

①バランスに違和感が生じた段階でモデルの変遷ヒストリーを整理し、強度や重量との関係を再整理する

②違和感を覚えるときは、必ず問題を含んでいると考えるべし

ⓐ違和感とは、過去の技術、歴史が示す製品の総合的なバランスからはずれていることを意味する

ⓑ違和感が生じたら、その影響を調べ、対策を施すことが必要

ⓒ対策をとれば恐れることはない

ⓓ「設計者は美的感覚の養成に努力せよ」という格言は有用である

c　重要な機能を発揮するものは、相当量の負荷を当該システムに与えること

4　耐久性の保証？

a　設計基準の重要性

①プルーフテスト

ⓐ低価格製品に寿命を保証することは困難

ⓑ○○%負荷で納入ごとにプルーフテストを行うことで、膨大な品質保証作業を簡略化する考え方

5　整備性の保証？

a　ＩＴ技術およびコンピューターを活用することで、従来できなかった整備スタイルがとれる

6　主要装備品の選定？

a　構想のレビューがしっかりしていないと、複数の候補のどれにも適合性があることになり、別の要素が装備品判定基準に持ち込まれ、結果的に実用性を損ねる

7　開発費、開発日程？

D　試験について

1　すべての仕様の確認？

a　試験におけるトラブルにいかに対処するか？

①技術的問題

②費用処置的問題

b　試験は、机上検討では予測できない問題点を洗い出すためにあるもので、すべてがうまくいくという観点に立ってはならない

①試験のための費用は対策、再試験まで含めて十分確保しておく必要がある

ⓐ使用しない場合には費用を返上するシステムが望ましい

②費用捻出のために一年遅れることは、プロジェクトの失敗につながりかねない

ⓐパイロット・テスト〈小型のパイロット・モデルを使用する試験の意〉で可能な限り実機をシミュレ

ートして問題点を潰すことが必要

E　試作について

1　経済性の確認？

2　加工性、生産性の確認？

F　不具合対策

省略

A-3　既存開発手法と本書との関連

以下に、既存の開発技法または開発管理手法と本書で述べられた方法との関係を記しておきます。これらを総称して開発手法とすれば、それらは四つに区分できると考えられます。

一つは一般的な発想法、二つ目は開発実務効率向上を主旨とする技法、三つ目は政府機関のような調達者が要求する開発手順を開発者に示すもので、四つ目が本書に記したような開発者側から見た開発手法です。

それぞれについて以下に特徴を記します。

(1)　一般的な発想法（星野　匡『発想法入門〈新版〉』日本経済新聞社、一九九七年）

アレックス・オズボーンによって創始されたブレーン・ストーミング法、ウイリアム・ゴードンによって開発されたシネクティクス法、あるいは川喜多氏によって開発されたKJ法、中山氏によるNM法等がアイディア創造手法として有名です。これらは、実業界においては広告業界で、科学界においては主に社会科学の研究過程で、発想を得たり考え方をまとめたりするための方法として開発されたものです。しかし、発想そのものを活性化したり、整理したりするところに力が注がれ、開発という科学や技術を半分含む世界における創造に完全に適合しているわけではありません。

各手法の適用上の問題点は野口悠紀雄氏の著書（野口悠紀雄『超発想法』講談社、二〇〇〇年）に詳しく記述されています。

開発の世界では、自由な発想と自然法則との適合が両立しなければなりません。

自然法則との適合性に着目し、発想法を展開しているのは本文でとりあげたＴＲＩＺ法であると思われます。しかし、この方法は技法としての完成度を追求したせいか、技術的な問題解決に際して、技術の本質に関わろうとする姿勢が弱いように思われます。開発という、経済・社会に深く関わり、かつ複雑な構造をもつ創造作業に対して、全面的に適用できるわけではありません。

(2) 開発実務効率向上手法

品質展開に代表されるこの種の技法、手法は産業界で多用されています。品質向上を主な目的としていますが、範囲を広げ発想や経営にまで踏み込んだテキストも見受けます。

事業や、製品の開発の狙いどころに関する発想法はコンサルタントの著すテキストに多く見られます。日科技連、日本能率協会、その他コンサルタント業種が啓蒙、推進のリーダーになっています。

企業の枠内で使用するというスタンスがうかがわれ、それゆえに必ずしも価値の創造を前面においたものではないようです。また、設計そのものに関わるガイド・ラインを記した著書も見受けません。

(3) 調達者が定める開発管理手法

米国の軍規格や軍標準と称されるMILスペック、スタンダードには開発プロセスに関して詳細な要求プログラムが記載されていますし、NASA等も固有の要求を類似の規格、標準で定めています。極めて体系的で整ったものですし、歴史的な蓄積もあります。開発に関わる人類の財産の一つといってよいと思います。しかし、基本的には開発品を受け取る顧客側の観点から要求を起こしたものです。すなわち、受け取る範囲は示しますが、その範囲に入れるためのガイドではありません。開発者の開発経験が蓄積されたり、目的に沿った開発のあり方を述べたりするものとは性格がまったく異なります。

もちろん、業種に応じて設計基準も定められていますから極めて有用ですが、実際の適用に際してはその背景となる根拠を述べているバックグラウンド・レポートを探し出し、その背景を咀嚼《そしゃく》、理解する必要があります。

(4) 価値の創出（創造と実用化）を目的とした体系的開発管理技法

創造プロセスを学問的立場から明らかにしようという試み（吉川弘之監修『新工学知—1　技術知の位相』東京大学出版会、一九九七年）はありますが、対象を価値の創出を目的とした現実的な開発に絞って、開発をまとめあげるための具体的プロセスや手法を広い領域から体系的に論じたテキストはほとんど見つけることができません。あえて一冊をあげると、まえがきで引用した著作（J・T・ゲルラッハ、C・A・ウェインライト著、稲川和男・浦郷義郎訳『新製品開発のマネジメント』東洋経済新報社、一九七七年）になりますが、体系的な記述という点や技術や設計の実作業とのつながりにおいて完全とは思えません。

第一章で述べたように、開発が本来的に非線形な系ゆえのことと思われます。

本書は、その役割を十分果たせるかどうかは別にして、この分野に一石を投じようとしたものです。

著者紹介

小幡　章・おばたあきら

1941 年　新潟県に生まれる
1965 年　東京大学工学部航空学科卒業
1970 年　東京大学工学系大学院博士課程修了
　　　　（1972～1974 年　米国プリンストン大学留学）
1970 年　日本飛行機㈱入社．以来 30 年にわたり，宇宙機器，曳航システム，投下・制動システム，大型工業用ファン，探傷システムなどの開発に従事
2001 年　日本文理大学 教授　現在に至る
　　　　（工学部航空宇宙工学科）

工学博士
専門は応用航空力学，開発方法論，機器操作論

開発ナビゲーション　　定価はカバーに表示してあります．

2002 年 11 月 30 日　1 版 1 刷発行　　ISBN 4-7655-3255-0 C 3050

著　者　小　幡　章
発行者　長　祥　隆
発行所　技報堂出版株式会社

〒102-0075　東京都千代田区三番町 8-7
（第 25 興和ビル）
電　話　営　業　(03)(5215)3165
　　　　編　集　(03)(5215)3161
FAX　(03)(5215)3233
振替口座　00140-4-10
http://www.gihodoshuppan.co.jp

日本書籍出版協会会員
自然科学書協会会員
工学書協会会員
土木・建築書協会会員

Printed in Japan

装幀　海保　透　印刷・製本　中央印刷